다섯 번째 회사, 다시 나를 배운다

빠르기보다 단단함으로 커리어를 쌓아 가는 법

다섯 번째 회사, 다시 나를 배운다

빠르기보다 단단함으로 커리어를 쌓아 가는 법

이상민

도서출판담다

추천사

첫 번째 회사 멘토

이상민 작가와의 인연은 2009년, 그러니까 제가 제6사단 공병대대장으로 복무하던 시절로 거슬러 올라갑니다. 그는 초임 장교로 부임해 소대장과 인사과장을 맡으며, 부족한 경험에도 매사에 최선을 다하고 매일 성장하려 애쓰던 모습이 제 기억에 깊이 남아 있습니다. 특히 그의 성실함과 따뜻한 태도, 그리고 사람을 진심으로 대하는 자세는 군 생활 내내 주변에 귀감이 되었습니다. 그가 전역을 결심했을 때 아쉬움이 컸지만, 그의 선택을 존중할 수밖에 없었습니다. 떠나는 날 스물다섯 살 청년의 두 손을 꼭 잡고 눈물을 흘리던 그 순간이 지금도 제 마음 깊은 곳에 선명하게 남아 있습니다.

그 후 시간이 흘러, 그가 금융기관 지점장으로 일하며 다섯 번째 회사를 거쳐 다섯 권의 책을 출간한 작가가 되었다는 소식을 들었을 때 진심으로 자랑스러웠습니다. 이번 원고를 읽으며, 그 풋풋했던 청년 장교가 이제는 삶을 깊이 기록하고 성찰하는 사람으로 성장했음을 느꼈습니다. 이 책은 단순한 커리어 기록을 넘어, 급변하는 환경 속에서 자신만의 방향을 잃지 않고 빠르기보다 '지속 가능한 속도'로 묵묵히 걸어가려는 한 사람의 내면 이야기를 담고 있습니다. 특히 MZ세대를 포함한 많은 직장인이 현실에서 마주하는 고민과 '나답게' 살아가려는 고군분투가 진솔하게 전해지는 만큼, 독자들 모두 자신만의 해답과 위로를 발견할 수 있을 것입니다.

이상민 작가의 다섯 번째 도전을 진심으로 응원하며, 앞으로도 삶의 현장에서 묵묵히 빛을 전하는 사람으로 오래 남길 바랍니다.

조병윤 예비역 육군소장 / 제6사단 공병대대장(2009~2010)

두 번째 회사 멘토

2011년, 새 지점 개설과 함께 처음 만난 신입 사원 이상민 주임의 모습이 아직도 생생합니다. 누구보다 먼저 출근해 하루를 차분히 준비하고, 퇴근 후에는 대학원 수업으로 바쁜 일정을 소화하던 그의 묵묵한 열정은 주변 사람들에게 깊은 인상을 남겼습니다. 그렇게 조용하지만 꾸준히 쌓아 올린 시간이 결국 대형 금고의 지점장이라는 자리로 이어졌다는 소식을 들었을 때, 저는 진심으로 자랑스러웠습니다. 하지만 그보다 더 깊은 감동을 준 것은 그가 단지 '일'만 바라보지 않았다는 점이었습니다. 직장인으로서 최선을 다하면서도, 자신만의 언어로 삶을 기록해 온 '작가'로서의 진솔한 면모는 진정한 성장이 무엇인지 보여 주었습니다. 그의 치열하면서도 꾸준한 걸음은 '자기 계발'이라는 흔한 말로는 다 담아내기 어려운, 내면 깊은 곳에서 우러나오는 삶의 태도였습니다. 이 책은 단순한 취업이나 이직 안내서가 아닙니다. 입사부터 퇴사 그리고 복귀에 이르기까지 다섯 군데 회사를 거치며 겪은 생생한 현실과 경험을 정직하게 풀어낸 여정입니다. 특히 변화의 물결 속에서 방향을 모색하는 MZ세대 직장인들에게 깊은 울림을 전할 것이라 믿습니다. 회사 안에서 자신을 잃지 않기 위한 고민, 어려움을 견뎌 내는 용기, 그리고 다시 일어서는 힘. 그 모든 진심과 과정이 이 책 안에 고스란히 담겨 있습니다.

이상민 작가의 다섯 번째 책 출간을 진심으로 축하하며, 앞으로 펼쳐질 그의 여섯 번째 이야기 또한 조용히 기대해 봅니다.

박소라 효용새마을금고 부장 / 효곡지점 지점장(2011~2013)

세 번째 회사 멘토

이상민 작가와의 인연이 어느덧 10년을 넘어섰습니다. 긴 시간 그를 지켜보며 한 가지 확신을 얻었습니다. 그는 삶과 일 사이에서 끊임없이 묻고 또 묻는 사람이란 점입니다. '이 일이 정말 나를 살아 있게 하는가?' 이 질문 앞에서 그는 쉽게 타협하지 않았고, 때로는 돌아가는 길이라 해도 스스로 납득할 수 있는 방향을 선택했습니다. 그가 써 내려간 글들은 단순한 직장 생활의 기록을 넘어섭니다. 치열하게 고민하고 정직하게 경험한 시간을 온전히 담아낸 고백이자 기록입니다. 그래서 이 책은 '글을 잘 쓰는 사람'의 작품이라기보다는 '삶을 진심으로 나누는 사람'의 마음으로 다가옵니다. 그와 안부를 나눌 때마다 말 한마디 한마디에 삶에 대한 깊은 통찰과 현실에 대한 따뜻한 공감이 담겨 있음을 느꼈습니다. 그 진심이 이 책 속에 고스란히 담겨 있기에, 독자들 역시 어느 순간 자신의 일상을 되돌아보게 될 것입니다. 누군가는 위로를 받고, 또 누군가는 삶의 방향을 조용히 다시 그려 볼 용기를 얻을지도 모릅니다. 이상민 작가의 다섯 번째 명함까지 이어진 여정은 오늘도 직장이라는 자리에서 묵묵히 고군분투하는 많은 이에게 하루를 견디는 작은 용기와 의미 있는 질문을 건네는 소중한 길잡이가 될 것입니다. 그의 글이 당신의 오늘에 조용히 스며들기를 진심으로 응원합니다.

권영섭 올원에듀 전무 / 한국능률협회 일자리창출본부 컨설턴트(2014)

네 번째 회사 멘토

이상민 작가의 글은 직장이라는 공간에서 우리가 겪는 수많은 감정과 현실을 깊이 있게 담아냅니다. 회의실에서 눈치를 보며 조심스레 행동하고, 점심시간에는 속마음을 삼키며, 퇴근길에는 조용히 자신을 다독이는 평범한 일상 속 무게를 이야기합니다. 그 평범함 속에 담긴 '우리 모두의 이야기'는 결코 가볍지 않습니다. 그는 머리로는 전략을 고민하고, 가슴으로는 사람을 품으며, 꿈으로는 앞으로 나아가는 '세 갈래 길 위의 개미'와 같습니다. 이 책에는 그의 다섯 번째 회사까지 이어진 여정이 고스란히 담겨 있습니다. 성실함과 유쾌함, 그리고 끊임없는 질문과 성찰로 직장의 복잡한 세계 속에서 자신을 지켜 온 기록입니다. 단순한 직장인의 일기가 아닙니다. 직장에서 지치고 방향을 잃은 이들에게 '당신만 그런 게 아닙니다'라며 조용히 손 내미는 따뜻한 위로입니다. 이 책은 퇴근길 무거운 발걸음에 힘을 실어 주고, 오늘도 고군분투하는 당신의 어깨를 토닥이는 부드러운 위로가 될 것입니다. 이상민 작가의 진심 어린 글쓰기에 깊은 박수를 보냅니다.

심규진 한동대학교 창의융합교육원 교수 / 마이크임팩트 교육본부장(2015)

다섯 번째 회사 멘토

직장 생활에는 정답이 없습니다. 하지만 그 속에서 길을 잃지 않도록 방향을 보여주는 사람이 있습니다. 이상민 작가는 제게 그런 존재입니다. 그와의 인연은 2020년 봄, 강사 섭외를 통해 시작되었습니다. 처음에는 단순한 업무 관계였지만, 곧 직장이라는 무대에서 함께 고민하고 버텨 내는 동료가 되었고, 어느새 믿고 의지하는 사람이 되었습니다. 그는 사람을 진심으로 바라보며, 맡은 일에 성실과 책임을 다하는 사람이었습니다. 낮에는 지점장으로, 저녁에는 강사로, 밤에는 작가로 살아가는 그의 모습을 보면 '주경야독'이라는 말이 자연스럽게 떠오릅니다.

이 책에는 그가 살아낸 시간의 무게와 온도가 담겨 있습니다. 두 번의 특별승진을 거쳐 지점장이 되기까지, 그리고 다섯 번째 명함에 이르기까지, 그가 어떤 불안과 질문 속에서 스스로 길을 찾아왔는지가 담백하게 기록되어 있습니다. 하지만 이 책은 단순한 성공담이 아닙니다. 경쟁과 속도에 지치기 쉬운 직장에서 어떻게 흔들리지 않고 나 자신을 지켜낼 수 있는지에 대한 한 사람의 진심 어린 고백이자 길잡이입니다. 누군가는 지금 회사라는 현실 앞에서 지치고 방황할지도 모릅니다. 그런 이들에게 이 책은 '나도 괜찮다'라고 말해 주는 조용한 응원이 될 것입니다. 저 역시 이상민 작가와 함께하며 더 나은 방향을 고민하게 되었고, 제 일과 삶에도 작은 변화가 찾아왔습니다. '근묵자흑, 마중지봉'이라는 말처럼, 좋은 사람과 함께하면 나도 조금씩 달라집니다. 이상민 작가는 좋은 영향을 주는 그런 사람입니다. 그의 다섯 번째 여정을 진심으로 응원하며, 이 책이 누군가에게 새로운 출발의 불씨가 되길 바랍니다.

유승우 새마을금고중앙회 지역검사5부 부부장 / 경북사업관리부 부부장(2020~2021)

프롤로그

토끼와 거북이 이야기

어린 시절에 들은 '토끼와 거북이' 이야기를 기억하십니까? 그 이야기는 우리에게 이런 교훈을 주었습니다. "느려도 포기하지 않으면 결국 이긴다." 아이였던 저는 단순하게 받아들였습니다. '그렇다면 꾸준히 하기만 하면 언젠가 나도 잘할 수 있겠구나.' 교과서 속의 우화 하나가 어린 마음에 작은 희망을 심어 주었습니다. 하지만 사회에 나와 직장에 다니면서, 그 단순한 교훈은 점점 복잡한 질문으로 바뀌었습니다.

'정말 빠르기만 하면 이기는 걸까?'

'패배한 토끼는 그 뒤로 어떻게 살았을까?'

거북이는 느리지만 꾸준했고, 결국 이겼습니다.

토끼는 빠르지만 자만했고, 그래서 졌습니다. 어린 시절에는 당연히 거북이에게 박수를 보냈습니다. 그런데 어른이 된 저는 오히려 '패배한 토끼'의 뒷이야기가 더 궁금해졌습니다. 속도라는 자신의 강점이 자만이 되어 패배라는 결과로 돌아오자 토끼는 혼란스러웠을 것입니다. 빠른데도 경기에 진 존재라는 자기모순 속에서 방향을 잃고 방황했을지도 모릅니다. 그러던 어느 날, 그에게 꿈같은 만남이 찾아옵니다. 수천만 년 전 조상 '래고모르프'를 만난 토끼는 묻습니다.

"우리는 왜 달려야 하나요?"

조상은 조용히 답합니다.

"우리는 1등이 되기 위해 달리는 존재가 아니다. 자기만의 방향을 향해, 자기 속도로 나아가라고 이 다리를 물려준 거다."

그 말은 토끼의 마음에 조용히 스며들었고, 그제야 깨달았습니다. 진짜 중요한 것은 남보다 앞서는 것이 아니라, 내가 가야 할 방향으로 나아가는 것이라는 깨달음이었습니다.

슈퍼토끼의 커리어 여정

저는 지금 다섯 번째 회사에 다니고 있습니다. 돌아보면 마치 다섯 개의 인생을 살아온 기분입니다. 환경도 달랐고, 저 자신도 조금씩 변해 왔습니다.

제가 사회에서 처음 발을 디딘 곳은 군대였습니다. 육군 장교로서 맡은 첫 직장은 '일의 무게'와 '조직의 질서'를 온몸으로 배워야 하는 곳이었습니다. 계급과 명령, 보고와 책임. 때로는 한순간의 판단이 부하의 안전을 좌우했기에, 매일 긴장 속에서 하루를 보냈습니다. 그곳에서 저는 '말 한마디의 무게'가 얼마나 큰지, 그리고 그 말이 조직과 사람에게 어떤 파급력을 가지는지 배웠습니다.

두 번째 직장은 새마을금고 창구였습니다. 매일 수많은 주민을 맞이하며, 작은 친절에 일터를 바꾸는 힘이 있다는 것을 처음 느꼈습니다. "어서 오십시오." 이 짧은 한마디가 고객의 표정을 바꾸고, 그 미소가 다시 나를 바꿔 놓는 경험. 군대에서 배운 '명령과 질서'와는 전혀 다른 방식의 관계였습니다.

세 번째는 한국능률협회에서 연구원으로 일했습니다. 보고서를 작성하고, 교육 프로그램을 설계하며, 수치를 분석하고, 새로운 프로젝트를 기획했습니다. 단순히 주어진 지시를 수행하는 것이 아니라, 일을 구조화하고 전략적으로 설계하는 능력을 배우는 시간이었습니다. '일은 손이 아니라 사고로 만들어진다.' 이 깨달음은 이후 모든 업무에서 저의 기준이 되었습니다.

네 번째는 마이크임팩트에서 콘텐츠 디렉터로 활동했습니다. 강연과 콘퍼런스를 기획하고, 마케팅 현장을 오가며 새로운 가능성을 발견했습니다. 군대, 금융기관, 협회의 엄연한 구조 속에서 벗어나, 자유롭지만 책임 있는 현장 속에서 한계를 넘어서는 법을 배웠습니다. 빠르게 움직여야 했고, 동시에 방향을 잃지 않아야 했습니다.

그리고 지금은 다섯 번째 직장, 왜관새마을금고에서 지점장으로 일하고 있습니다.

책임의 무게를 담담히 받아들이며, 조직을 이끄는 법을 매일 배우고 있습니다. 단순히 내가 잘하는 것만으로는 부족합니다. 사람을 보고, 함께 움직이는 법을 매일 새로 배워야 합니다. 그리고 그 과정에서 제가 이전과는 달라졌다는 것을 느낍니다.

천천히, 그러나 단단하게

다섯 곳의 회사를 거치며 한 가지 사실을 깨달았습니다. '직장은 단순히 돈을 버는 곳이 아니라, 나를 발견하고 단련하는 공간이라는 것'입니다. 매일 아침 같은 자리에 앉지만 그 안에서 조금씩 다른 저를 만나고, 그렇게 쌓인 시간과 경험이 지금의 저를 만들어 주었습니다. 이 책은 그 시간을 기록한 것입니다.

입사, 생존, 성장, 퇴사, 복귀…. 그리고 그 모든 과정에서 다듬어진 하나의 정체성, '빠르기만 한 토끼'에서 '방향을 찾아 걷는 존재'로. 하루에도 몇 번씩 구직 사이트를 새로고침하는 취준생. 답답한 상사와 엇갈리는 3년 차 직장인. 퇴사 버튼 앞에서 망설이고 있는 오늘의 당신.

괜찮습니다. 빠르다고 해서 반드시 더 나은 삶에 닿는 것은 아닙니다. 느리더라도 흔들림 없이 나만의 길을 걷는 것, 그것이 진짜 어른이 되는 길입니다. 어쩌면 우리는 모두 '토끼'일지도 모릅니다. 때로는 방황하고, 때로는 자만하며, 때로는 지기도 합니다. 하지만 결국 중요한 건 '나의 속도'와 '나의 방향'을 찾는 일입니다. 이 책은 그 길 위에서 만나는 작은 표지판이 될 것입니다.

함께 걸어 봅시다.
빠르지 않아도 괜찮습니다.
단단히, 천천히, 조금씩.

차례

추천사　008

조병윤 예비역 육군소장 / 제6사단 공병대대장 (2009~2010)

박소라 효용새마을금고 부장 / 효곡지점 지점장 (2011~2013)

권영섭 올윈에듀 전무 / 한국능률협회 일자리창출본부 컨설턴트 (2014)

심규진 한동대학교 창의융합교육원 교수 / 마이크임팩트 교육본부장 (2015)

유승우 새마을금고중앙회 지역검사5부 부부장 / 경북사업관리부 부부장 (2020~2021)

프롤로그　012

토끼와 거북이 이야기

머리는 커졌지만, 마음은 비어 있던 시간

오늘은 물로 할게요 024

나의 취미는 '아무것도 하지 않기'입니다 027

말의 무게, 그리고 직장에서 나의 자리 029

직장 생활의 시작과 끝, 작은 인사의 힘 032

세대 차이 속, 직장 내 진심을 잇는 말 한마디 035

첫 월급, 삶의 의미를 배우다 038

우리는 왜 일하는가: 2030세대의 솔직한 질문 041

눈치, 조용한 생존의 기술 044

보고서 한 장에 담긴 나의 성장 이야기 047

신입 사원으로 산다는 것: 배우고, 관찰하고, 성장하기 050

MZ세대가 일하는 법: 질문, 성장 그리고 생존의 기술 053

퇴근 후, 나만의 재충전 시간을 찾아서 056

출근길에 비로소 알게 된 마음 059

회사에서 나를 지키는 일 061

사소하지만 그래서 중요한 일들 063

메일 한 통에도 성격이 담긴다 065

회의실 문 앞에서 배운 용기 068

명함 한 장의 무게 070

점심시간의 사회생활 073

내 자리는 아직 정리 중입니다 076

몸통을 지키며, 속도를 조절하다

지우지 않고 버티는 법 080

나는 여기 있다 083

승진하고 싶지만, 나를 잃고 싶진 않다 085

차근차근, 나만의 길을 걷다 088

사내 정치, 나는 이렇게 버틴다 091

회사를 떠올리는 계절, 나를 지키는 거리 094

적응하는 대신 판단하기로 하다 097

좋아하는 일과 잘하는 일 사이에서 100

친구보다 더 든든한 동료 103

실수는 끝이 아니다 106

무너지지 않는 사람이 되지 않아도 괜찮다 109

입사와 퇴사, 끝이 아닌 또 다른 시작 112

나는 오늘도, 내 편이 되기로 했다 115

눈에 띄지 않아도 사라지지 않는다 118

애쓰지 않아도 괜찮은 날이 오기를 121

침묵도 말이 될 수 있다 124

출근 전 10분이 나를 구하다 127

쓸모없는 사람이 되고 싶지 않아서 130

그날, 나는 아무 말도 하지 않았다 133

적당히 한다는 건 어렵지만 필요하다 136

빠른 다리로 달렸지만, 천천히 나를 배웠다

일 잘하는 사람이 아니라, 이해받는 사람이 되고 싶었다   142
연봉 1억이었는데, 왜 허무했을까?   145
실력은 기술이 아니라 태도다   148
성장은 속도가 아니라 방향이다   151
일보다 나를 돌보는 태도   153
나만의 기준을 세우는 법   156
일 잘하는 사람보다 함께 일하고 싶은 사람이 더 오래 기억된다   159
혼자라는 고요 속에서 자라는 나   161
달라진 내가 나를 지킨다   164
느리게 가도 괜찮아, 중요한 건 방향이니까   167
작은 변화가 만든 큰 성장의 순간들   170
실패를 넘어선 성장은 나를 더 단단하게 만든다   173
비교 대신 발견을 선택하다   176
성장은 티 나지 않게 온다   179
일에 휘둘리지 않고, 삶을 중심에 두기로 하다   182
모르는 걸 인정하는 데도 용기가 필요하다   184
칭찬 앞에서 어색해하는 나를 마주하다   187
더 이상 모두의 기대에 맞추지 않기로 하다   190
부러워하는 대신 배우기로 하다   193
성장은 '살하려는 마음'에서 시작된다   196

꼬리는 짧아도, 나만의 길은 길다

퇴사, 나를 지키는 용기 202
그만두고 싶다는 말, 사실은 나를 지키는 용기다 205
버티는 게 아닌, 흐르는 삶을 선택하다 207
그만두고 싶다는 마음, 나를 지키는 용기다 209
나다움을 찾아 떠나는 이직 212
이직의 진짜 이유는 KPI에 없다 215
좋은 회사보다 괜찮은 나 218
미련은 짐이 아니라 이정표다 221
지금 이 마음이 충분하다면 224
어떤 나로 살고 싶은가? 227
떠남이 아닌, 나아감의 시작 230
퇴사 뒤에 찾아온 새로운 발견 233
마침표를 찍었더니 문장이 이어지다 236
회사를 그만두고 나를 다시 고용하다 238
사라지는 게 아니라, 더 나은 방향으로 흐르는 중 241
사표를 쓰기 전 나에게 던진 질문들 244
마지막 출근길에 알게 된 것들 247
잘 그만두는 것도 실력이다 250
명함이 없어진 뒤에야 보인 나 252
두려웠지만 결국 해내다 255

다섯 번째 회사에서, 다시 나를 배우다

잦은 이직, 그 끝에 찾은 '나답게 살기' 260
한 바퀴 돌아 다시 선 자리 263
일의 진짜 의미를 배운 시간 266
버티는 것에서 챙기는 것으로 269
괜찮음을 배우는 시간 272
다시, 일상에 마음을 열다 275
나를 세우는 시간 278
연봉 협상, 나를 지키는 용기 281
속도를 다시 설정하다 283
나로서 회사와 함께하는 나 285
돌아온 자리에서 피어나는 나 288
과거를 품고 미래를 걷다 290
돌아온 내가 예전의 내가 아니듯 292
쉬었던 시간만큼 단단해지다 294
천천히 해도 돼. 우리가 도와줄게 296
빈자리도 나를 기다리고 있었다 298
쉬는 동안 잃은 게 아니라 더해진 것이 있다 301
나만의 속도를 찾아가고 있다 303
복귀는 '되돌아감'이 아니라 '다시 나아감'이다 305
경력의 공백보다 중요한 건 마음의 연결 307

에필로그 310
또 다른 토끼와 거북이 이야기

머리는 커졌지만,
마음은 비어 있던 시간

오늘은 물로 할게요

처음 술을 접했을 땐, 그저 '어른들의 음료' 정도로 여겼다. 하지만 직장 생활을 시작한 뒤로 술은 어느새 사회생활의 입구이자 소통의 무기, 때로는 적응의 도구가 되어 있었다.

나는 술을 즐기는 편이다. 정확히 말하면, 좋은 사람들과 막걸리 한두 잔 나누는 자리를 좋아했다. 잔을 주고받는 그 짧은 동작 속에는 이상하게도 따뜻한 위로가 담겨 있었다. 말하지 않아도 서로를 이해하는 분위기, 목을 타고 넘어가는 미지근한 온기. 그런 순간이 좋았다. 하지만 동시에 술 취하는 게 불편했다.
정신이 흐려지는 순간, 내 마음도 함께 흔들리는 것 같았다. 나 자신을 놓는 일에 서툴렀고, 낯선 감정은 늘 두려움으로 다가왔다. 그럼에도 세상은 말했다.
"놓아야 친해지는 거야."
"한잔해야 진짜 얘기가 나와."

스물넷, 육군 소위로 첫 사회생활을 시작했을 때도 그랬다. 지시와 복종 그리고 복명복창이 일상이었고, 눈치는 생존의 기술이었다. '지휘관'이라는 타이틀이 무색하게 하루에 하나조차 제대로 지휘하지 못했던 내가 있었다. 그날도 하루를 버티는 마지막에 술이 있었다.
막걸리 한 사발, 맥주 한 캔.
그 잔은 마치 안주 없는 고백 같았다.
'오늘도 잘 버텼어.'
술은 내 하루의 숨통이자, 피로의 뒷모습이었다.
하지만 어느 순간 깨달았다. 내가 술에 기대고 있다는 걸. 그것은 위로가 아니라 도피였고, 내 저녁은 점점 흐려졌다. 그래서 결심했다. 술을 끊는 것이 아니라 내 저녁을 다시 디자인하기로. 책을 읽고, 운동하고, 혼잣말을 적는 밤을 선택했다. 스스로 마주하는 시간. 그건 단순한 금주가 아니라 나 자신과 가까워지는 과정이었다. 하지만 회사는 그렇게 간단하지 않았다.

첫 직장, 첫 회식. 술잔이 돌고, 분위기는 점점 달아올랐다. 노래방 예약이 자연스레 이어졌고, 웃음 속에 섞여 있는 압박은 더 강해졌다.
"신입이면 분위기 맞춰야지."
"회식도 업무야."
그런 말들은 암묵적인 순응 테스트였다. 그날, 상사의 잔이 내 앞에서 멈췄다. 짧은 고민 끝에 나는 웃으며 잔을 비웠다. 몸은 견뎠지만 마음은 무너졌다. 그날 밤, 화장실 바닥에 주저앉아 멈추지 않는 속을 부여잡는데 문득 질문이 하나 떠올랐다.
'이게 정말 어른이 되는 길일까?'
다음 회식에서 나는 조심스럽게 말을 꺼냈다.
"오늘은 먼저 들어가도 될까요?"
순간의 정적과 눈치. 하지만 세상은 무너지지 않았다. 누군가는 눈살을 찌푸렸지만, 또 다른 누군가는 고개를 끄덕였다. 그날 나는 내 하루의 핸들을 처음 잡았다. 끌려가는 하루에서 조정하는 하루로 바뀐 순간이었다. 직장 생활은 빈 잔 하나로 시작되는 경우가 많다. 누군가는 그 잔에 책임을 따르고, 누군가는 야망을 담고, 어떤 이는 그저 살아남기 위해 잔을 든다. 하지만 나는 하나하나 배워갔다. 잔이 아닌 말로, 알코올이 아닌 신뢰로 사람 만나는 법을.

지금도 나는 술을 즐긴다. 다만 억지로가 아니라, 스스로 원할 때만. 막걸리 한 잔 대신 물 한 잔으로도 충분히 대화가 이어진다. 술이 빠진 자리에서도 웃음이 흐르고, 진심은 오히려 더 선명해진다. 취하지 않아도 가까워질 수 있다는 걸, 이제는 안다. 억지로 웃으며 잔을 채우던 내가 이제는 이렇게 말한다.

"오늘은 물로 할게요."

술을 거절할 줄 아는 사회인.

그 또한 진짜 어른의 조건임을 오늘도 배우고 있다.

나의 취미는 '아무것도 하지 않기'입니다

"취미가 뭐예요?"

면접장에서 자주 들었던 질문이다. 처음엔 그게 왜 중요한지 이해되지 않았다. 직무 능력과는 딱히 상관없어 보이는데도 '정답'처럼 준비해야 하는 질문 같았다. 나는 늘 이렇게 대답했다.

"사람 만나는 걸 좋아합니다."

무난하고 무난해 보이는 답. 하지만 마음 한편엔 진심이 없었다. 사실 면접관이 원하는 건 내 삶을 구성하는 작은 퍼즐 조각이 아니라, '이 사람이 소식에 살 어울릴 사람인가?'를 가늠하기 위한 사회적 코드였다.

취미는 나의 개성이 아니라, 일종의 '적응력 증명서'처럼 여겨졌다. 입사 후 얼마 지나지 않아 회사 대표의 취미가 '등산'이라는 사실을 알게 됐다.

"이번 주말에 다 같이 산에 한번 올라가 볼까요?"

대표의 말 한마디에 팀원 대부분이 주말 일정을 조정했고, 나도 예외는 아니었다. 일요일 새벽, 도시락을 싸고 등산화를 꺼내는 순간 '취미'라는 단어가 무겁게 다가왔다. 고된 오르막길, 시큰거리는 무릎, 그리고 월요일까지 이어지는 피로까지. 정상에서 단체 사진을 찍고 환하게 웃었지만, 그 웃음은 '좋아서'라기보다 '해야 해서' 지은 웃음이었다. 대표의 취미는 어느새 팀의 주말 일정이 되었고, 나의 '가짜 취미'가 되었다. 그 후 대표가 바뀌고 '등산'은 '트레킹'으로 자연스럽게 바뀌었다. 코스만 달라졌을 뿐 주말의 피로는 여전했다. 그때 깨달았다. 내가 가진 줄 알았던 취미란, 사실 누군가에 맞추기 위해 만들어 낸 '사회적 스킬'이었다는 것을. 취미는 본래 자율의 영역인데, 어느새 조직에 소속되기 위한 증명서가 되어 버린 것이다.

시간이 흘러 지금 나는 지점장이 되었다. 누군가의 취미에 맞춰야 할 일이 없어졌고, 주말이면 특별한 일 없이 쉬는 편이다. 침대에 누워 창밖을 멍하니 바라보고, 마트에 들러 장을 보고, 혼자 카페에 앉아 책을 읽는 일상. 누군가는 이런 시간을 '게으름'이라 부를지 모르지만, 내게는 번아웃을 막아 주는 현실적인 방법이다.

'직장인의 소원은 통일이 아니라 토·일이다.'

예전엔 농담처럼 들렸던 말인데 이제는 진심으로 공감한다. 주말이 사라지면 나도 조금씩 사라지는 기분이니까.

업무 스트레스로 불면증에 시달리는 동료가 있었다. 늘 지쳐 보였고, 자기만을 위한 시간이 없다고 했다. 나는 조심스럽게 말했다.

"퇴근 후에 할 만한 취미를 하나 만들어 보는 건 어때요?"

몇 달 후 그는 환한 목소리로 전화를 걸어왔다.

"요즘 잠도 잘 자고 마음이 한결 편해. 그때 취미 얘기해 줘서 정말 고마워."

그날 나는 작은 치킨 쿠폰 하나를 보냈고, 그의 음성에는 여유가 묻어 있었다. 그 일을 계기로 더 확신하게 됐다. 회사는 일하는 법을 가르쳐 주지만, 회사를 벗어난 삶은 스스로 배워야 한다는 것을. 취미란 결국 그런 것이다. 누군가에게 보여 주기 위한 것이 아니라, 내가 나로서 숨 쉬기 위한 최소한의 틈. 그게 설령 '아무것도 하지 않기'라 해도 괜찮다. 퇴근 후, 오랜만에 기타를 꺼냈다. 녹슨 줄 위에 손가락을 어색하게 올렸다. 익숙한 멜로디가 아직도 손끝에 남아 있었다. 서툴지만 정직한 소리. 그 순간 나는 다시 숨을 쉴 수 있었다. 취미는 나를 증명하는 답안지가 아니라, 내가 무너지지 않고 살아가게 해 주는 작은 숨구멍이다. 그래서 나는 당당히 말한다.

"나의 취미는 '아무것도 하지 않기'입니다."

말의 무게, 그리고 직장에서 나의 자리

누구에게나 책상이 있고, 의자가 있으며, 그 위에는 이름이 적힌 명찰이 붙어 있다. 하지만 앉을 자리가 있다고 해서 그 자리가 곧 '설 자리'가 되어 주는 것은 아니다. 출근 첫날, 인사과 직원이 말했다.

"여기, 이 자리가 당신 자리입니다."

나는 조심스럽게 의자에 앉았다. 그러나 그 자리는 나를 환영하지 않았다. 책상은 있었지만 뿌리 내릴 흙은 없었고, 의자는 있었지만 중심을 잡을 기준은 없었다. 사람들은 이미 무리를 지어 움직이고 있었고, 그 안으로 스며드는 일은 생각보다 쉽지 않았다. 조용한 카페보다는 소란스러운 구내식당에서 따뜻한 조언보다는 빠르게 퍼지는 소문이 먼저 내 귀에 들어왔다. 그 무리의 중심에는 언제나 누군가의 뒷이야기가 있었다. 대부분은 '상사'에 관한 이야기였다.

퇴근 후에는 동기들과 술자리가 기다리고 있었다. 치킨, 맥주, 그리고 '뒷담화'. 우리는 눌러 둔 하루의 말들을 잔에 섞어 털어냈고, 그제야 집으로 돌아갈 마음이 생겼다.

"걔 진짜 너무하지 않냐?"

"도대체 뭘 원하는 건지 모르겠어."

말은 감정을 불러일으켰고, 감정은 다시 말을 키웠다. 우리는 상사의 정확한 기대를 알지 못했지만, 각자의 자리에서 '최선' 이상의 노력을 하고 있다고 믿었다. 그래서 억울했고, 그래서 서운했다. 말은 곧 해방이자 위안처럼 느껴졌다.

어느 날 점심시간이었다.

동료와 국밥집으로 향하며 쏟아지는 햇빛 아래를 전력 질주하듯 빠르게 걸었다. 식당 안에 들어서자 김이 모락모락 피어오르는 국밥이 테이블 위에 놓여 있었다. 숟가락은 바쁘게 움직였고, 서로 말은 없었지만 국물 소리가 식탁을 채웠다. 그때, 익숙한 목소리가 한쪽 구석 테이블에서 들려왔다.

"아까 김 부장이 또 지적하더라. 자기는 하나도 안 하면서, 왜 맨날 나한테만 그러는지 모르겠어."

그 말투에는 단순한 피로나 불만이 아닌, 날 선 감정이 묻어 있었다. 순간, 어젯밤 우리끼리 나눴던 대화가 떠올랐다.

'우리가 나눈 말들은 사람들에게 어떻게 들렸을까?'

서로를 위로하려던 우리의 말이 혹시 누군가에게 칼날처럼 꽂히진 않았을까. 구석 테이블에서 들려오는 말과 어젯밤 우리가 나눈 말 사이에 생겨난 묘한 온도 차가 가슴 깊이 내려앉았다.

그날 처음으로 깨달았다. 농담처럼 던져진 한마디가 누군가에게는 깊은 상처가 될 수 있다는 것을. 그때부터 내게 '말의 무게'는 더 이상 추상적인 개념이 아니었다. 사람과 사람 사이를 잇거나 끊는 실질적인 힘이 되었다. 말은 생각을 담는 그릇이지만, 동시에 감정을 전하는 화살이기도 하다.

뒷담화는 '할 수 있다'의 문제가 아니라, '어디까지 할 것인가'의 문제였다. 서운함, 분노, 억울함은 누구에게나 있다. 하지만 그것을 푸는 방식에 따라 말은 위로가 되기도 하고 흉기가 되기도 한다. 불평을 나누며 마음이 가벼워질 때도 있지만, 어느 순간 그 말들이 쌓여 또 다른 오해와 벽을 만들어 내기도 한다. 말은 사라지지 않고 형태를 바꿔 다시 돌아온다는 사실을 나는 조금씩 배워 갔다. 회사에 다니다 보면 누구나 말하고 싶어진다. 속이 답답할 때, 불공평한 대우를 받을 때, 내가 애썼는데 인정받지 못했을 때. 그럴수록 말은 더 조심스러워야 한다. 감정에 휘둘린 과장, 왜곡 그리고 날 선 비난은 결국 누군가를 해치기 전에 나를 먼저 찌른다.

나는 아직 완벽하지도, 강하지도 않다. 가끔 흔들리고, 가끔 속상하며, 가끔 무너지기도 한다. 하지만 언젠가 나도 상사의 자리에 오른다면, 그 자리는 누군가에게 '앉을 자리'가 아니라 '설 수 있는 자리'가 되어야 한다고 믿는다. 직장은 자리를 주지만, 우리가 만들어야 하는 건 '존재의 이유'다. 존중의 말, 격려의 말이 있어야 그 자리는 비로소 누군가에게 버팀목이 된다.

그래서 오늘도 나는 연습한다. 비난보다 단단해지는 법을, 공격보다 돌아서는 법을. 작은 말 한마디로 관계를 세우고, 또 다른 말 한마디로 마음을 지킬 수 있다는 것을 믿으며. 그게 어쩌면 어른이 되어 가는 과정이라는 걸 조금씩 알아 가고 있다.

이 글을 읽는 당신도 오늘 어떤 말을 나눴는지 돌아보길 바란다. 누군가의 등을 떠미는 말이었는지, 아니면 무너지지 않게 붙잡아 주는 말이었는지. 작은 말 한마디가 우리가 설 자리를 만들어 줄 수 있다. 그리고 그 말들이 모여, 직장이라는 낯선 공간 속에서 우리를 '존재하게' 만든다.

직장 생활의 시작과 끝, 작은 인사의 힘

처음엔 인사만 잘하면 된다고 믿었다. 복도 끝에서 '좋은 아침입니다!'를 수없이 연습하며 출근했고, 처음 만난 선배 앞에서는 반사적으로 고개를 숙였다. 누구보다 밝고 성실해 보이고 싶었다. 하지만 웃는 얼굴 뒤에는 마음속 긴장이 숨어 있었다. 그러다가 깨달았다. 인사는 시작일 뿐, 진짜 시험은 그 이후부터라는 것을. '해야 할 일'이 점점 늘어났고, '혼나는 일'도 따라왔다. 실수를 줄이려고 애쓰다가 결국 실수를 숨기기에 급급해졌다. 보고서를 쓰고 고치고 다시 제출하고, 팀장의 말투에서 감정을 해석하며, 선배의 눈빛에서 피드백 방향을 짐작하는 날이 반복되었다.

실무보다 더 어려운 건 '사람의 표정을 읽는 일'이었다. 말 한마디, 눈빛 하나에도 긴장이 감도는 회사는 매일 전쟁터 같았다. 감정과 거리를 끊임없이 계산하며 균형을 잃지 않으려고 스스로를 옥죄었다.
그러던 어느 날, 몸이 먼저 반응했다. 숨이 가빠지고, 가슴이 조이며, 말수가 줄어들었다.
'내가 지금 무엇을 놓치고 있는 걸까?'
답 없는 질문이 하루 종일 머릿속을 떠나지 않았다. 결국 정신건강의학과 문을 조용히 두드렸다. 의사는 말했다.
"감기처럼 생각하세요. 약 몇 번 드시면 괜찮아질 거예요."
그 말에 눈물이 핑 돌았다. 상처를 주는 것도 사람이지만, 치유를 건네는 것도 사람이었다.

우리는 수많은 경쟁자를 뚫고 '바늘구멍'을 통과해 입사했다. 하지만 회사는 매일 또 다른 '바늘구멍'을 만들어 냈다. 그것은 일보다 더 복잡한 '관계'라는 좁은 문이었다. 하루를 버텨 내기 위해 우리는 업무 능력뿐 아니라, 눈치와 공감 그리고 작은 인사의 힘까지 총동원해야 했다.

기성세대는 말했다.
"요즘 애들은 예민해."
우리는 말했다.
"그 시절과는 달라요."
서로를 향한 말은 있었지만, 대화는 이루어지지 않았다. 말은 벽이 되었고, 감정은 그 사이에 갇혔다. 누가 옳고 그른지는 중요하지 않았다. 다만 누군가는 먼저 말을 걸고, 누군가는 마음을 열어야 했다. 그 작은 시도가 세대 간 번역의 시작이었다. 다름을 탓하지 않고 이해하려는 순간부터 연결이 시작되었다.

인사는 단순한 예의 차원이 아니다. 사소한 인사 속에는 '나는 당신을 보고 있습니다. 존재를 인정합니다'라는 메시지가 담겨 있었다. 아침 인사가 긴 하루를 열어 주었고, 퇴근길의 인사가 지친 마음을 달래 주었다. 그 작은 순간이 모여 회사라는 낯선 공간에 나의 자리를 만들어 주었다. 어느 날 후배가 내 자리로 와서 조심스레 말을 걸었다.
"선배님, 오늘 하루도 수고 많으셨어요."
짧은 말이었지만, 그 순간 나도 모르게 안도의 숨을 내쉬었다.

누군가의 인사 한마디가 내 마음의 무게를 덜어 준다는 걸 그제야 알았다. 그래서 나는 퇴근할 때마다 작은 주문처럼 중얼거린다.
"수고했어요. 내일 또 봐요."
그 짧은 인사는 하루의 끝에서 나를 지탱해 주는 안전벨트가 되었다.

파도에 휩쓸린 마음을 살며시 붙잡아 주는 마지막 매듭 같은 말. 인사는 마음을 시험하는 자리지만, 때로는 마음을 살리는 단 한마디가 되기도 한다. 존재를 확인하고, 소외되지 않기를 바라는 조용한 환영의 표현. 직장 생활의 시작이 인사였다면, 끝 또한 인사일 것이다.

'고생 많으셨습니다'라는 한마디가 퇴직자의 등을 따뜻하게 밀어 주고, '함께해서 감사했습니다'라는 인사가 오랜 시간의 기억을 아름답게 감싸 준다. 시작과 끝을 연결하는 그 말들 속에서 우리는 관계의 의미를 다시 배운다. 내일도 나는 그 말 한마디로 하루를 시작할 것이다.
"좋은 아침입니다!"
단순하지만, 가장 오래가는 말.
직장 생활의 시작과 끝을 이어 주는, 작지만 가장 강력한 다리.

세대 차이 속, 직장 내 진심을 잇는 말 한마디

한때 인터넷에서 화제가 된 글이 있다.
상사와 신입 사원의 대화를 패러디한 짧은 글이었다.

(상사) "우리 회사는 가족 같은 분위기야. 나를 형처럼 생각해."
(신입) '제 가족은 집에 있습니다. 저는 외동이고요.'
(상사) "우린 한배를 탄 거야. 나만 믿고 따라와."
(신입) '뱃멀미가 심해서 내리고 싶어요.'
(상사) "자네 회사에 바라는 점이 있나? 허심탄회하게 말해 보게."
(신입) '그런 거 안 물어보는 거요. 그리고 어깨에 손 좀….'
(상사) "이거 자네가 작성한 건가? 보고서가 개판인데? (하하하)"
(신입) '개처럼 일만 시키더니…. 웃지 마세요, 물기 전에.'
(상사) "직장 생활을 하면서 꿈이 생겼어."
(신입) '저도요. 퇴사라는 꿈. 퇴몽이죠.'

처음에는 폭소가 터졌다. 그러나 웃음 뒤에 묘한 씁쓸함이 남았다.
'아, 나도 그랬지.'

나 역시 직장 초년생일 때, 상사의 말을 곧이곧대로 믿으려 애썼다. '형처럼 생각하라'는 말에 진심을 담고 싶었고, '한배를 탔다'라는 말에 책임감을 느끼고 싶었다. 하지만 시간이 흐르면서 알게 되었다. 그 말들 뒤에는 '관계'라는 이름으로 강요된 기대가 숨어 있었다는 것을. 그 기대는 친밀감이라기보다 오히려 경계를 흐리는 무거운 짐이었다. 물론 상사도 진심이었을 것이다. 격의 없는 소통을 원하며, 나름의 방식으로 마음을 표현했으리라. 그러나 그 언어는 신입에게는 부담과 간섭으로 다가왔다. 따뜻한 환영의 말이 아니라 서툰 압박이었다.

한번은 이런 경험도 했다. 첫 보고서를 제출했을 때 상사가 웃으며 말했다.
"이거 네가 썼어? 완전 초등학생 글인데?"
주변에서 다 같이 웃었지만, 나는 그 웃음 속에서 혼자가 된 기분이었다.
그때 필요한 건 농담이 아니라, 어떻게 더 잘 쓸 수 있는지 알려 주는 조언이었다. 말의 의도는 가벼웠지만, 듣는 마음은 무거웠다.
이 문제는 단순히 '예민함'의 문제가 아니다. 세대 차이는 결국 말의 온도에서 비롯된다. 같은 문장도 누가, 언제, 어떻게 말하느냐에 따라 누군가에겐 위로가 되고, 또 누군가에겐 통제가 된다.
"다 널 위해서 하는 말이야."
이 말은 어떤 이에게는 진심 어린 위로지만, 또 다른 이에게는 숨 막히는 통제일 뿐이다.

기성세대는 말한다.
"요즘 애들은 예민해. 툭하면 자존심 상해하고."
신입 세대는 답한다.
"왜 이런 걸 당연하게 받아들여야 하죠?"

누가 옳고 그른지는 중요하지 않다. 우리는 서로 다르게 자랐고, 각기 다른 언어를 배웠을 뿐이다. 그래서 필요한 것은 '선의의 해석'이 아니라, 진짜 소통을 위한 노력이다. 기성세대는 변화에 유연해져야 하고, 신입 세대는 변화 속에서 책임감 있는 자존감을 배워야 한다. 존중은 위에서 아래로만 흐르지 않는다. 서로를 있는 그대로 이해하려는 태도에서 시작된다.

모든 신입 사원이 바라는 것은 거창한 배려가 아니다. 날개를 달아 주겠다는 약속보다, 하루의 무게를 조금 덜어 주는 말 한마디를 바란다.

"오늘 고생 많았어."

"이건 내가 먼저 해 볼게."

"네가 있어 든든해."

이 짧은 문장들이 누군가의 하루를 버티게 한다. 그리고 그 작은 언어가 내일을 향한 용기를 키운다. 세대 간 대화는 때로 오해와 벽으로 얼룩지지만, 그 끝에서 우리가 바라는 것은 같다.

있는 그대로 봐 주는 시선, 그리고 말 한마디의 따뜻한 온기.

나는 지금도 첫 보고서를 제출했을 때의 농담을 떠올린다. 그때는 서운했지만, 지금은 후배들에게 같은 실수를 반복하지 않으려고 애쓴다. 보고서를 들고 찾아온 후배에게 이렇게 말한다.

"고생했다. 여기 조금만 다듬으면 더 좋아질 거야."

작은 말의 차이가 관계의 거리를 바꾼다. 따뜻함 하나면 내일도 출근할 수 있다. 그리고 그 말 한마디가 세대의 벽을 넘어 진심을 이어 준다.

첫 월급, 삶의 의미를 배우다

'교학상장(敎學相長).'

가르치며 배우고, 배우며 함께 자란다는 뜻이다. 2,000여 년 전 공자와 그의 제자들이 남긴 『예기(禮記)』에 이런 구절이 나온다.

"맛있는 음식도 먹어 봐야 그 맛을 알고, 깊은 진리도 배워 보아야 왜 좋은지 알 수 있다. 배워야 부족함을 알고, 가르쳐야 그 어려움을 이해할 수 있다."

이 문장을 만난 날, 나는 직장을 '학교'로 바라보기로 마음먹었다. 억지로라도 그렇게 생각하자 조금씩 세상이 달라 보였다. 매일 지적하던 상사는 인내심을 단련시켜 주는 교관이 되었고, 일을 미루는 동료는 내가 먼저 실무를 익힐 기회를 주는 실습 조교가 되었다. 불만의 눈으로 보면 회사는 감옥 같지만, 배움의 시선으로 보면 회사는 학교였다. 업무 과정에서 실수하거나 예상치 못한 어려움이 닥칠 때마다, 마음속으로 '오늘은 또 어떤 수업이 기다리고 있을까?'라고 스스로 질문하며 하루를 시작했다. 그렇게 회사에 다니다 보니 어느새 이력서에는 네 개의 회사 이름이 적혀 있었다. 군대에서 배운 조직과 책임의 무게, 금융기관에서 익힌 친절과 세심함, 협회에서 터득한 사고의 구조, 마케팅 현장에서 만난 실험과 도전까지. 회사도 문화도 달랐지만, 그 모든 경험은 내 안에서 하나의 흐름으로 이어졌다. 조각처럼 흩어진 경험이 모여 지금의 나를 만들었고, 나는 서서히 '나만의 직장 공부법'을 체득하게 되었다. 첫 직장에서 배운 가장 큰 깨달음은 회사는 단순히 돈을 버는 곳이 아니라는 것이다.

어느 날, 처음 내 이름으로 찍힌 월급이 통장에 들어왔다. 스마트폰에 '입금되었습니다'라는 문자가 떴을 때, 심장이 쿵쿵 뛰는 듯한 짜릿한 감각을 느꼈다.

몇 번이고 통장을 열어 금액을 확인하며 혼자 웃었다. 큰 금액은 아니었지만, 그 숫자 안에는 아침의 졸음, 점심의 눈치, 저녁의 피로, 밤의 자책, 새벽의 결심이 모두 담겨 있었다. 단순히 돈을 받았다는 사실보다 '내가 하루를 견디고, 나를 다잡고, 작은 책임을 완수했다'는 증거가 고스란히 남아 있는 듯한 느낌이었다. 그날 나는 집에 가는 길에 작은 생크림 케이크를 샀다. 엄마에게 전한 케이크는 화려하지도 비싸지도 않았지만, 엄마의 미소는 무엇보다 빛났다. 돌아보면 내가 산 것은 케이크가 아니라 마음이었다. '수고했다'라는 말 대신 미소 하나로 전해진 위로. 그 순간 알았다. 월급은 단순한 노동의 대가가 아니라, 내가 살아온 방식과 견뎌 온 태도를 증명하는 조용한 선언이라는 것을.

월급의 의미는 쓰는 방식에 따라 달라졌다. 때로는 피로한 하루를 위로하는 한 끼 식사가 되었고, 때로는 미래를 위한 작은 저축이 되었다. 무엇보다도 그 돈을 어떻게 쓰느냐는 내가 어떤 사람인지를 보여 주는 또 다른 언어였다. 월급을 받고 나서 처음으로 나 자신에게 질문을 던졌다.
'나는 이 돈으로 무엇을 하고 싶은가?'
'무엇을 위해 버티고, 무엇을 위해 견디고 있는가?'

나는 그동안 받은 월급과 인세, 그리고 딸에게 받은 용돈까지 조금씩 모아서 라면 200박스를 구매해 지역 아동센터에 조용히 기부했다. 크게 알리지도 않았고, 거창한 준비도 없었다. 그저 누군가의 하루가 조금 더 따뜻해지길 바라는 마음뿐이었다. 딸이 "이게 뭐야?" 하고 눈을 동그랗게 뜨며 물었다. 나는 아이 손을 꼭 잡고 말했다
"우리가 함께 만든 작은 기적이야. 누군가의 하루를 조금 더 따뜻하게 만들어 줄 수 있다는 증거지."
딸의 눈빛이 반짝였고, 나도 모르게 가슴이 뭉클해졌다. 작은 나눔이 우리 가

족에게도 큰 의미가 되었다는 걸 알았다. 누군가를 위한 행동은 반드시 거창할 필요가 없다. 내 손에 쥔 것을 조금 더 넓게, 조금 더 따뜻하게 내미는 것만으로도 충분하다.

　돌이켜보면 첫 월급은 단순히 숫자가 아니라, 삶의 방향을 묻는 스승이었다. 그 돈으로 무엇을 사느냐보다 누구와 나누느냐가 더 중요하다는 걸 가르쳐 주었다. 또 한편으로는 '나는 어떤 삶을 살고 싶은가?'라는 질문을 던져 주었다. 월급을 통해 나는 삶의 가치를 조금씩 배워 갔다. 돈은 단순한 수단이 아니라, 나를 돌아보고 세상과 연결되는 매개였던 것이다.
　월급은 여전히 익숙해지지 않는 친구다. 가끔은 서운하고, 가끔은 고맙다. 하지만 우리는 조금씩 서로를 닮아 가고 있다. 월급은 내 시간을 증명하고, 나는 그 시간을 의미로 바꾸고자 애쓴다. 오늘도 출근길에 발걸음을 옮기며 생각한다. 그 길 끝에서 나를 기다리는 것은 단순한 돈이 아니라, 내가 어떤 삶을 살고 싶은지 묻는 하나의 답안지라는 것을. 그리고 매일 그 답을 조금씩 써 내려가는 과정 자체가 직장이라는 '학교'에서 배우는 진짜 공부임을 알게 되었다.

우리는 왜 일하는가: 2030세대의 솔직한 질문

대학을 졸업하고 '사회'라는 넓은 바다에 첫발을 내디뎠을 때, 머릿속에 질문 하나가 끊임없이 맴돌았다. '나는 왜 일하는 걸까? 단순히 돈을 벌기 위해서일까? 자기 계발을 위해서일까? 아니면 사회의 한 구성원으로서 책임을 다하기 위해서일까?'

처음에는 이 질문이 너무 철학적으로 느껴졌다. 막내 사원으로 복사기 옆에 서서 수십 장의 서류를 찍고, 회의실 테이블 위에 커피를 조심스레 놓으며 보내는 하루 속에서 이 질문은 더 멀게만 다가왔다. 그때의 나는 질문보다 생존이 더 급했다. 지각하지 않기, 실수 줄이기, 상사의 지시 빠르게 따라가기. 작은 성취에 안도하면서도, 마음속에는 여전히 '나는 왜 이 일을 하고 있지?'라는 목소리가 남아 있었다.

그러던 어느 날, 팀 회의에서 내가 정리한 자료가 실제 의사결정에 쓰였다. "좋은 자료였어. 덕분에 방향을 잡을 수 있었어"라는 한마디를 들었을 때, 처음으로 가슴이 뜨거워졌다. 단순한 업무가 아니라 '누군가에게 필요한 일'을 하고 있다는 감각. 그 순간 깨달았다. 우리가 진짜 알고 싶어 하는 건 '이 일이 왜 필요한지', '내가 왜 여기에 있는지'에 대한 이유라는 것을 말이다.

우리 세대는 이전과 달리 일의 의미를 다르게 찾는다. 단순히 생존이나 안정에 머무르지 않고 '왜 이 일을 하는지', '이 일이 내 성장에 어떤 영향을 주는지'가 중요하다. 우리는 단지 잘하는 것에 그치지 않고 의미 있게 일하며, 성과보다 맥락을, 속도보다 방향을 중시한다. 그렇기에 기대도 크고, 실망도 깊다. 그러나 현실은 그 이상과는 다소 달랐다. 팀장이 퇴근해야 겨우 자리를 뜨는 묘한 분위기, 주말에도 울리는 단톡방 알림, 보고서의 실질보다 겉모습이 더 중요시되는 관행. 우리는 묻는다.
'왜 이렇게까지 해야 하나요?'

이 질문에 불편함을 느끼는 이도, 무례하다고 말하는 이도 있다. 그러나 우리는 단지 알고 싶었을 뿐이다. 왜 그래야 하는지, 지금 가고 있는 길이 맞는지 확인하고 싶을 뿐이다. '왜'라는 질문은 단순한 반항이 아니다. 존중받고 싶다는 마음의 다른 표현이다. 우리는 효율을 추구하지만, 동시에 일의 의미를 잃고 싶지 않다.

'수고했어'라는 한마디가 간절한 이유는 단순히 칭찬을 바라기 때문이 아니다. 지금 내가 가는 길이 틀리지 않았다는 작은 확신을 얻기 위함이다.
우리를 가장 불안하게 만드는 것은 비판이 아니다. 침묵이다.
'지금 이 방향이 맞나요?', '내가 잘하고 있나요?'
아무런 피드백이 없을 때, 자신감은 쉽게 흔들린다. 그래서 우리는 소통을 원한다. 단순한 보고 체계가 아니라 서로의 생각을 나눌 수 있는 대화. 피드백은 때로 아프지만, 침묵은 우리를 더 불안하게 만든다.

우리는 워라밸을 말한다. 그것은 단순히 '덜 일하고 싶다'는 투정이 아니다. 제대로 쉬어야 제대로 일할 수 있음을 우리는 알고 있다. 주말 밤, 메신저에 뜬 회의 일정 알림에 마음이 철렁 내려앉을 때, 우리는 스스로 말한다.
'내 삶은 회사 밖에서도 존재해야 한다.'
자기 시간을 지키고 싶은 욕구는 이기심이 아니라 지속 가능한 삶을 위한 최소한의 조건이다.
우리는 멘토를 원한다. 지시만 내리는 '꼰대'가 아니라, 먼저 사과할 줄 알고, 함께 책임질 줄 아는 어른을 따른다. 이해하려고 노력하는 리더 아래에서 우리는 몰입과 성장을 경험한다. 연봉보다 더 중요한 것은 '내가 여기서 성장하고 있다'라는 감각이다. 그래서 우리는 더 배우고 싶고, 더 의미 있게 일하며, 누군가에게 필요한 존재가 되고 싶다. 2030세대가 묻는 '왜요?'라는 질문은 결코 무례가 아니다. 그것은 연결을 갈망하는 방식이며, 신뢰를 위한 시작이고, 관심의 표현이다. 우리는 '요즘 애들'이 아니다. 존재의 온도를 느끼고 싶은 사람들이다. 그래서 함께 일하며 서로의 다름을 인정하고, 같은 방향을 바라보며, 각자의 속도를 존중하려 애쓴다. 우리는 여전히 변화 중이다. 경제는 불안정하고, 회사의 구조도 언제든 바뀔 수 있다. 하지만 그 불안 속에서도 답을 찾으려 한다.

누군가 시켜서가 아니라, 내가 스스로 선택한 길이라는 확신. 남들에게 보여주기 위한 성취가 아니라, 나와 주변을 성장시키는 의미 있는 결과.
그래서 우리는 오늘도 묻는다.
'나는 왜 일하는가?'
아마 그 답은 하나가 아닐 것이다. 어떤 날은 생계 때문이고, 어떤 날은 성장을 위해서이며, 또 다른 날은 누군가에게 힘이 되기 위해서일 것이다. 중요한 건 질문을 멈추지 않는 것이다. 질문 속에서 우리는 방향을 찾고, 그 속에서 비로소 일과 삶이 이어진다.

눈치, 조용한 생존의 기술

직장에서 살아남기 위한 조건은 무엇일까? 성실함, 능력, 열정? 수없이 되뇌던 이 질문에 늘 빠지지 않고 등장하는 단어가 있었다. 바로 '눈치'다. 재미교포 저널리스트 유니 홍은 눈치를 이렇게 정의했다.

"타인의 신뢰를 얻고 관계를 맺기 위해 그 사람의 생각과 느낌을 살피는 섬세한 기술."

이 문장을 읽으며 나는 깊이 고개를 끄덕였다. 맞다. 눈치는 우리나라 직장 문화에서 너무나 익숙한 생존의 언어다. 때로는 공감의 능력이자, 때로는 감정을 억누르는 침묵의 장치다. 말보다 먼저 반응하고, 질문보다 빠르게 피하며, 표정 하나에 담긴 미묘한 뉘앙스를 읽는 일이 사실상 하루 업무의 시작이었다.

내가 다니던 회사는 오전 9시 출근이었지만, 나는 늘 8시 30분에 사무실에 도착했다. 전등이 켜지는 조용한 사무실 안, 가장 먼저 한 일은 업무를 시작하는 게 아니었다. 바로 '공기'를 읽는 것이었다. 상사의 표정이 어두운지, 동료의 말투에 어떤 감정이 섞였는지 살폈다. 보고서는 정확하게, 메일은 부드럽게. '괜찮습니다'라는 말 뒤에 숨은 억지와 '수고했어요'라는 말 속의 진심을 해석했다. 처음엔 그게 '배려'라고 믿었다. 하지만 어느 순간, 마음속에서 묵직한 질문이 올라왔다.

'나는 왜 이렇게 조용히 앉아 있는 걸까?'

그건 단순한 조심스러움이 아니었다. 이미 마음은 이 자리를 떠난 뒤였기 때문이다. 눈치를 보는 순간, 내 마음의 중심과 직장이라는 공간 사이에서 균형을 잡기 시작했다. 보이지 않는 긴장을 관리하고, 내 행동 하나하나에 책임을 부여하는 과정이었다. '퇴사'는 결심이 아니라 '속도'다. 몸은 사무실에 앉아 있어도,

마음은 조용히 걸어 나오는 사람. 말없이 책상을 정리하고, 마지막 인사를 마음속에 삼키는 사람. 그 뒷모습은 이상하게도 가슴을 아리게 한다.

"고마웠습니다. 그리고… 미안했습니다."

그 말은 소리 없이 마음속에 저장된다. 서랍처럼 조용히 닫히고, 기억 깊은 곳에 남는다. 나는 그제야 알았다. 오래 버티는 사람은 눈치 빠른 사람이 아니라, 흐름을 읽는 사람이라는 것을. 눈치를 완전히 버릴 수는 없지만, 그 눈치에 내 존재를 온전히 맡기지 않는 사람. 분위기에 휩쓸리지 않으면서도 관계를 놓치지 않으려 애쓰는 사람. 그 태도가 결국 직장이라는 파도 속에서 나를 지키는 힘이 된다는 것을.

눈치에는 세 가지 층위가 있다고 생각한다.

하나, 표면의 눈치. 상사의 말투나 표정, 회의 분위기처럼 즉각적인 반응을 살피는 것. 이를 통해 당장 눈앞의 불협화음을 피하고, 최소한의 충돌을 막을 수 있다.

둘, 관계의 눈치. 동료 사이의 서열과 감정을 이해하고, 갈등을 최소화하는 전략적 판단. 단순히 조심하는 것이 아니라, 관계의 지속 가능성을 설계하는 능력이다.

셋, 자기 보호의 눈치. 자기 자신을 지키고, 감정의 소비를 줄이며, 긴 호흡 속에서 나를 유지하는 힘. 이를 통해 단기적인 생존뿐 아니라 장기적인 성장까지 담보할 수 있다.

처음에는 세 가지 눈치를 모두 조율하는 일이 버거웠다. 실수 하나에도 상심하고, 사소한 말 한마디에도 하루를 망칠까 봐 긴장했다. 하지만 시간이 지나면서 깨달았다. 눈치는 단순히 참는 것이 아니라, 관찰하고 이해하며 준비하는 시간이라는 것을. 조용히 흐르는 물처럼 주변 상황을 읽고, 자신을 지키면서도 필요한 순간에는 힘을 내는 것임을. 그 기술은 결국 직장에서 살아남는 가장 안정적이고 단단한 힘이 되었다.

누군가는 말한다.
"그런 조용한 태도는 약해 보여."
그러나 나는 안다. 조용함은 가장 강한 방패고, 묵묵함은 가장 분명한 힘이라는 것을. 말 없는 태도 안에는 깊은 관찰력과 판단 그리고 자기 보호의 지혜가 숨어 있다. 오늘도 나는 내 이력서에는 적히지 않은 수많은 '눈치로 버텨 낸 날'을 마음속 서랍에 고이 넣는다. 그날들은 단순히 참은 시간이 아니었다. 말 없는 용기, 보이지 않는 생존의 기술, 그리고 무엇보다 내가 나를 지켜 낸 시간이었다. 그 시간이 쌓여 이제 나는 더 강하고, 더 균형 잡힌 시선으로 직장을 바라본다. 그리고 깨닫는다. 진짜 생존력은 말하는 힘보다 관찰하고 판단하며 흐름 속에서 스스로를 지키는 능력에서 나온다는 것을.

눈치, 그 조용한 기술은 결국 나 자신을 지키고, 내 길을 만들어 가는 가장 확실한 힘이다.

보고서 한 장에 담긴 나의 성장 이야기

서울 여의도에 있는 한 회사에서 일할 때였다. 그곳에는 하나의 철칙이 있었다. "원 페이지로 말해요." 회의는 길어도 결과는 짧아야 했다. 회의실을 떠나던 수많은 말이 A4 한 장에 담기지 않으면, 그건 그저 '잡음'에 불과했다.

여기서 중요한 깨달음을 얻었다. 회사에서 '말'보다 더 중요한 것은 '글'이라는 사실이다. 말은 순간적으로 스쳐 가지만, 글은 남는다. 기록되고, 재검토되고, 심지어 누군가에게 전달되어 새로운 판단의 근거가 된다. 말이 흩어지는 동안 글은 나의 존재와 생각을 고스란히 담아낸다. 보고서는 단순히 상사를 위한 문서가 아니었다. 내 생각을 설득하고, 내 존재를 증명하는 언어의 무기였다. 어떤 단어를 쓸지, 문장을 어디서 끊을지, '하지만'과 '그러나' 중 무엇이 더 적합할지 고민하는 동안 내 생각은 점점 명확해졌고, 내 존재는 조금씩 단단해졌다.

나는 자주 스스로 질문했다.
'이 보고서에서 진짜 하고 싶은 말은 무엇일까?'
그 답을 찾기 위해 다음과 같은 기준을 세웠다.
'한 문장에 하나의 메시지를 담는다.'
'누구나 이해할 수 있는 명확한 언어를 사용한다.'
'자연스러운 흐름과 구조를 만든다.'
'무엇보다 읽는 이의 시간을 아낀다.'

회사에서의 글쓰기는 단순한 정보 전달이 아니었다. 오해를 줄이고, 신뢰를 쌓으며, 나 자신을 드러내는 일이었다. 보고서가 흐트러지면 내 생각도 흐려지고, 문장이 어색하면 내 입장도 흔들려 보였다. 그건 단지 일이 아니라, 내 존재의 무게에 관한 문제였다. 그래서 매번 종이 위에 나를 써 내려갔다. 한 문장에 몇 시간씩 붙잡히고, 제목 하나에도 수십 번 고심했다. '~입니다'와 '~합니다' 사이의 미묘한 차이, 마침표 하나가 주는 뉘앙스까지 세심히 살폈다.

보고서를 준비하며 깨달은 또 다른 점은 글쓰기만큼 중요한 것은 읽는 사람의 마음을 헤아리는 능력이라는 사실이다. 상사는 단순히 내 보고서를 읽는 것이 아니라, 문서 너머의 '사람'을 보고 있었다.
'이 직원은 신뢰할 만한가?'
'앞으로 함께 일할 수 있을까?'
그 답은 말이 아니라 보고서에 조용히 남는다. 그래서 나는 글을 쓰며 단순히 전달하려는 정보를 넘어 읽는 이의 판단과 감정을 고려했다. 문장의 길이, 문단의 흐름, 강조점 하나까지 모두 상대의 이해와 행동을 유도하는 장치였다.

처음에는 그 과정이 어렵게 느껴졌다. 몇 차례의 보고서를 작성하고도, 상사는 한마디 피드백만 남기고 돌아갔다.
"조금 더 명확하게 써 주세요."
그 말에 구체적인 지침은 없었다. 하지만 곰곰이 분석해 보니, 상사가 보고 싶은 건 내 생각의 구조와 논리였다. 정보를 나열하는 것이 아니라, 핵심 메시지를 중심으로 설득력 있는 흐름을 만들어야 했다. 그때부터 나는 단순히 지시를 수행하는 사람이 아니라, 회사를 설득하는 사람으로 보고서를 바라보기 시작했다.

어떤 날 문득 생각했다. 회사 생활은 결국 나만의 언어를 찾아가는 여정이라는 것을. 보고서가 쌓일수록, 나는 누군가의 '직원'에서 조금씩 더 분명한 '나'로 기록되고 있었다. 내 글 속에서 내 사고가 보이고, 내 논리가 살아 움직였으며, 내 성장이 종이 위에서 증명되었다. 이 경험은 나에게 단순한 업무 스킬 이상의 의미를 주었다. 보고서를 쓰며 배우는 건 글쓰기뿐만이 아니다. 관찰력, 설득력,

책임감, 시간 관리, 상대를 이해하는 능력까지 포함된다. 한 장의 A4가 단순한 종이가 아니라, 나의 성장과 고민, 그리고 배움을 담는 작은 우주가 되는 순간이었다. 그리고 나는 알게 되었다. 회사에서 나를 증명하는 것은 언제나 거창한 프로젝트나 눈에 띄는 성과만이 아니다. 작은 보고서 한 장, 제대로 정리된 메모 한 장, 명확한 문장 한 줄로도 충분히 내 존재를 드러낼 수 있다. 그래서 오늘도 나는 글을 쓴다. 한 글자, 한 문장, 한 보고서 속에서 나를 점검하고, 나를 성장시키며, 나를 기록한다.

신입 사원으로 산다는 것: 배우고, 관찰하고, 성장하기

첫 출근날, 나는 최대한 단정한 옷을 골랐다. 허리를 곧게 펴고, 엘리베이터 버튼을 누르며 속으로 주문을 외웠다.
'밝게 인사하고, 웃고, 실수하지 말자.'
누구나 말한다. 첫인상이 중요하다고. 하지만 시간이 지나면서 깨달았다. 진짜 중요한 건 '처음의 인상'이 아니라 '지속된 태도'고, 신뢰란 단 한 번의 노력보다 반복되는 선택으로 쌓인다는 것을.

신입 사원에게는 아직 실력이 없다. 당연한 일이다. 그러니 신입이 가진 가장 큰 무기는 성실함과 배우려는 태도다.
"아직 잘 모르지만, 배우겠습니다."
그 짧은 말 속에 담긴 겸손과 책임감은 서투름을 이해로, 경계심을 신뢰로 바꾸는 작은 씨앗이 된다. 그 씨앗은 하루하루의 작은 행동 위에 천천히 뿌리를 내린다. 정확한 인수인계, 사소한 피드백에 귀 기울이는 메모, 하루를 꼼꼼히 마무리하는 습관처럼.

많은 신입이 말한다.
"회사에서 가장 지치는 건 일보다 눈치예요."
상사의 표정, 선배의 말투, 회식의 분위기까지. 우리는 '눈치'라는 감각 하나로 하루를 버틴다. 하지만 시간이 흐르며 알게 됐다. 진짜 중요한 건 눈치가 아니라 '관찰력'이라는 것을. 눈치가 순간의 분위기에 반응하는 반사작용이라면, 관찰력은 그 흐름을 읽고 해석하는 능동적인 선택이다.
'이 보고서는 왜 이런 구조일까?'

'선배는 왜 저 단어를 골랐을까?'

'팀장은 왜 저런 순서로 일을 처리할까?'

그런 질문은 단순한 업무 습득을 넘어 조직이 움직이는 리듬과 언어를 배우는 과정이다. 신입 사원이 가장 긴장하는 순간, 상사의 질문이 날아온다.

"이거, 할 수 있어요?"

말을 잘못하면 무능해 보일까 두렵고, 자신 있게 말했다가 실패라도 하면 신뢰를 잃을까 겁난다. 그럴 때 나는 조심스럽게 대답했다.

"해 보겠습니다."

그 짧은 말 안에는 두려움과 도전, 책임과 성장의 가능성이 함께 담겨 있었다. 그러나 '해 보겠습니다'라는 말 뒤에는 반드시 결과가 따라야 한다. 신입 사원에게 실수는 용납될 수 있다. 하지만 같은 실수가 반복되면 경험이 아니라 무능이 된다. 그래서 나는 작은 실수도 그냥 넘기지 않으려 했다. 선배에게 다시 묻고, 스스로 정리해 기록하며, 비슷한 상황이 오면 다른 방식으로 시도했다. 실수를 줄이는 과정은 곧 성장의 또 다른 이름이었다.

하루가 저물 무렵, 팀장이 말했다.

"보고서 잘 썼어요. 어제보다 훨씬 명확해졌네요."

나는 웃으며 고개를 끄덕였지만, 속으론 당황했다. 칭찬이 낯설었다.

'정말인가? 그냥 형식적인 말 아닐까? 다른 뜻이 있진 않을까?'

아직도 회사라는 공간에 '나'를 온전히 놓지 못하고 있었다.

칭찬이 익숙해지는 순간, 비로소 회사 안에 내가 들어섰다고 느낄 수 있을 것이다. 그 말이 내가 한 일에 대한 '인정'임을 의심 없이 받아들일 때. 하지만 그때까지 나는 칭찬보다 사과에 더 익숙했고, 자신감보다 눈치가 앞섰다. 신입 시절의 자만은 위험하다. 몇 번의 성과에 들뜨고, 작은 인정에 마음이 붕 뜨기 쉽다. 그러나 조직은 크고, 세상은 넓다. 겸손은 나를 보호하는 가장 튼튼한 갑옷이다. 그래서 나는 매일 똑같이 다짐했다.

'계속 배우자.'

실수했던 날에도, 인정받았던 날에도, 그 마음 하나가 나를 다시 회사로 이끌었다.

성장은 승진으로만 증명되는 것이 아니다. 작은 칭찬에 흔들리지 않는 단단함, 실수 속에서도 다시 일어서는 회복력, 그리고 관계 속에서 자신의 자리를 만들어 가는 과정. 이 모든 것이 진짜 성장이다. 때로는 동료의 무심한 한마디에 상처받고, 때로는 예상치 못한 격려에 하루 종일 힘이 나기도 한다. 신입 사원의 일상은 그 작은 파도에 흔들리면서도 조금씩 중심을 찾아가는 훈련이다.

나는 조금씩 배워 가고 있다. 처음엔 칭찬이 낯설었지만, 이제는 그 말마저도 내 일부가 되도록 조심스럽게 마음의 자리를 마련하고 있다. 또한 '모르는 것'을 인정하는 용기와 '배우려는 태도'가 결국 나를 성장시킨다는 사실을 실감하고 있다. 때로는 내가 회사에 적응하는 게 아니라, 회사가 나를 조금씩 길들이고 있는 것 같기도 하다. 그러나 중요한 건 그 과정에서 내가 나를 잃지 않는 것이다.

그래서 오늘도 기록한다. 작은 배움, 사소한 깨달음, 때로는 버거웠던 감정까지. 그 기록이 쌓이면 언젠가 나의 무기가 될 것이다. 신입 사원으로 산다는 건, 결국 배우고, 관찰하고, 성장하는 끝없는 여정이다. 그 길 위에서 나는 조금씩 회사에 스며들고, 동시에 나라는 사람을 만들어 가고 있다.

MZ세대가 일하는 법: 질문, 성장 그리고 생존의 기술

MZ세대는 일에 대해 부모 세대와는 다른 질문을 던진다.

'나는 왜 이 일을 하는가?'

그 질문은 어느 날에는 의욕의 불씨가 되고, 또 어느 날에는 깊은 혼란의 골짜기가 된다. 우리는 충성심보다 워라밸을, 연공서열보다 성과와 효율을 중요하게 여긴다. 그러나 현실의 조직은 여전히 전환의 한복판에 있다. 세대 간 언어와 문화는 어긋나고, 일의 의미를 묻는 젊은 세대의 질문은 종종 '예민하다'는 꼬리표로 되돌아온다.

신입 사원이 가장 크게 혼란스러워하는 순간은 '업무'와 '정체성' 사이에서 길을 잃을 때다.

'이 일이 진짜 나를 드러내는 일일까?'

'내 가치와 연결되어 있을까?'

이 질문 앞에 오래 머무르면, '내가 이 회사에 있어도 괜찮을까?' 하는 회의감이 스며든다. 하지만 그럴 때 필요한 건 외부의 칭찬이 아니라 내면의 의미다. 누군가의 인정보다 중요한 것은 내가 이 일을 통해 배우는 것이 무엇인지, 그 경험이 내 성장의 토대가 될 수 있는지에 집중하는 것이다.

회사는 나 혼자만의 공간이 아니다. 모든 걸 지키려 하면 탈진하고, 모두에게 맞추다 보면 나는 섬섬 흐려신나. 그래서 중요한 건 타협하되 나를 잃지 않는 것이다. 흘려보내되 중심을 잃지 않는 것, 그것이 진짜 자존감이다. 회의실에서 "그건 아닌 것 같은데요"라는 말이 튀어나오는 순간, 공기가 얼어붙는다.

MZ세대는 솔직한 표현에 익숙하지만, 조직은 '무엇을 말하느냐'보다 '언제',

'어떻게', '누구에게' 말하느냐를 더 중요하게 여긴다. 직장 내 소통은 진실보다 전략이 필요하고, 열정보다 온도가 필요하다. 이 차이를 이해하지 못하면, 좋은 의도가 오히려 불필요한 오해를 낳는다.

많은 사람이 묻는다.
"일머리는 타고나는 것 아닌가요?"
그렇지 않다. 일머리는 수많은 시행착오 속에서 체득하고 조율하는 감각이다. 보고를 잘하는 사람이 더 빠르게 기회를 얻는다. 좋은 보고는 단순한 업무 요약이 아니다. 상사의 고민을 예측하고, 그가 '결정'을 내릴 수 있도록 돕는 글이다. 말보다 텍스트, 텍스트보다 구조, 구조보다 본질. 이 순서를 기억하는 사람은 단순히 '일하는 사람'이 아니라, 일을 통해 조직을 움직이는 사람이다. 회의 시간에도 마찬가지다. 존재감을 드러내려고 많은 말을 할 필요가 없다.
상황 요약, 질문, 제안.
이 흐름을 가진 말에 맥락이 있고 설득력이 있다. 회의는 말싸움이 아니라 방향을 조율하는 무대이기 때문이다.

동료와의 관계는 업무보다 훨씬 복잡하다. 가깝다고 편한 것도 아니고, 멀다고 안전한 것도 아니다. 그래서 중요한 건 적절한 거리감과 일관된 태도, 그리고 예의를 기반으로 한 인간적 존중이다. 소문보다 직접 경험한 것을 믿고, 불편한 감정은 즉각 반응하기보다 '보류'한다. 관계에서 감정 노동을 줄이는 방법은 결국 내 감정을 중심에 두는 것이다. 관계는 기대에서 무너지고, 일관성에서 단단해진다.

퇴근 후의 한 시간은 단순한 휴식이 아니다. 그 시간이 쌓이면 언젠가 내 무기가 된다. 넷플릭스를 보든, 책을 읽든, 운동을 하든, 그 모든 것이 삶에 대한 투자다. 진짜 워라밸은 일을 완전히 지우고 삶에 몰입하는 것이 아니다. 일과 삶 모두에 지속 가능한 방식으로 나를 분배하는 것이다. MZ세대는 빠르다. 그러나 빠름보다 중요한 것은 방향이고, 속도보다 값진 것은 지속성이다. 견디는 것 자체가 능력이고, 그 안에서 조용히 나아가는 움직임이 바로 성장이다.

어느 날 문득 회의실 유리창에 비친 내 모습을 바라보았다. 입사 초반엔 늘 바빴다. 무언가를 증명해야 한다는 조급함에 나 자신을 몰아붙였다. 하지만 지금은 다르다.
'잘 버티고 있다. 괜찮다.'
그 말이 내게 가장 큰 격려가 되었다. 적응이란 침묵하거나 묵묵히 따르는 것이 아니다. 내가 누구인지 잊지 않으면서 타인을 존중하는 기술이다. 그것이 이 시대의 진짜 소통이자 공존 방식이다. 회사는 가끔 나를 시험하지만, 나는 회사를 시험하지 않는다. 대신 그 안에서 내 페이스로 춤추는 법을 배운다. 빠르게 박자를 맞추려 하기보다 나만의 리듬을 잃지 않는 것. 그것이 내가 이 일을 계속해 나가는 이유다.

나는 점점 깨닫는다. 모두에게 사랑받을 필요는 없지만, 나 자신에게는 정직해야 한다는 것을. 전략이란 결국, 나를 잃지 않고 오래 버티는 마음의 기술이라는 것을. 그것이 이 시대 MZ세대가 가진 진짜 생존력이다.

퇴근 후, 나만의 재충전 시간을 찾아서

하루가 끝나고 사무실 불이 꺼질 때면, 종종 나에게 질문한다.
'오늘 나는 나에게 어떤 시간을 선물했을까?'
붐비는 출근길 지하철, 쏟아지는 이메일, 끝나지 않는 회의와 보고서. 그 속에서 흘러가는 시간은 늘 회사의 것이었고, 정작 '나'에게는 남은 게 없었다.

업무가 끝나고 집으로 돌아가는 길, 거울에 비친 내 얼굴은 늘 지쳐 있었다. 그제야 깨닫곤 했다. 하루를 다 쏟고도 정작 나를 위한 시간은 너무도 희미하다는 것을. 하지만 퇴근 후의 순간만큼은 오롯이 내 몫이었다. 짧지만 소중한 그 시간이야말로 나를 다시 일으켜 세우는 힘이었다. 처음에는 그마저도 쉽지 않았다. 퇴근해도 스마트폰을 붙잡고 업무 메시지를 확인했고, '조금만 더 해야 한다'는 강박은 나를 쉬지 못하게 했다. 마치 회사의 그림자가 집까지 따라오는 듯했다.

그러던 어느 날, 지하철 안에서 문득 숨이 막히는 듯한 답답함을 느꼈다. 그때부터 '퇴근 후 재충전의 시간'을 의식적으로 만들기로 했다. 가장 먼저 시도한 건 짧은 산책이었다. 집 근처 공원에서 가로등 불빛 아래를 걷다 보면 하루의 무게가 조금씩 풀려나갔다. 걷는 동안에는 회사 일도, 내일의 계획도 잠시 내려놓았다. 몸이 느끼는 고단함이 마음의 피로로 번지기 전에 나 자신을 돌보는 작은 처방이었다. 조금씩 여유가 생기자 다른 방식도 서서히 찾아갔다.

어느 날은 좋아하는 음악을 크게 틀고 집 안을 천천히 걸어 다녔다. 익숙한 멜로디가 내 어깨의 긴장을 풀어 주었고, 그 순간만큼은 하루의 무게 대신 리듬이 나를 지탱해 주었다. 또 어떤 날은 조용한 카페 구석 자리에서 커피 한 잔과 함께 책장을 넘겼다. 활자를 따라가다 보면 머릿속의 복잡한 생각이 차분히 정리되었다. 때로는 아무것도 하지 않고 가만히 누워 있는 시간이 오히려 가장 큰 위로가 되기도 했다.

그 과정에서 중요한 깨달음을 얻었다. 퇴근 후 시간이 꼭 '효율적'일 필요는 없다는 것. 뭔가 거창하게 자기 계발을 하거나, 누군가에게 자랑할 만한 성취를 남겨야만 의미 있는 게 아니었다. 오히려 자기 자신에게 '그냥 쉬어도 된다'고 허락하는 일이야말로 진짜 회복의 시작이었다. 지친 몸과 마음을 돌보는 것은 사치가 아니라 필수였다.

조금씩 쌓인 재충전의 습관은 생각보다 큰 변화를 만들었다. 작은 산책 하나가, 음악 한 곡이, 혹은 카페의 따뜻한 커피가 다음 날 나를 다시 일어나게 하는 힘이 되었다. 무엇보다 '나는 나를 돌보고 있다'라는 확신이 내게 안정과 자신감을 주었다. 일과 삶의 균형은 멀리 있는 이상이 아니라, 이렇게 일상에서 내가 나에게 건네는 작은 배려에서 시작된다는 걸 알게 되었다.

직장 생활은 때로 우리에게 끊임없이 달리라고 요구한다. 성과를 내야 하고, 더 빨리 더 높이 나아가야 한다는 압박을 준다. 하지만 이제는 안다. 쉬지 않고 달리다 보면 어느 순간 멈출 수밖에 없다는 것을. 멈추어 숨을 고르고 나만의 호흡을 찾는 시간 없이는 끝내 버티기 어렵다는 것을.

그래서 내일 퇴근 후, 나만의 재충전 시간을 찾는다. 그 시간이야말로 내일의 나를 지탱하는 힘이기 때문이다. 책상 앞에 앉아 보고서를 쓰는 힘, 회의 중에 내 목소리를 내는 힘, 동료와 함께 웃을 수 있는 힘. 그 모든 힘은 결국 퇴근 후의 작은 쉼표에서 시작된다. 이 글을 읽고 있는 당신도 자문해 보길 바란다.

'오늘, 나는 나에게 어떤 선물을 주었는가?'

그 답이 책 한 권일 수도 있고, 집 앞 산책일 수도 있으며, 아무것도 하지 않은 조용한 휴식일 수도 있다. 무엇이든 괜찮다. 중요한 건 그 시간이 당신 자신에게 따뜻한 위로가 되느냐 하는 것이다. 작은 쉼표가 모여 우리 삶의 문장을 더 아름답게 만들어 가기를, 그리고 내일도 조금은 더 단단해진 나로 살아가기를 진심으로 바란다.

출근길에 비로소 알게 된 마음

매일 같은 길을 걷는다. 같은 신호등, 같은 지하철, 같은 계단. 변하는 건 계절뿐이고, 그마저도 자주 눈치채지 못한 채 출근길이 흘러간다. 언젠가부터 나는 이 길 위에서 아무런 감정을 느끼지 못하게 되었다. 마치 무의식의 필름처럼 걸음을 옮기고, 무표정한 얼굴로 회사 건물 앞에 도착한다. 그런데 어느 날, 그런 나 자신이 낯설게 느껴졌다. 왜 이렇게까지 무감각해졌을까? '일상이 되었다'라는 말로 설명하기에는 뭔가 중요한 것을 놓친 기분이었다.

어느 비 오는 아침, 일부러 조금 늦게 출근하기로 했다. 우산을 쓰고 천천히 걸으며, 평소와는 다른 속도로 호흡을 맞췄다. 사람들은 바쁘게 걸었고, 나는 그 흐름에서 살짝 벗어나 느릿하게 걸었다. 젖은 은행잎과 흙 내음, 편의점 앞에 앉아 있는 고양이, 그리고 유리창에 비친 내 얼굴까지, 평소에는 스쳐 지나던 사소한 것들이 하나하나 눈에 들어왔다.

'나는 지금, 어떤 얼굴로 회사에 가고 있지?'

그날 깨달았다. 나는 늘 '해야 할 일'에만 집중한 채, '지금의 나'를 들여다보지 않고 있었다는 것을. 업무 성과, 시간 단축, 회의 준비…. 회사에 도착하기 전까지의 시간은 단지 '일에 가까워지는 통로'에 불과했다. 그래서 출근길마다 점점 더 말이 없어졌고, 감정도 메말라 갔다. 바쁘게 걷는 발걸음 속에서 나는 내 마음의 존재를 점점 잊고 있었다.

그날 이후, 출근길의 풍경을 의식적으로 바라보기 시작했다. 카페 앞에 피어난 계절 꽃, 버스에 반사된 아침 햇살, 지하철에서 졸고 있는 사람들, 그리고 창문에 비친 내 피곤한 얼굴에 '오늘도 수고했어'라고 속삭여 보기도 했다. 무심코 이어폰에서 흘러나오는 노래 한 구절이 마음을 위로해 주기도 하고, 길가의 등나무 잎이 바람에 흔들리는 모습에 괜히 미소가 번지기도 했다. 나는 출근길마다 마음을 점검했다.

'오늘 나는 어떤 마음으로 하루를 시작하고 싶은가?'

힘든 날이면 조용히 나를 위로했고, 괜찮은 날이면 스스로 칭찬했다. 작은 루틴이지만, 그 습관은 내 하루를 조금씩 바꾸었다. 회의에서 말이 조금 더 부드러워졌고, 동료의 피곤한 표정에도 먼저 다가가 말을 걸게 되었다. 여전히 해결할 일은 많지만, 출근길만큼은 나에게 '돌아가는 길'이 아니라 '나를 돌아보는 길'이 되었다. 출근길은 어쩌면 가장 솔직한 나를 마주하는 시간이다. 가장 준비되지 않은 얼굴로, 가장 본능적인 속도로 걷는 그 짧은 거리. 그 길에서 우리는 숨겨둔 감정, 묵혀 둔 피로, 혹은 작은 설렘을 마주하게 된다. 누군가는 출근길을 답답한 통로라 말하겠지만, 그 길에서 하루의 기분과 마음의 방향을 먼저 결정할 수 있다면 그 짧은 시간조차 중요한 자기만의 의식이 된다. 나는 그 길에서 하루를 준비한다. 가끔은 비에 젖은 바닥을 바라보며, 가끔은 햇살에 반짝이는 유리창을 바라보며, 그리고 내 마음속 작은 불안을 바라보며. 그 모든 풍경과 감각은 내 마음을 깨우고, 하루를 살아갈 에너지를 준다. 회사라는 목표지점에 도착하기 전에 먼저 내 마음에 도착하는 법을 배운 것이다.

오늘도 나는 출근길에 선다.

반복되는 길이지만, 이제는 조금 다르게 걷는다. 그 길 끝에서 누군가를 증명하기 위해서가 아니라, 내가 나로서 하루를 잘 시작하기 위해. 우리는 매일, 회사에 도착하기 전에 각자의 '마음'에 먼저 도착할 수 있어야 한다. 출근길은 단순히 사무실로 향하는 길이 아니라, 조용히 나 자신을 회복하고 준비하는 성찰의 길이 될 수 있다.

회사에서 나를 지키는 일

회사는 내가 가장 오래 머무는 공간이다. 집보다 오래 있고, 가족보다 자주 얼굴을 마주하는 사람들이 있는 곳. 그런데도 이 공간 안에서 가장 나답지 않은 모습으로 살아갈 때가 많았다. 하고 싶은 말보다 해야 할 말을 골랐고, 진짜 감정보다는 적당한 표정을 먼저 꺼냈다.
'이게 어른스러운 거겠지.'
'사회생활이니까, 참는 게 맞는 거야.'
그렇게 스스로 설득하며 하루를 보냈다. 하지만 이상하게도 퇴근할 때마다 점점 더 내가 '작아지는 느낌'이 들었다.

처음으로 큰 프로젝트에 투입됐을 때였다. 신입 티를 벗고 싶다는 마음에 모든 일을 척척 해내고 싶었다. 다른 팀원보다 먼저 출근하고, 누가 시키지 않아도 회의록을 정리했다. '잘하고 있다'라는 말을 듣는 게 기뻤고, 나름의 성취감도 느꼈다. 하지만 시간이 지나면서 이상한 피로감이 몰려왔다.
'왜 나만 계속 챙기는 거지?'
'칭찬받으려면 이 정도는 당연한 건가?'
스스로 다그치던 마음이 서운함과 무력감으로 바뀌었다. 그때 깨달았다. 나는 '성과'를 쌓고 있었지만, '나'를 점점 잃고 있었다는 것을. 작은 사건이 이어졌다. 어느 날은 야근하면서 동료의 일을 도왔는데, 다음 날 고맙다는 인사조차 듣지 못했다. 처음엔 '괜찮다'라며 넘겼지만, 비슷한 일이 몇 번 반복되자 마음속에 묘한 쓸쓸함이 쌓였다. 또 한번은 의견을 내고 싶었지만 '틀리면 어떡하지?'라는 불안 때문에 끝내 말을 삼켰다. 집으로 돌아오는 길 내내 후회했던 순간이 아직도 선명하다. 그런 경험 끝에 생각했다.

'나는 왜 이렇게까지 나를 깎아 내면서 버티고 있는 걸까?'

그래서 아주 작은 선택부터 바꿔 보기로 했다.

회의 중에 내 의견을 한 번은 말하기. 야근 대신 정시에 퇴근하며 내가 원하는 삶의 리듬 지키기. 모든 일을 다 맡기보다는 '이건 어렵습니다'라고 말하기.

처음엔 망설여졌다. 괜히 평가가 나빠질까 봐, '이기적'이라는 말을 들을까 봐. 하지만 그런 걱정은 대부분 내 안에서만 생기는 소음이었다. 생각보다 사람들은 내 선택에 별 관심이 없었고, 오히려 '그럴 수 있지'라고 받아들였다. 나 혼자만 '틀을 깨면 안 된다'라며 스스로 옭아매고 있었던 것이다.

회사는 때때로 우리에게 '이 정도는 해야지'라는 기준을 요구한다. 하지만 그 기준이 늘 정답인 것은 아니다. 더 많이, 더 빠르게, 더 완벽하게 해내는 것이 능력처럼 보일 수 있지만, 그 속에서 자존감이 무너지고 있다면 그건 '성공'이 아니라 '소진'이다. 그래서 나는 회사에서 무언가를 증명하기보다, 나를 지켜 내는 법을 배우고 싶었다. 작은 거절, 조용한 고집, 퇴근 후의 나만의 시간. 그런 선택이 모여 '내가 무너지지 않는 방식'을 만들어 준다. 이제는 누가 시키지 않아도 나 자신을 먼저 챙기는 연습을 한다.

'오늘은 여기까지 하자.'

그 결심 하나가 내일의 나를 조금 더 단단하게 세워 준다. 모든 사람이 회사에서 크게 인정받을 필요는 없다. 그보다 중요한 건, 회사에 다니는 동안 나를 잃지 않는 일이다. 스스로 존중하며 일하는 법을 배울 수 있다면, 그것이 결국 가장 오래 가는 실력이고 태도고 자존감이다. 성과는 순간을 비추지만, 나를 지키는 태도는 오래도록 남는다. 나를 지킨 하루가 쌓여 비로소 나답게 오래 일할 수 있는 사람이 된다. 그게 결국, 회사에서 버티는 법이 아니라 내 삶을 지키는 법이었다.

사소하지만 그래서 중요한 일들

처음 회의실을 정리하던 날이 생각난다. 회의가 끝나고 아무도 신경 쓰지 않던 자리, 엉켜 있는 전선과 흩어진 의자, 빈 종이컵들 사이에서 나는 무심코 손을 움직였다. '누가 하라 그랬냐?'라는 말도 없었고, '고맙다'라는 반응도 없었다. 그저 어수선한 공간을 정리하고 나니, 내 마음이 조금 정돈된 것 같았다.

그날 이후 회의가 끝나면 습관처럼 의자를 밀고, 창문을 열고, 화이트보드를 닦기 시작했다. 별것 아니라고 생각했던 그 행동이 일하는 내 태도를 조금씩 바꾸기 시작했다. 처음에는 회의실 정리였고, 그다음은 회의 메모였다. 다들 바쁘게 회의실을 나설 때, 나는 회의 내용을 요약해 메일로 공유했다. 처음엔 누구도 답장을 주지 않았다. 그런데 몇 주 뒤, 팀장이 말했다.

"그거 덕분에 정리 잘 돼서 보고서 만들기 편했어."

그 말 한마디에 마음이 환해졌다. 누구도 시키지 않은 일이었지만, 누군가에게는 도움이 되었던 것이다. 그때 알았다. '작은 일도 쌓이면 언젠가는 누군가의 일하는 방식을 바꾼다'는 것을. 회의실 정리, 메모 습관, 인사 한마디. 이런 '사소한 일들'은 결코 업무 능력으로 평가받지 않는다. 성과 평가표에는 나오지 않고, 보너스로 이어지지도 않는다. 하지만 그런 사소한 것들이 '나라는 사람'을 설명해 주는 데 결정적인 역할을 했다.

시간이 지나면서 나는 작은 일 속에서 동료들과의 관계가 달라지는 걸 경험했다. 처음엔 아무도 신경 쓰지 않았던 내 행동을, 후배들이 하나둘 따라 하기 시작했다. 회의가 끝난 뒤 의자를 제자리에 두는 게 당연해졌고, 중요한 안건이 나오면 서로 메모를 돌려 보며 빠진 부분을 채워 넣었다. 그 작은 습관이 팀 전체의 분위기를 바꾼 것이다.

어느 날, 한 신입 사원이 말했다.

"선배는 뭔가 항상 일하기 편한 분위기를 만들어요."

그 말이 내겐 그 어떤 성과평가보다 기뻤다. 눈에 보이지 않는 '분위기'가 결국은 함께 일하는 동력을 만들어 준다는 걸 그때 더 확실히 느꼈다. 물론 작은 일들이 항상 좋은 평가로 이어지는 것은 아니었다. 가끔은 '괜히 앞장서 보이려는 것 아니냐'라는 농담 반, 진담 반의 말을 들을 때도 있었다. 그럴 때면 잠시 멈칫했지만, 결국 내 마음을 붙잡아 준 건 나의 확신이었다. 누가 보지 않아도, 누가 칭찬하지 않아도 '나는 이렇게 일하고 싶다'라는 태도 말이다. 작은 일을 대하는 태도는 결국 내 일의 기준이자 내 마음의 질서를 세우는 일이기도 했다.

회사는 거창한 변화보다 작은 태도의 연속으로 굴러간다. 큰 프로젝트는 화려하지만, 그것을 움직이는 건 결국 작은 책임감, 습관, 배려, 말투 같은 것이다. 사소해 보여도 그것들이 모여 '신뢰'가 되고, '함께 일하고 싶은 사람'이 된다. 눈에 잘 띄지 않는 정리와 메모, 인사 같은 일은 언뜻 비효율적이고 사소해 보일 수 있지만, 그게 결국 팀을 지탱하는 힘이었다.

이제는 안다. 작은 인사가 하루의 분위기를 바꾸고, 한 장의 회의 메모가 팀의 업무 속도를 바꾸며, 흩어진 의자 하나를 정리하는 마음이 '나의 일하는 태도'를 만든다는 걸. 그리고 그런 태도가 언젠가는 '일 잘한다'라는 말보다 더 오래 기억되는 사람이 되게 해 준다는 것을. 사소하지만 그래서 중요한 일들. 그 일들을 지켜 온 덕분에 나는 조금 더 믿을 만한 동료가 되었고, 나 자신도 흔들리지 않는 기준을 가지게 되었다. 회사에서의 성장은 화려한 성과보다 이런 작은 습관 속에 숨어 있다는 걸 확신한다.

메일 한 통에도 성격이 담긴다

입사 첫날, 컴퓨터 전원을 켜고 가장 먼저 마주한 것은 수십 통의 메일이었다. 수신자, 참조, 제목, 본문, 서명까지. 내가 평소에 주고받던 문자 메시지와는 차원이 다른 세계였다. 모든 문장에 어투와 순서가 있고, 오해받지 않기 위한 '격식'이 필요했다. 처음에는 그저 '형식적인 업무'라고 생각했다. 하지만 시간이 지날수록 메일은 단순한 전달 수단을 넘어, 내 이름이 붙은 공식 문서처럼 느껴졌다.

'안녕하세요, 신입 사원 이상민입니다.'

그 문장을 몇 번이나 지우고 다시 썼는지 모른다. 어색하지 않게, 또 무례하지 않게. 간단한 보고 하나를 하면서도 말투를 고민하고, 단어를 고르고, 문장을 다시 배열했다. 답장이 오지 않으면 내가 뭔가 잘못 보낸 건 아닐까 불안했다. 수신자 목록에서 상사의 이름이 빠진 건 아닌지 수십 번 확인했다. 메일을 쓰는 시간이 업무 시간의 절반을 차지하는 날도 있었다. 업무보다 오히려 메일 한 줄을 다듬는 데 더 많은 에너지를 쓰곤 했다. 그 시절, 메일을 보내는 건 단순한 전달이 아니라 '나를 드러내는' 일이었다.

하루는 팀장이 내게 조용히 말했다.
"메일 속 문장들이 너답게 느껴져. 조심스럽고, 진심을 담으려고 한 게 보여."
그 말이 이상하게 오래 마음에 남았다. 그때 처음 알았다. 메일도 결국 '사람이 쓰는 말'이라는 걸. 간결함 안에 배려를 담고, 요청 안에 존중을 놓치지 않아야 한다는 걸. 그 후로 나는 메일을 '기술'이 아닌 '성향'으로 바라보게 됐다. 시간이 지나면서 나는 동료들의 메일을 읽으며 그들의 성향을 조금씩 알게 되었다.

누군가는 직설적으로, 누군가는 에둘러 말한다. 누군가는 이모티콘 하나 없이 딱 부러지고, 누군가는 줄 간격마다 여백을 남긴다. 어떤 선배의 메일은 군더더기 없이 명료해서 읽고 나면 바로 행동이 가능했다. 반대로 또 다른 동료의 메일은 서두에 '고생 많으십니다'라는 말이 꼭 들어가 있어, 단순한 지시라도 따뜻하게 느껴졌다. 나는 그걸 통해 비로소 동료들을 더 잘 이해할 수 있었다. 메일이 곧 그 사람의 말투이자 태도고, 결국은 성격이었다. 서로의 메일에서 마음을 읽게 되었고, 오해 대신 이해가 가능해졌다. 단순한 문자 조합이라 여겼던 메일이 오히려 사람과 사람을 연결하는 작은 다리가 될 수 있다는 걸 배웠다.

물론 시행착오도 많았다. 한 번은 업무 보고를 간단히 하려다가 문장을 지나치게 줄여서 썼는데, 상사가 '불성실하다'는 인상을 받았다며 피드백을 준 적이 있었다. 그날 이후 아무리 바빠도 메일을 보내는 이유와 맥락을 먼저 쓰려고 했다. 또 어떤 날은 존댓말 어미를 잘못 써서 상대방이 기분이 상한 듯 보이기도 했다. 그때 메일이 단순히 글자가 아니라 '관계'를 다루는 도구라는 사실을 뼈저리게 깨달았다.

이제는 메일을 작성할 때 무엇보다 상대방을 먼저 떠올린다. 어떻게 읽힐까, 어디에서 망설이게 될까, 어느 문장에서 마음이 닫힐까. 메시지보다 문맥을, 요청보다 흐름을 고민하게 된다. 내 말이 누군가에게 '일'이 아닌 '압박'이 되지 않기를 바라며, 한 줄 한 줄을 고른다.

메일은 내 성격이 드러나는 작은 거울이다. 조급한 날엔 글에도 날카로움이 묻어나고, 여유 있는 날엔 문장에도 부드러움이 배어난다. 그래서 메일을 고치는 일은 곧 나 자신을 다듬는 일이기도 했다.

메일 한 통을 쓰는 일.

누군가에겐 작은 루틴이지만, 내겐 배려를 배우고 관계를 익히는 성장의 시간이었다. 그리고 그건 누구나 겪는 회사 생활의 시작점일지도 모른다. 우리는 그렇게, 한 줄 한 줄 고민하며 사회인이 되어 간다.

말 한마디, 문장 하나에도 나라는 사람이 스며드는 것처럼.

회의실 문 앞에서 배운 용기

입사 2주 차, 처음으로 팀 회의에 참석했다. 회의실 문 앞에 서 있는 그 짧은 시간이 그렇게 길고 무거울 줄 몰랐다. 손에 쥔 노트북이 마치 방패 같았지만, 마음은 천근만근이었다. 머릿속에는 한 가지 질문만 계속 맴돌았다.
'내가 여기서 무슨 말을 할 수 있을까?'

회의실 안은 이미 분주했다. 팀원들은 빠르게 자리를 잡았고, 화면에는 자료가 띄워졌다. 업무 용어들이 쏟아지는 순간, 나는 순식간에 낯선 언어 속에 갇힌 듯한 기분이 들었다. 그들은 자연스럽게 의견을 주고받고, 간간이 웃음까지 터뜨렸다. 반면 나는 고개를 끄덕이는 것으로 겨우 존재감을 드러내고 있었다. 참여라기보다 생존이 목적인 자리였다. 회의가 끝나갈 무렵, 팀장이 내 이름을 불렀다.
"상민 씨 생각은 어때요?"
평범한 질문이었지만, 내 심장은 요동쳤다. 순간 머릿속이 하얘졌다. 수십 가지 생각이 스쳐 갔지만, 정작 꺼낼 말은 떠오르지 않았다. 침묵이 흘렀다. 그러다가 이내 조심스럽게 내 생각을 꺼냈다. 비록 작은 아이디어였지만, 그 한마디가 회의실 공기를 살짝 바꾸어 놓았다. 누군가는 고개를 끄덕였고, 또 누군가는 내 말에 질문을 이어 갔다. 그때 처음으로 내 목소리가 회의의 일부가 될 수 있다는 사실을 실감했다. 회의가 끝난 뒤 한 선배가 다가와 조용히 말했다.
"아까 그 의견, 이번 프로젝트에 꼭 필요한 시선이었어요."

그 말 한마디가 얼마나 큰 힘이 되었는지 모른다. 그날 이후, 회의실 문을 열 때마다 내 마음속에 작은 변화가 일어났다. '회의실에 들어가기 전의 나'와 '나와서 돌아오는 길의 나' 사이에는 분명 차이가 있었다. 돌이켜보면, 그때 나는 '정답'보다는 '허락'을 기다리고 있었다. 발언하려면 뭔가를 증명해야 할 것 같았고, 틀리면 안 된다고 생각했다. 하지만 회사에서 필요한 건 완벽한 답변보다 함께 고민하는 '목소리'였다. 내 의견은 틀릴 수도 있다. 그러나 입을 다물면 아무것도 바꿀 수 없다. 그 단순한 진리를, 나는 회의실 문 앞에서 배웠다.

사실 직장 생활에서 '회의실 문 앞'은 누구에게나 찾아오는 순간이다. 그 문 앞은 단순한 공간이 아니다. 두려움과 불안을 동시에 느끼는 경계선이다. 말할까 말까 망설이는 그 찰나가 성장의 출발점이 된다. 입 밖으로 낸 한마디가 나조차 몰랐던 가능성을 열어 줄지도 모른다. 그리고 그 가능성이 쌓이고 쌓여, 결국 나를 단단하게 만든다.

처음 회사에 들어왔을 때의 나는 늘 '속도'에 시선을 빼앗겼다. 누군가는 빠르게 승진했고, 누군가는 남보다 앞서 더 큰 성과를 냈다. 나는 그들을 보며 '나도 저렇게 해야 한다'는 압박감을 느꼈다. 하지만 회의실에서의 경험은 내게 다른 답을 주었다. 빠르지 않아도 괜찮았다. 중요한 건 조금씩이라도 내 목소리를 더해가는 것이었다. 작은 의견 하나가 모여 프로젝트를 완성하고, 작은 용기 하나가 모여 나라는 사람을 완성한다.

이제는 안다. '회의실 문 앞'은 두려움의 장소이자 새로운 나를 만나는 시작점이라는 것을. 오늘도 나는 그 문 앞에서 멈추지 않고, 작은 용기를 내어 문을 연다. 그 작은 용기가 모여 언젠가는 더 단단한 나를 만들어 갈 것이다.

명함 한 장의 무게

처음 명함을 받은 날, 오래오래 들여다봤다. 작고 얇은 종이 한 장. 그 안에 내 이름, 직책, 전화번호, 회사 로고가 정갈하게 들어 있었다. 그건 단순한 인쇄물이 아니라, 내가 누군가에게 설명될 방식이었다. 사무실 책상 서랍에 100장이 넘는 명함이 담긴 상자를 조심스럽게 넣으며 한참 생각했다.
'이걸 쓸 일이 있을까?'
아직 전화 한 통도 제대로 받아 본 적 없는 신입 사원이었으니까. 명함이라는 건 뭔가 능숙한 사람들이 고객을 만나고 계약을 논하는 자리에 갈 때 필요한 도구 같았다. 내게는 너무 이른, 아직 어울리지 않는 물건처럼 느껴졌다.

그러다가 며칠 뒤, 선배를 따라 외부 미팅에 나갔다. 출발하기 전 서랍 속 명함을 두 장 꺼내 양복 안주머니에 넣는 순간부터 긴장감이 엄습했다.
'나한테 이걸 꺼낼 자격이 있을까?'
회의실 입구에서 상대방과 마주한 순간, 선배가 자연스럽게 명함을 꺼내며 인사를 나눴다. 내 몸도 덩달아 반응했다. 손끝이 조금 떨렸고, 명함을 내미는 짧은 동작 속에서 숨이 막히는 듯한 긴장감이 몰려왔다. 그 느낌은 '회사 사람'으로서의 내가 아니라 '나 자신'을 드러내는 순간이었다.

명함은 단순한 정보 전달을 넘어, 나와 회사 사이의 다리이자 사회적 관계의 시작이었다. 상대방의 눈앞에 내 이름이 새겨진 종이가 놓이는 순간, 나는 더 이상 혼자가 아니었다. 나라는 개인이 회사의 일부로 소개되었고, 동시에 회사 역시 나라는 얼굴을 통해 세상과 마주했다.

그날 집으로 돌아오는 길에 명함 한 장이 주는 감정의 무게에 대해 생각했다. 어른이 된다는 건 단지 월급을 받는 것이 아니라, '내 이름에 책임을 지는 사람'이 되는 일이라는 걸 비로소 알게 되었다. 누군가 내 명함을 받아 들고 나를 기억한다면, 그때부터 나는 단순한 신입 사원이 아니라 관계 속에서 책임을 지는 사람이 되는 것이다.

시간이 지나면서 명함을 주고받는 일이 조금씩 자연스러워졌다. 떨리던 손끝이 점점 안정되었고, '잘 부탁드립니다'라는 인사말도 익숙해졌다.
하지만 여전히 누군가에게 명함을 내밀 때면 마음이 약간 조심스러워진다. 어쩌면 그것은 식함 때문이 아니라, 내가 어떤 사람인지 아직 실명되지 않은 상태로 누군가 앞에 서는 일이 낯설기 때문일지도 모른다. 명함은 내 얼굴의 일부가 아니지만, 사회에서는 자주 그렇게 여겨진다. 회의나 모임에서 명함을 주고받는 장면은 일상의 작은 의식처럼 반복되지만, 그 속에는 수많은 감정과 생각이 얽혀 있다. 자신감을 내비치려는 노력, 긴장과 설렘, 그리고 때로는 무거운 책임감까지.

명함이 쌓여 갈수록 내 자리도 쌓여 가는 듯 보였지만, 나는 종종 그 속에서 길을 잃을 뻔하기도 했다. 명함에 적힌 직책이나 소속이 내 이름보다 커 보일 때가 있었기 때문이다. 나는 스스로 자주 질문한다.
'이 명함이 없어도 나는 나일 수 있을까?'
그 질문은 결국, 명함이 아닌 '나 자신'을 지켜 나가기 위한 다짐이 된다. 어떤 소속도 지책도 종이 한 장도 내 존재 전체를 설명하지 못한다는 것을, 나를 증명하는 건 명함이 아니라 내가 쌓아 온 신뢰와 태도라는 걸 조금씩 알아 가고 있다.

명함이 주는 무게는 단순한 무게 이상의 것이다.

그건 기대와 책임, 그리고 앞으로 걸어가야 할 길에 대한 약속이다. 나는 그 무게를 가볍게 여기지 않는다. 그래서 오늘도 내 이름 앞에 선 자리에서, 그 무게를 온전히 감당할 수 있는 사람이 되기 위해 노력한다. 내가 누군지 무엇을 위해 일하는지 잊지 않으며, 명함 뒤에 숨지 않고 당당히 나 자신으로 서는 길을 걸어가고자 한다.

점심시간의 사회생활

입사 첫 주, 가장 낯설었던 시간은 '점심시간'이었다. 업무는 배우면 됐고, 회의는 옆에 앉아 조용히 관찰하면 됐다. 하지만 점심시간만큼은 누구의 '가르침'도 없었다. 어디로 가는지, 누구랑 먹는지, 무엇을 먹는지조차 모두 선택이자 암묵의 약속이었다. 첫날 점심, 나는 누군가의 움직임만을 조심스럽게 따라갔다. 메뉴가 뭐든 중요하지 않았고, 어디에 앉을지는 더더욱 조심스러웠다. 자칫하면 어울리지 못한다는 인상을 줄까 봐 그저 발맞추는 게 최선이었다. 식당에 들어서면 묘한 긴장감을 느꼈다. 누가 먼저 자리를 잡을지, 누구 옆에 앉을지, 심지어 물컵을 먼저 따르는 게 맞을지조차 고민스러웠다.

어색한 침묵 속에서 '회사 생활은 일보다 관계가 더 어렵다'는 말을 실감했다. 누가 먼저 말문을 여는지, 어떤 주제를 고르면 좋을지, 심지어는 밥을 먹는 속도까지 눈치를 보게 됐다. 너무 빨리 먹으면 '급하다'는 인상을 줄 것 같았고, 너무 천천히 먹으면 '눈치가 없다'고 생각할까 봐 조바심이 났다. 음식을 씹으며 주변을 살피고 대화에 귀 기울이던 나는 점심시간 내내 철저히 '관찰자'였다.

점심 메뉴를 고르는 것도 작은 시험 같았다. 가벼운 샐러드를 고르면 '밥심이 부족한가?' 싶어 신경 쓰였고, 국밥 같은 메뉴를 고르면 '너무 투박한가?' 하는 생각이 들었다. 결국 나는 선배들이 고른 메뉴를 그대로 따라 했다. 안전하게 무리에 묻히는 게 그 순간 내가 할 수 있는 최선의 선택이었다. 그러던 어느 날, 평소에 말이 없던 선배가 내게 물었다.

"요즘 일은 할 만해요?"

별것 아닌 질문이었지만, 그 한마디로 대화의 물꼬가 트였다. 긴장한 나머지

장황하게 대답하지는 못했지만, 그 대화 덕분에 식사 분위기가 조금은 달라졌다. 밥맛이 다르게 느껴졌고, 식사 후 자리로 돌아오는 길에 내 표정도 한결 편해져 있었다.

그 후 점심시간을 다르게 바라보게 됐다. 누구와 먹느냐보다, 어떤 대화를 나누느냐가 더 중요하다는 걸 알게 되었다. 그리고 그 짧은 한 끼가 동료와의 거리, 팀과의 관계, 조직에 대한 감도를 조금씩 만들어 준다는 것도. 점심시간은 단순히 허기를 달래는 시간이 아니다. 일로는 말하지 못한 감정을 공유하는 '비공식 시간'이기도 하다. 업무로는 알 수 없는 동료의 일상, 습관, 말투, 기분을 자연스럽게 배우는 시간이기도 하다. 때로는 누군가의 고민을 조심스레 털어놓는 자리였고, 가벼운 농담과 웃음소리가 울려 퍼지는 시간이었으며, 가끔은 분위기가 무거워져 잠시 말없이 밥만 먹는 시간이 되기도 했다. 돌이켜보면 그 짧은 식사 시간 동안 조직 안에서 살아가는 법을 조금씩 익혀 갔다. '말을 거는 타이밍', '공감의 리듬', '자리의 간격' 같은 건 누가 알려 주지 않지만 분명 존재하는 관계의 언어였다. 점심 자리는 교과서에 없는 수업이었고, 매일 반복되는 훈련이었다.

처음에는 밥 먹는 자리가 두렵기도 했다. 혼자 앉으면 이상하게 눈총을 받는 듯했고, 잘 어울리려면 말을 많이 해야 할 것 같아 부담이 컸다. 하지만 시간이 흐르면서 알게 되었다. 꼭 말을 많이 하지 않아도 괜찮다는 것을. 같은 테이블에 앉아 있다는 사실만으로도 동료는 나를 '함께하는 사람'으로 받아들인다는 것을. 지금은 점심시간에 더 이상 눈치를 보진 않지만, 여전히 나는 그 시간이 '일의 일부'라고 생각한다. 우리는 점심시간에 같이 밥을 먹으며, 사실은 서로의 존재를 천천히 허락하고 있었는지도 모른다. 작은 웃음소리, 사소한 안부, 짧은 침묵 속의 편안함이 모여 동료라는 이름을 만들어 간다.

회사 생활이란 결국, 그런 사소한 순간의 반복이다. 보고서나 회의만큼 점심시간의 대화와 웃음이 나를 직장인으로 완성해 갔다. 그래서 오늘도 나는 점심시간에 귀 기울인다. 누군가 조용히 던지는 한마디, 누군가 웃으며 주고받는 농담, 그리고 때로는 침묵 속에 담긴 서로의 마음까지. 그 시간은 결국 내 '자리'를 만들어 주는 중요한 퍼즐 조각이니까.

내 자리는 아직 정리 중입니다

입사 첫날, 가장 먼저 마주한 건 책상이었다. 바퀴가 살짝 덜컹거리는 의자, 두 대의 모니터, 전화기, 그리고 사무용품 몇 개가 담긴 작은 바구니. 겉으로 보면 별것 아닌 풍경이었지만, 그 앞에 서 있는 나는 이상하게 긴장했다. 아무도 없을 때 의자에 살짝 앉아 보았다. 낯설고 허전했다. 자리는 배정되었지만, 마음은 아직 머물 곳을 찾지 못한 것 같았다. 옆자리 동료의 키보드 소리, 복도 끝에서 들려오는 웃음소리, 커피 향기마저도 나와는 먼 세계처럼 느껴졌다. 나는 말없이 책상 서랍을 열어 보았다. 거기에는 누군가 남겨 둔 듯한 포스트잇 한 장이 붙어 있었다. '수고 많으셨습니다.' 짧은 문장이었지만, 낯선 공간에서 숨을 고르던 내게 작은 위로가 되었다. 아마 이 자리를 떠난 누군가가 마지막으로 남긴 흔적이었을 것이다. 그 문장을 읽으며, 언젠가 나도 이 자리에 무언가를 남길 수 있을까 하는 막연한 상상을 했다.

며칠 후, 책상 위에 작은 수첩 하나를 올려두었다. 회의 중에 메모하려는 목적도 있었지만, 어쩌면 내 존재를 드러내고 싶었던 마음이 더 컸다. 그 옆에 물병 하나, 자주 쓰는 볼펜 세 자루를 가지런히 놓았다. 아직은 '내 자리'라 부르기엔 부족했지만, 그렇게 조금씩 자리를 채우기 시작했다. 책상은 단순한 물리적 공간이 아니었다. 그 위에 쌓이는 기록, 오가는 대화, 그리고 앉아 있는 '나'라는 사람의 감정과 경험이 더해져야 비로소 완성되는 공간이었다. 처음엔 몰랐다. 책상만 받으면 자동으로 자리가 생기는 줄 알았다. 하지만 회사에서 '자리'란 시간을 들여 관계를 맺고, 나만의 리듬을 찾아가는 과정이었다. 회의에서 작은 의견을 보태는 용기, 실수하고도 다시 앉는 태도, 동료에게 '잠깐만요'라고 말하며 여유를 가지는 순간. 그런 경험이 쌓이며 조금씩 내 자리는 단단해졌다. 점심시간에 낯선 동료와 어색하게 마주 앉아 웃었던 기억도, 업무를 놓쳐 미안해하며 사과 메일을 쓰던 순간도, 작은 성과를 함께 축하하며 느낀 뿌듯함도 모두 내 자리의 일부가 되었다.

그때 깨달았다. 자리는 책상 위에만 있는 게 아니라, 관계와 시간 속에 함께 만들어지는 것이라는 사실을. 물론, 자리를 만드는 일은 언제나 쉽지 않았다. 때로는 내 의견이 묵살되어 속상하기도 했고, 누군가의 빠른 속도에 뒤처지는 것 같아 조급하기도 했다. 그러나 다시 그 자리에 앉아 키보드를 두드리고, 서류를 정리하고, 또 하루를 보내면서 이 공간 속에 나를 심어 갔다. 작은 성취와 좌절이 반복되면서 책상 위 볼펜 하나에도 나의 흔적이 스며들었다. 그래서 지금도 나는 생각한다. 내 자리는 아직 정리 중이라고. 아무리 책상 위가 정돈되어 있어도, 내 마음이 그 자리에 완전히 닿기까지는 시간이 필요하기 때문이다.

어쩌면 지금도 누군가는 갓 배정된 책상 앞에서 나처럼 낯섦을 견디고 있을 것이다. 그도 나처럼 수첩 하나를 올려두고, 커피잔을 가져다 놓으며 자기만의 자리를 만들어 가고 있을지 모른다. 그 과정에서 느끼는 불안과 설렘, 외로움과 소속감은 결국 그 사람이 조직의 한 부분임을 깨닫게 하는 여정이다. 나는 믿는다. 자리는 '주는 것'이 아니라, 스스로 만들어 가는 것이라고. 책상 위를 채우는 만큼 내 안도 채워지는 걸 느끼면서. 그리고 언젠가는 지금의 이 자리도 다음 누군가에게 작은 위로가 되길 바란다. 내가 처음 받은 그 포스트잇처럼 누군가에게 '괜찮아, 곧 익숙해질 거야'라고 마음으로 건넬 수 있기를.

그래서 오늘도 내 자리를 정리한다. 어쩌면 이 정리가 완전히 끝나는 날은 없을지도 모른다. 그러나 그 과정 자체가 '나'를 성장시키는 일임을 알기에, 천천히 그리고 꾸준히 이 길을 걷는다. 그 속에서 조금씩, 이 자리는 '내 자리'가 되어 가고 있다.

몸통을 지키며,
속도를 조절하다

지우지 않고 버티는 법

"충성!"

GOP 최전방에서 군복을 입고 근무하던 시절, 매일 아침 우리는 같은 구호를 외쳤다. 학군사관후보생 시절부터 몸에 새겨진, 낯설지 않은 말이었다. 그곳에서 상관의 말은 곧 '명령'이었고, 그 명령은 질문이 아닌 즉시 수행의 대상이었다. 그래서였을까. 사회로 나와 처음 만난 상사 네 명을 자연스레 '복종의 대상'으로 받아들였다. 그들을 향한 감정은 경계나 판단이 아니라, 오로지 '수행'이었다. 나의 판단보다 상사의 지시를 우선시했고, 내 감정보다는 조직의 흐름을 따라야 한다고 생각했다. 하지만 상사의 스타일은 모두 달랐다. 다혈질인 상무는 업무보다 술과 기세를 앞세웠고, 늘 무언의 압박으로 공기를 무겁게 만들었다. 묵묵히 야근하는 과장은 보상 없이 견뎠고, 말없이 일하며 버텼다. 에이스 대리는 배려 깊고 팀 분위기를 살피는 감각이 탁월했다. 그의 태도에서 배우는 게 많았다. 반면, 실수를 반복하던 다른 대리는 존재감이 흐릿했지만 뜻밖에도 가장 먼저 승진했다.

나는 혼란스러웠다.
'왜 성실한 사람이 인정받지 못할까?'
'왜 자주 실수하던 사람이 먼저 올라가는 걸까?'
이 질문이 회식 자리마다 되풀이됐다. 그땐 몰랐다. 회사는 실력만으로 움직이지 않는다는 것을. 성과보다 먼저 작동하는 '관계', 능력보다 앞서는 '맥락'이 있다는 것을. 시간이 지나면서 조금씩 깨달았다. 회사는 내 기준대로 움직이지 않는다. 모든 상사와 잘 지낼 수도 없고, 모든 상황을 바꿀 수도 없다. 그렇다면 내가 집중해야 할 건 '누구와 일하느냐'가 아니라 '왜 이 일을 하는가'에 대한 내 안의 힘이다. 처음엔 모두에게 잘 보이고 싶었다. 눈이 마주칠 때마다 웃었고, '제가 할게요'를 입버릇처럼 말했다. 그러다가 조금씩 지쳐 갔고, 지운 건 실수가 아니라 나 자신이었다. 내가 가진 감정, 내 생각, 내 방식은 회사라는 톱니바퀴에 맞추느라 조금씩 접었다. 처음에는 그게 '현명함'이라고 생각했지만, 시간이 지날수록 나를 잃는 느낌이 강해졌다.

회사는 거대한 톱니바퀴다. 그 안에 '맞춘다'는 건 나를 지우는 게 아니라, 다치지 않게 숨기는 법을 익히는 일이다. 모서리를 깎는 게 아니라, 뾰족한 방향을 잠시 접는 것. 진짜 나를 지키기 위해 나를 조율해 나가야 했다. 변한 건 내가 아니라, 나를 유지하기 위한 태도였다.

상사의 스타일은 내가 바꿀 수 없었다. 그래서 나는 내 감정의 반응이 아니라 관찰의 방식을 조정했다. 실망보다 배움을, 불만보다 전략을 택했다. 외부에서 동기를 찾기보다 내 안에서 꺼내는 연습을 시작했다. 살아남는다는 건 지워지지 않으면서도 적절히 덜어 내는 기술이다. 회사는 모두를 이해하지 않는다. 하지만 내가 나를 이해한다면, 그것이 '내 편'이 되는 첫걸음이다.

나는 배웠다. 모든 사람에게 인정받으려는 욕심을 내려놓는 법을. 모두 맞추지 않아도, 모두 견디지 않아도 나를 지키는 조율이 가능하다는 것을. 불편함을 감추는 게 아니라, 불편함 속에서 중심을 잃지 않는 기술이 있음을. 회사에 나를 맞춘다는 것은 나 자신을 희생하는 것이 아니라, 전략적으로 다루는 연습이다. 그건 나를 없애는 방식이 아니라, 나를 오래도록 유지하기 위한 마음의 기술이다. 그리고 알게 되었다. 조금씩 속도를 늦추고, 조금씩 덜어 내고, 조금씩 중심을 세우는 과정에서 오히려 내가 더 강해진다는 것을. 하루를 견디는 법, 한 달을 견디는 법, 한 해를 견디는 법을 배우면서 조금씩 '버틸 힘'을 쌓았다.

결국 버틴다는 것은 단순한 인내가 아니라, 나를 지키는 기술이자 삶을 살아가는 전략이었다. 그래서 오늘도 회사라는 구조 속에서 나만의 속도로 버틴다. 지우지 않기 위해 덜어 내고, 휘둘리지 않기 위해 조용히 중심을 세운다.

그 과정은 쉽지 않다. 때로는 내가 아닌 누군가가 되어야 하고, 때로는 감정을 삼키며 미소 지어야 한다. 하지만 안다. 그 모든 시간이 쌓여 조금씩 '진짜 나'에게 가까워지고 있다는 것을. 지우지 않고 버틴다는 것, 그것이 곧 나를 지키는 가장 강한 힘이라는 것을.

나는 여기 있다

이 회사에는 내 이름이 없었다. 출입증에 적힌 ID와 전화기에 찍힌 내선번호만이, 내가 '존재한다'는 사실을 겨우 증명해 주었다. 점심시간, 시계는 12시 40분을 가리키고 있었고 나는 회의실 앞 복도에 조용히 서 있었다. 그때 팀장이 무심하게 말했다.

"이따가 회의하자."

평범한 말이었지만, 나는 그 문 하나를 쉽게 열 수 없었다.

그날 아침, 나는 작은 실수를 했다. 팀장은 차분한 말투로 물었다.

"왜 이런 걸 제대로 못 하죠?"

크게 혼난 것도 아니었고, 공개적인 비난도 아니었다. 그저 한마디 지적이었다. 하지만 그 한마디가 마음속에 돌멩이처럼 툭 떨어져 가라앉았다. 그동안 야근하며 만든 PPT, 기한보다 앞서 낸 자료, 모든 성실함이 그 한 문장 앞에 허무하게 무너졌다. 그 순간 나는 사람이 아니라 '결과만 남긴 존재'처럼 느껴졌다. 지적이 아니라 삭제당한 기분이었다. 점심시간에 조용히 화장실로 향했다. 발소리를 죽이며 칸 안에 들어가서 울었다. 슬퍼서가 아니라, 너무 오래 참았기 때문에. 세수하고 거울을 봤다. 눈은 조금 붉었지만, 얼굴은 멀쩡했다. 마치 아무 일도 없었던 것처럼. 그 순간 문득 생각했다. 회사는 가끔 우리가 사람이기를 멈추라고 말하는 것 같다고. 감정보다 결과를, 과정보다 성과를, 보이지 않는 것은 존재하지 않은 것처럼 다룬다.

하지만 나는 그날, 울 수 있었기에 사람으로 남았다. 그 눈물은 부끄러움이 아니라, 내가 아직 무너지지 않았다는 증거였다. 회사에는 두 종류의 일이 있다.

보이는 일과 보이지 않는 일. 보이는 일은 숫자로 남는다. 보고서, 실적, 마감. 그래서 누구에게나 증명된다. 보이지 않는 일은 사람 사이에 흘러간다. 관계, 감정, 과정. 그래서 쉽게 설명되지 않는다. 문제는 평가가 종종 '성과'보다 '인상'에 따라 결정된다는 점이다. '누구에게 어떻게 보였는가?' 그 기준이 성실함보다 먼저 작동할 때면 나는 혼란스러웠다. 이건 연기인가, 진심인가? 나는 잘 보이려는 건가, 잘하려는 건가? 나는 선택하고 싶었다. 잘 보이기 위해 잘하는 것이 아니라, 잘하기 때문에 보이는 삶을. 드러나지 않아도 존재하는 내 노력을, 스스로 알아주는 삶을. 사람들은 말한다.

"그 정도는 보여야지."

"네가 했다는 걸 티 내야지."

하지만 나는 안다. 티를 내지 않아도 흔적이 남는 사람이 있다는 것을. 성과는 사라져도 일의 방식은 기억된다. 회사는 실수하지 않는 사람보다 실수를 다루는 사람을 오래 기억한다.

칭찬을 낯설어하는 사람이 있다. 그건 그가 아직도 자신을 끊임없이 점검하며 살아간다는 뜻이다. 나도 그랬다. '잘했어요'라는 말이 낯설었다. 진심일까, 형식일까, 다른 뜻은 없을까? 생각해 보면 칭찬을 믿지 못하는 건 자신을 충분히 인정하지 못했기 때문인지도 모른다. 회사에서 내 이름이 불리지 않아도, 내가 나를 불러 줄 수 있어야 한다.

'나는 여기 있다.'

'나는 충분히 해내고 있다.'

그 말 하나가 때로는 회의실 문을 열 용기가 되고, 결국 그 말 하나가 나를 다시 나로 존재하게 만든다. 나는 여기 있다. 보이지 않는 자리에서 묵묵히 나만의 길을 걷고 있다. 그리고 그 길 위에서 나는 조금씩 더 단단해지고 있다.

승진하고 싶지만, 나를 잃고 싶진 않다

솔직히 말하면, 나는 승진하고 싶다. 지금까지 버텨 낸 날들을 누군가가 인정해 주면 좋겠고, 내 이름이 성과로 기록되길 바란다. 단순히 자리만 올라가는 것이 아니라, 더 큰 책임을 맡아 나만의 방식으로 팀을 이끌어 보고 싶다. 내가 배운 것을 후배들과 나누고, 함께 성장하는 경험도 해 보고 싶다. 그러나 동시에 '회사 인간'이 되는 건 두렵다.

회의실 가득 진심 없는 미소가 흘러넘칠 때, 나는 점점 '사람'이 아니라 '역할'로만 존재하는 느낌을 받았다. 처음엔 열정과 의욕으로 시작했지만, 어느새 나도 모르게 말투와 제스처, 표정까지 회사가 원하는 '그 모습'에 맞추고 있었다. 사람들은 그것을 '프로페셔널하다'고 했지만, 나는 종종 그것이 '내가 아닌 다른 사람'을 흉내 내는 것처럼 느껴졌다.

어느 날, 화장실 거울 앞에 선 내 얼굴이 낯설게 다가왔다. 눈 밑은 짙게 내려앉았고, 입꼬리는 애써 올렸지만 힘이 없었다. 거울 속 나는 내가 아니었다. 회사 사람들과 닮아 가는 내 모습, 그리고 그 과정에서 조금씩 사라지는 나 자신을 발견했다. 실적을 낼수록, 잘했다는 칭찬을 들을수록 오히려 혼란스러웠다. 정말 내가 좋아서 이렇게 하는 걸까, 아니면 잘 보이기 위해 억지로 되는 걸까? 누군가의 칭찬이 달갑지 않았던 건, 그 순간 내 진심마저 의심하게 되었기 때문이다. 그때 들었던 한 사람의 이야기가 오래도록 마음에 남았다. 사법시험에 여섯 번 낙방한 뒤 지방 공무원이 되어 기발한 홍보로 주목받아 7년 만에 팀장이 된 김선태 주무관의 이야기였다. 그는 조직 안에서 창의와 성과로 자신의 길을 뚫었다. 그가 부러웠다.

'왜 나는 저렇게 하지 못할까?'
10년을 일하면서 매년 성장했을까?
아니면 같은 1년을 열 번 반복하고 있었던 건 아닐까?

우리 회사에도 보이지 않는 벽이 있다. 3급 이상의 관리자 직급으로 올라가려면 단순히 실적만으로는 부족하다. 평가, 시험, 그리고 '잘 보이는 이미지'까지 필요하다. 때로는 성과보다 더 중요한 게 '누구에게 어떻게 보이는가'였다. 어떤 이는 그 벽을 넘으려다가 지쳐 멈추고, 또 다른 이는 '그만두지 않기 위해' 그 자리에 남는다. 그리고 나는 지금 그 벽 앞에 서 있다. 올라가고 싶다. 책임을 맡고, 내 방식으로 팀을 이끌어 보고 싶다. 하지만 퇴근 후에도 울리는 메신저 알림에 눈치 보며 답장하는 삶, 주말에도 보고서를 붙잡고 눈치를 보는 삶은 원하지 않는다. 무엇보다 나를 포기하면서까지 올라가고 싶지는 않다. 그때 깨달았다. '회사 인간'은 회사를 사랑하는 사람이 아니라, 회사를 핑계로 자기 자신을 지워 버린 사람이라는 걸. 진짜 회사에 필요한 사람은 회사와 나 사이에서 균형을 지킬 수 있는 사람 아닐까. 나는 회사도 나도 버리지 않고 살아가고 싶다.

승진은 단순히 명함에 적힌 직함이 바뀌는 일이 아니다. 더 높은 기준으로 나를 단련시키는 일이고, 조직 안에서 내가 나답게 확장되는 방식이어야 한다. 잘 보이기 위해 잘하는 것이 아니라, 잘하기 때문에 결국 보이는 사람. 성실한 사람, 유연한 사람, 그리고 무엇보다 자기 자신에게 정직한 사람. 그것이 내가 원하는 '승진의 방식'이다. 물론 이 길은 쉽지 않다. 때로는 부딪히고, 때로는 타협해야 하며, 무엇보다 자기 자신을 잃지 않는 균형 잡기가 필요하다. 가끔은 늦게까지 야근하며 지친 얼굴로 집에 돌아오기도 하고, 회의에서 내 의견이 묵살되어 속상할 때도 있다. 그러나 안다. 이 모든 과정이 결국 나를 단단하게 만드는 시간이라는 것을.

오늘도 나는 거울 앞에 선다. '나는 여전히 나다'라고 다짐하고, 더불어 '나만 보고 가지 않겠다'는 다짐도 함께 새기며. 그 다짐이 흔들리지 않는 한 승진은 나를 잃는 일이 아니라 오히려 나를 더 깊게 만들어 주는 과정이 될 것이다.

차근차근, 나만의 길을 걷다

처음 출근하던 날, 책상 위 명패에 새겨진 '주임'이라는 두 글자가 유난히 낯설게 다가왔다. 내 이름 옆에 붙은 그 단어는 아직 준비되지 않은 내게 어른 행세를 하라고 강요하는 가면처럼 느껴졌다. 업무도 사람도 전부 낯설었고, 단순히 메일 한 통 보내는 일조차 오래 고민하며 망설여야 했다.

나는 '직장인'이라는 단어가 나와는 멀리 떨어져 있다고 생각했다. 누군가에게는 자연스럽게 흘러가는 하루가 내게는 늘 시험대에 선 듯 긴장되는 시간이었다. 회의실에 앉아 눈치만 보던 시간, 누군가는 척척 대답하고 능숙하게 보고하는데 나는 그저 의자에 붙어만 있었다. 혹시라도 질문이 날아오면 숨이 막히는 것 같았고, 하루 업무를 마무리했을 때는 '이 정도로 괜찮은 걸까? 다음에도 잘할 수 있을까?'라는 불안이 먼저 찾아왔다. 밤이 깊어질수록 불안은 더 크게 몰려왔다. 퇴근길 지하철 창가에 앉아 어둠 속으로 스쳐 가는 불빛을 바라보며 수없이 자책했다.
'나는 왜 이렇게 느릴까? 다른 사람들은 다 잘하는데, 왜 나만 늘 뒤처지는 것 같을까?'
그때는 몰랐다. 그 작은 불안과 조심스러움이 결국 나를 단단하게 만드는 힘이었다는 것을.

시간은 느리지만 꾸준히 흘렀다. '계장'이라는 직급을 받았을 때 비로소 누군가에게 무언가를 설명할 수 있게 되었다. 어설펐지만 한 걸음 앞에서 길을 밝히는 법을 배워야 했다. 하지만 책임이 생긴다는 건 내 판단이 곧 누군가의 실수가 될 수도 있다는 뜻이었다. 그 무게감은 종종 내 어깨를 눌렀고, 밤새 뒤척이며 스스로 의심하게 만들었다.

  나는 매일 조심했다. 작은 결재 하나도, 사소한 보고 하나도 놓치지 않으려 애썼다. 그 조심스러움은 때론 나를 더딘 사람으로 보이게 했지만, 동시에 무너지지 않게 붙잡아 주는 힘이기도 했다. 그때는 알지 못했다. 이 신중함이야말로 직장에서 오래 살아남게 해 준 버팀목이라는 것을. 그리고 언젠가 내 이름 옆에 붙은 '특별승진'이라는 단어. 그것은 특별히 더 잘해서가 아니라, 특별히 더 성실하게 버텼기 때문에 주어진 보상 같았다.

  돌아보면 매일매일 낯선 하루를 견뎌 냈다. 회의 중에 실수했을 때, 보고서를 잘못 작성해 지적받았을 때, 동료와 의견 충돌이 있었을 때, 그 순간마다 무너지는 듯 좌절했고, 동시에 배우며 조금씩 내 자리를 만들어 갔다. '나는 아직 부족하다'라는 생각이 늘 마음에 머물렀다. 하지만 그 부족함을 마주할 때마다 한 걸음씩 앞으로 나아갔다. 넘어지지 않으려고 애쓴 것이 아니라, 넘어지고도 다시 일어났기 때문에 버틸 수 있었던 것이다.

  직장 생활을 하며 수없이 흔들렸다. 성과를 내는 동료와 나를 비교하며 초조해했고, 승진 소식에 환하게 웃는 얼굴을 바라보며 나의 더딘 속도를 탓했다. 그러나 시간이 흐르고 나서야 깨달았다. 모두가 빠르게 성장하는 것처럼 보여도, '차근차근 쌓아 가는 힘'은 결코 작지 않다는 것을. 어쩌면 그 느림이야말로 가장 확실한 성장의 증거일지도 모른다. 조급함에 쫓겨 경쟁만 바라보다가 놓친 작은 성취와 배움이 사실은 내공을 쌓는 단단한 토대였다는 것을 이제는 안다.

  야근 후 텅 빈 사무실에 홀로 앉아 느꼈던 공허함, 팀원에게 도움을 청하며 깨달은 인간관계의 소중함, 실패 후 스스로와 마주하며 다시 다짐했던 순간이 모두 내 안에 켜켜이 쌓여 있다.

아마 이 글을 읽는 누군가도 조급함과 비교 속에서 흔들리고 있을지 모른다. 타인의 속도에 맞추려고 애쓰다가 지쳐 가는 당신에게 말해 주고 싶다. 시간이 증명해 주는 것이 있다고. 성실하게 쌓은 하루하루는 언젠가 반드시 빛이 된다고. 때로는 실패도 좌절도 경험하겠지만, 그 모든 경험은 결국 당신만의 단단한 내공이 될 것이다. 내가 그러했듯이 당신의 불안과 조심스러움도 언젠가 강력한 힘으로 바뀔 것이다. 그래서 오늘도 나는 내 자리에서 묵묵히 일한다. 어제보다 조금 더 단단해진 내가 되기 위해. 그리고 언젠가 나에게 건네졌던 그 따뜻한 눈빛과 격려를 지금의 누군가에게 건네기 위해.

나는 여전히 완벽하지 않다. 실수도 하고, 흔들리고, 때론 속도를 잃기도 한다. 하지만 확신한다. 내가 성실히 쌓은 하루는 언젠가 나만의 증거가 되고, 그 하루가 모이면 결국 누군가에게 길이 되어 준다는 것을. 삶과 일은 단거리 경주가 아니다. 끝없는 마라톤과 같기에 천천히 그러나 꾸준히 걸어가고 싶다. 그 길 위에서 차근차근, 나만의 속도로, 나답게 서 있을 것이다.

사내 정치, 나는 이렇게 버틴다

초등학교 때 선생님이 되고 싶었다. 중학교 때는 방송 작가, 고등학교 때는 철학자가 되고 싶었다. 그랬던 내가 지금은 매일 아침 거울 앞에서 넥타이를 고쳐 맨다. 회의실에서는 웃고, 사무실에서는 듣는다. 점심시간에는 내가 먹고 싶은 메뉴보다 남들이 원하는 메뉴를 고른다. 어른이 된 걸까, 아니면 어른 흉내를 내며 하루하루를 견디는 걸까.

하루가 끝나고 소파에 부너지듯 앉아 TV를 켜면, 어딘가에서 누군가의 꿈이 반짝인다. 무대 위에서 빛나는 사람들, 새로운 아이디어로 세상을 흔드는 젊은 창업가들. 그 빛 속에서 오래 묻어 둔 내 마음의 조각 하나가 조용히 고개를 든다. 그때 문자 알림이 울린다.
'급여가 입금되었습니다.'
나는 다시 리모컨을 들고 마음을 눌러 끈다. 지금은 살아야 할 시간이다. 꿈보다 현실을, 감정보다 월급을, 이상보다 생존을 선택해야 하는 계절. 그리고 그 생존의 무대는 언제나 회사라는 공간이다.

회사는 논리보다 공기가 먼저 흐르는 세계다. 틀렸다는 걸 알아도 말할 수 없는 순간이 있고, 정당한 말을 해도 침묵을 강요당하는 자리도 있다. 초년생 때는 몰랐다. 왜 모두 같은 벽을 보면서도, 서로 다른 방향으로 돌아서는지. 왜 노력보다 관계가, 실력보다 무게 중심이 앞서는지를. 그것은 이름 붙일 수 없는 권력의 흐름이었다. 그게 바로 '사내 정치'였다.

처음엔 믿었다. 정치는 나와 무관한 일이라고. 나는 묵묵히 내 자리에서 최선을 다하면 된다고. 하지만 어느 순간 깨달았다. 정치는 피하는 것이 아니라 '읽는' 것임을. 누가 누구와 자주 커피를 마시는지, 회의에서 누가 침묵을 지키고 누가 발언을 마무리하는지, 잡담 속에서 오가는 한마디가 어디로 흘러가고 누구의 귀에 닿는지를. 눈에 보이지 않는 줄을 읽고 균형을 잡는 사람만이 오래 버틸 수 있다는 사실을. 그것은 연기가 아니었다. 살아남기 위한 해석의 기술이었다.

나는 다짐했다. 연기는 하지 않되, 눈치는 보기로. 나를 속이지 않되, 나를 지키는 최소한의 전략을 펴기로. 그것은 체면이 아니라 생존이었고, 굴욕이 아니라 배려였다. 누군가의 기분을 맞추는 게 아니라, 내 마음을 지키면서 상황을 흐트러뜨리지 않는 방법이었다. 정치적인 사람이 되지 않더라도, 정치적인 상황은 피할 수 없다. 그렇다면 분위기를 읽되 감정을 지키는 사람이 되기로 했다. 모르면 '모르겠습니다'라고 말하되, 질문 이면의 뜻을 놓치지 않기로. 내 말 한 줄이 누구에게 어떻게 쓰일지 상상하며 신중해지기로. 그것은 비굴함이 아니라, 내 자리를 오래 지키는 방식이었다. 어떤 날은 억울했다. 내가 쓴 문장이 누군가의 이름으로 돌아갔고, 내가 한 말은 왜곡되었다. 화를 내고 싶었지만 화를 내지 않았다. 감정을 터뜨리는 대신 기록을 더 꼼꼼히 남겼다. 상황을 정리해 두고, 작은 흔적이라도 남겼다. 그날 나는 회사에서 한 뼘 '자란' 날이었다. 억울함은 사라지지 않았지만, 그것을 삼킨 나 자신 덕분에 한 층 더 단단해졌다.

회사는 내 꿈을 이루는 공간이 아닐지도 모른다. 하지만 꿈을 잃지 않는 법을 배우는 곳이다. 진심을 품되 방향을 바꿀 줄 아는 유연함. 사람 사이에 흐르는 보이지 않는 줄을 읽으면서도, 나만의 마음의 줄을 놓지 않는 끈기. 그것이 사내 정치에서 살아남는 기술이었다.

나는 매일 아침 거울 앞에서 속삭인다.

'나는 여전히 나야. 하지만 나만 보고 가지는 않겠어.'

때로는 체념 같고 때로는 타협처럼 보이지만, 그 속에서 조금씩 내 길을 찾아가고 있다. 사내 정치라는 파도 속에서 방향을 잃지 않고 내 배를 조심스레 움직이며 오늘도 버틴다. 그것이 내가 살아남는 방식이며, 동시에 내가 회사를 향해 품는 가장 현실적인 꿈이다.

회사를 떠올리는 계절, 나를 지키는 거리

회사는 계절을 기억하지 않는다. 벚꽃이 흐드러지게 피어도 복장은 바뀌지 않고, 장마가 와도 회의 시간은 그대로다. 가을의 붉은 물결도, 겨울의 찬바람도 회색 빌딩 안에서는 '연차 관리표' 위 숫자에 불과하다. 누구도 계절을 말하지 않고, 누구도 마음을 묻지 않는다. 그런데 이상하게도 나는 가을이면 늘 퇴사를 떠올렸다. 은행잎이 낙엽으로 바스락거리던 어느 쓸쓸한 오후, 퇴근길에 회사 건물을 바라본 적이 있다. 복잡한 로비, 자동문이 열리고 닫히는 소리, 그리고 그 안에 조용히 갇힌 내 말들. 누르고 접었던 표정들이 불 꺼진 창 너머로 어른거렸다. 회사는 계절을 잊었지만, 내 마음은 계절을 타고 흔들리고 있었다.

입사 첫날의 기억도 여전히 선명하다.
딱딱한 새 구두를 신었는데, 발보다 마음이 먼저 아팠다. 구두는 내 걸음보다 앞서 나갔고, 나는 뒤따라가느라 늘 불안했다. 회의실에서는 웃을 타이밍을 계산했고, 점심시간엔 내 이야기를 접었다. 상사의 말에 고개를 끄덕이고, 팀장의 표정에 맞추는 법을 배웠다. 그게 회사에서 배우는 '사회성'이었다. 하지만 그 사회성은 점점 나를 지워 갔다. 진짜 내 생각과 감정을 숨기고, 가면을 쓰는 일이 일상이 되었다. 쉴 새 없이 돌아가는 회전문 속에서 내가 아닌 다른 누군가로 살아가는 기분이었다.

집에 돌아오면 거울 속 얼굴은 지쳐 있었지만, 이상하게도 하루 동안 내가 어떤 말을 했는지, 어떤 생각을 품었는지는 또렷하지 않았다.
'오늘 하루 내가 진짜로 존재하긴 했나?'
스스로 그런 질문을 던지곤 했다.

그래서였을까. 어느 쌀쌀한 가을 오후, 나는 조용히 사직서를 썼다. 손에 쥔 종이는 이상하게도 가벼웠다. 누군가에게 상처받아서도, 일이 견디기 어려워서도 아니었다. 오랫동안 외면해 왔던 '나 자신'에게 돌아가기로 한 용기였다. 그 종이는 회사를 떠나는 종이가 아니라, 나를 되찾는 종이였다.

다섯 번째 회사에 다니면서 깨달았다. 회사를 너무 사랑하지도, 너무 미워하지도 말아야 한다는 것을. 너무 가까우면 감정이 흐려지고, 너무 멀면 존재가 희미해진다. 회사와 나 사이에 적당한 거리를 두는 것이야말로, 내 마음을 지키는 가장 건강한 방식이라는 것을 알게 되었다. 그 거리는 마음의 울타리이자, 숨쉴 수 있는 공간이다. 물론 거리를 둔다는 건 차갑게 선을 긋는 게 아니다. 감정을 무조건 드러내기보다 때로는 지키고 때로는 흩뿌리는 것. 슬플 땐 혼자 울고, 기쁠 땐 적당히 나누며 균형을 잡는 일. 상사의 말에 상처받더라도 집까지 끌고 오지 않고, 작은 성취를 해도 지나치게 과시하지 않는 태도. 동료와의 관계에서도 마찬가지다. 모든 걸 다 보여 주지 않아도 된다. 보여 줄 만큼만 보여 주고, 숨길 만큼은 숨기며 서로의 거리를 존중하는 것. 그런 균형이야말로 회사에서 오래 버틸 수 있는 생존의 기술이다.

나는 종종 스스로 질문했다.
'이 회사가 내 인생 전부인가?'
아니다. 회사는 내 삶의 일부일 뿐이다. 월급은 삶을 이어 주는 도구이지, 내가 어떤 사람인지 규정하지는 못한다. 이 단순한 사실을 잊으면, 회사는 감옥이 되고 만다. 그래서 나는 회사와 내 삶 사이에 '문'을 만들었다. 그 문을 닫으면 가족의 얼굴을 보고, 친구와 웃을 수 있고, 나 혼자만의 시간을 가질 수 있었다. 그 문을 제대로 닫지 못했을 때 회사는 집까지 침투했고 나는 무너졌다.

회사는 감정을 '일'로 번역하는 공간이다. 일과 감정은 늘 같은 선상에 있지 않다. 논리가 먼저 오고, 마음이 그 뒤를 따른다. 그 사이에서 우리는 종종 마음이 갈라지는 경험을 한다. 그래서 '진짜 거리 두기'란 단절이 아니라, 함께 있으면서도 무너지지 않는 '나'를 유지하는 기술이다. 그 거리를 지키며 나는 일했고, 웃었으며, 때로는 조용히 눈물을 삼켰다. 회사의 냉정함 속에서도 내 안의 따뜻함을 잃지 않으려 애썼다. 그러는 사이 조금씩 단단해졌다.

지금도 가을이 오면 가끔 그 시절이 떠오른다. 회사의 차가운 벽과 낯선 공기, 그리고 그 속에 숨겨진 내 마음. 하지만 이제는 안다. 회사가 기억하지 못하는 계절을 내가 기억하고, 회사가 잊는 나를 내가 지킨다는 것을. 그 거리는 나를 위한 공간이다. 내 삶을 위한 거리다. 그래서 오늘도 그 거리를 생각하며, 나를 지킨다. 회사는 여전히 계절을 잊고 있지만, 나는 그 계절 속에서 나를 잃지 않는다. 그것이 내가 회사를 지나며 배운 가장 중요한 생존 방식이다.

적응하는 대신 판단하기로 하다

처음 며칠은 마치 꿈속을 걷는 것 같았다. 아침에 눈을 떠도 회사에 갈 필요가 없다는 사실, 시곗바늘에 맞춰 허겁지겁 옷을 입지 않아도 된다는 사실이 낯설었다. 커피를 천천히 내리고, 라디오에서 흘러나오는 사연을 가만히 듣고, 걷고 싶은 만큼 걷고, 앉고 싶은 만큼 앉았다. 카페 창가에 앉아 아무것도 하지 않아도 되는 오후는 마치 멈춰진 필름 속 한 장면처럼 고요했다. 그 순간만큼은 세상이 아주 느리게 흘러가고 있었고, 나는 오랜만에 그 안에서 '멈춤'을 경험했다.

하지만 이상했다. 몸은 쉬고 있는데 마음은 멈추지 않았다. 머릿속에서는 끊임없이 무언가를 찾아 헤맸다.

'이렇게 있어도 괜찮을까?'

'남들은 달리고 있을 텐데, 나만 이렇게 멈춰 있는 건 아닐까?'

가만히 있어도 죄책감이 들었고, 자유로워야 할 시간이 오히려 무거운 불안으로 가득 찼다. 오랫동안 붙잡아 왔던 '성과'라는 줄을 놓으니, 오히려 허공에 떠 있는 듯했다.

돌이켜보면 나는 늘 '달리는 기술'만 배워 온 사람이었다. 회사에 적응하기 위해 웃는 법, 상사의 눈빛을 읽고 고개를 끄덕이는 법, 팀 분위기를 해치지 않으면서 내 의견을 조심스레 끼워 넣는 법을 배웠다. 그 모든 게 '적응'의 기술이었다. 성과를 내는 것도 중요했지만, 더 중요한 건 조직이 원하는 방식에 나를 맞추는 일이었다. 그러다 보니 멈추는 법을 배우지 못했다. 달리지 않으면 금방이라도 도태될 것 같았고, 한 발만 늦어도 바로 잊히는 듯한 공포가 늘 뒤를 따라왔다.

그러던 어느 날, 혼자 카페에 앉아 있다가 문득 깨달았다. 사람은 기계가 아닌데, 왜 나는 늘 기계처럼 스스로 채찍질하며 살아왔을까? 멈춤이 필요한 순간에도, 그것을 '게으름'으로만 여겼던 게 아닐까?

사실 쉼은 도망이 아니라 내 마음의 상태를 제대로 바라보는 기회였다. 조용히 귀 기울여보니, 그동안 외면했던 질문들이 속삭이고 있었다.
'너는 정말 이 일이 좋니?'
'이 회사와 잘 맞니?'
'앞으로도 이렇게 살고 싶은 거니?'
그 질문들 앞에서 처음으로 '적응' 대신 '판단'을 하기 시작했다. 적응은 조직 속에서 살아남는 가장 빠른 방법이다. 하지만 적응만 하다 보면, 언젠가 진짜 나를 잃어버린다. 웃고 있지만 웃는 게 아니고, 일하고 있지만 일이 나를 잡아먹는다. 반면 판단은 다르다. 판단은 나를 지키기 위한 선택의 언어다. 조직을 바꾸지 못하더라도, 내가 어디에 에너지를 쏟고 어디에 선을 그을지는 스스로 정할 수 있다. 그 사실을 인정하는 순간, 비로소 '나를 위한 일의 기준'이 생겼다.

예전에는 회사에서 주어지는 일을 모두 받아들였다. '싫다'고 말할 용기도 없었고, 거절하면 이기적인 사람이 될 것 같았다. 하지만 판단을 배우면서, 그중 일부는 과감히 내려놓을 수 있게 되었다. 내 역량을 더 잘 발휘할 수 있는 영역에 집중하고, 불필요하게 소모적인 부분에는 선을 그었다. 그 작은 선택이 모여 나를 지켜 주었다. 생각해 보면, 당신도 비슷한 경험이 있지 않을까? 다들 괜찮다고 말하는데, 혼자만 힘들다고 느낀 적. 모두가 적응하며 살아가는 것 같은데, 나만 부족한 사람처럼 느껴진 적. 하지만 그 불편함은 '비정상'이 아니라 지극히 정상적인 반응이다. 그 순간이야말로 우리가 적응이 아닌 판단을 시작해야 하는 신호다.

이제 나는 안다. 회사는 삶의 전부가 될 수 없고, 일이 나 자신보다 중요할 수도 없다는 것을. 내가 진짜 원하는 삶의 방향을 분명히 알 때, 비로소 일도 자리를 찾는다. 적응만 하려다 보면 결국 나는 흐려지고, 판단을 통해서만 내가 선명해진다. 이제는 '조직이 원하는 나'가 아니라, '내가 원하는 나'로 살고 싶다. 앞으로도 가끔은 멈추고 쉬어 갈 것이다. 멈춤이 두려움이 아니라 판단의 시간이 되도록, 그때마다 스스로 말할 것이다. '괜찮아, 나는 나를 지키고 있어.'

좋아하는 일과 잘하는 일 사이에서

좋아하는 일은 마음을 뛰게 한다. 누가 시키지 않아도 자연스럽게 손이 가고, 밤늦도록 몰두해도 피곤하기는커녕 오히려 에너지가 솟는다. 음악을 사랑하는 사람은 하루 종일 악기를 붙잡고 있기를 마다하지 않고, 글쓰기를 좋아하는 사람은 읽는 사람이 없어도 매일 노트를 펼친다. 좋아하는 일은 그 자체로 위안이고, 즐거움이며, 때로는 삶의 이유가 된다. 하지만 좋아한다고 해서 늘 잘하는 것은 아니다. 재능과 기술, 시장성, 꾸준한 연습, 그리고 때로는 운까지 다양한 요소가 맞물려야 비로소 좋아하는 일이 '지속 가능한 일'로 자리 잡는다. 그렇지 못하면 좋아하는 일도 어느 순간 취미의 경계를 넘지 못하고 멈춰 버린다. 마음 한편에는 애틋함이 남지만, 현실은 냉정하다.

반면, 잘하는 일은 조금 다르다. 눈에 보이는 성과와 타인의 인정이 뒤따르고, 익숙함이 자신감을 낳으며, 자신감은 또 다른 기회를 만들어 준다. 하지만 그 과정이 언제나 가볍지만은 않다. 가끔은 내가 왜 이 일을 계속해야 하는지 헷갈릴 때도 있고, 박수를 받아도 마음 한구석이 허전한 날도 있다. 잘하는 일은 분명 신뢰를 쌓고 성장의 문을 여는 열쇠지만, 그렇다고 해서 반드시 행복이나 만족을 보장하지는 않는다.

입사 첫날 마주한 현실도 그랬다. 책상 앞에 앉아 있던 나는 처음 보는 시스템과 업무 흐름에 당황했고, 전화 한 통화조차 어색했다. 사소한 질문 하나에도 머뭇거렸고, 간단한 업무 처리에도 시간이 걸렸다. 그때는 '잘하는 일'이라는 건 생각조차 할 수 없는 상태였다. 단지 하루하루 버티고 익숙해지며 실수를 줄여 가는 것만이 목표였다. 그러나 시간이 지나면서 조금씩 변화가 생겼다. 처음엔 이해할 수 없었던 보고서 양식이 눈에 들어오기 시작했고, 업무 프로세스 하나

하나가 연결되며 전체 그림이 보이기 시작했다. 동료가 건네는 조언과 상사의 피드백을 반복해 생각하며 작은 실수를 바로잡고 업무 효율을 높이는 방법을 찾았다. 하루하루 쌓이는 경험 속에서 낯설고 버거웠던 일들이 점차 손에 익었고, 어느 순간 그 일은 단순한 '업무'가 아닌 '내 일'이 되어 있었다. 그 과정에서 깨달았다. 좋아하는 일과 잘하는 일 사이의 간극은 하루아침에 좁혀지는 것이 아니며, 시작점은 반드시 좋아하는 마음이나 타고난 재능일 필요도 없다는 사실을. 중요한 것은 '조율'이다. 좋아하는 마음이 있을 때 잘하는 능력으로 발전할 수 있고, 처음에는 잘하지 못했던 일도 반복과 경험을 통해 애정과 전문성을 키울 수 있다.

사실 입사 초반에는 좋아하는 마음조차 확실치 않았다. 이 일이 정말 하고 싶은 일인지, 아니면 그냥 편안하게 할 수 있는 선택이었는지 혼란스러웠다. 매일 반복되는 업무 속에서 지치기도 했고, 동료와 비교하며 초조함을 느낀 적도 많았다. 그럼에도 불구하고 포기하지 않고 매 순간 최선을 다하며 배우려 했던 습관이 쌓이면서, 작은 성취가 자신감으로 이어졌다. 그리고 자신감은 다시 호기심과 흥미를 불러일으켰다. 그때 비로소 업무는 단순한 생존 수단이 아닌, 나를 성장시키는 도구이자 즐길 수 있는 과정이 되었다. 좋아하는 마음과 잘하는 기술이 맞닿는 지점은 한순간에 오지 않는다. 끊임없는 시행착오와 반복, 좌절과 도전을 통해 스스로 단련시킨 끝에 만나는 순간이다. 그 과정에서 나만의 전문성을 조금씩 만들어 갔다. 누군가는 열정에서 출발하고 누군가는 능력에서 시작하지만, 결국은 멈추지 않고 걸어가는 사람만이 좋아하는 일과 잘하는 일을 하나로 만들 수 있다.

길은 사람마다 다르고 속도도 제각각이다. 누군가는 하루아침에 재능을 발견하지만, 누군가는 수년간의 노력을 통해 조금씩 나아간다. 중요한 것은 그 길 위에서 포기하지 않고 나아가는 것, 그리고 그 과정에서 자기다움을 잃지 않는 것이다. 좋아하는 일과 잘하는 일이 맞닿는 지점에 도달하는 순간은 '선택'의 결과가 아니라 긴 시간에 걸친 자연스러운 '성장'의 결과다. 그곳에서 자신만의 목소리를 찾고, 일을 넘어 삶의 일부로 사랑할 수 있게 된다.

 오늘도 나는 그 길 위에 있다. 좋아하는 마음과 잘하는 기술 사이에서 균형을 맞추며 한 걸음씩 내디딘다. 처음에는 두려움과 어색함이 가득했지만, 이제는 그 모든 경험이 나를 단단하게 하고 동시에 자유롭게 만든다는 것을 안다. 좋아하는 일과 잘하는 일 사이, 그 경계에서 나는 나답게 살아간다. 그리고 그 과정 자체가 나에게 주어진 가장 큰 배움임을 매일 확인하며, 오늘도 걸음을 멈추지 않는다.

친구보다 더 든든한 동료

처음에는 참 좋았다. 같은 팀이라는 이유만으로 자연스레 말을 놓게 되었고, 퇴근 후 함께 맥주를 마시며 웃었다. 회사 밖에서 만나 소소한 일상을 나누는 사이가 된 것도 금세였다. 서로의 취미를 알고, 가족 이야기를 나누며 가까워지는 것 같았다. 그 관계는 일상의 무게를 덜어 주는 든든한 버팀목처럼 느껴졌다.

그러나 시간이 흐르면서, 그 편안함 뒤에 숨어 있던 무게도 함께 커졌다. 즐거웠던 대화는 어느새 조심스러운 말로 변했고, 상대방의 기분을 헤아리느라 내 말은 자꾸 돌려서 하게 되었다. '괜찮아'라고 말하면서, 속으로는 내 생각을 감추곤 했다. 업무보다 관계를 신경 쓰는 시간이 더 많아졌다는 걸 알게 되었을 때, 나는 조금 당황했다. 갈등이 생길 때면 '미안하다'라는 말이 먼저 나왔다. 업무적인 피드백도 어느 순간 부드럽게만 표현하려 했다. '여기 조금 수정해 보면 어때?'라는 말을 '아무래도 네가 더 잘 알겠지'라는 식으로 바꿔서 내뱉었다.

솔직하게 말하지 못하는 순간이 쌓일수록, 관계는 오히려 더 불투명해졌다. 공적인 자리에서조차 조심스러워졌다. '친구니까 이해해 주겠지'라는 마음이 있었지만, 그것은 내 바람일 뿐이었다.

친구와 동료 사이에는 분명한 선이 없다. 그 모호함이 오히려 관계를 더 어렵게 만든다. 가까우면서도 멀고, 멀면서도 가까운, 묘한 거리감이 계속 이어졌다. 회의실에서 이견을 낼 때도 동료가 웃을지 화낼지 받아들일지 거부할지를 먼저 계산하게 되었다. 잠시라도 긴장이 흐르면 마음속 작은 목소리가 속삭였다.

'지금 말을 꺼내도 괜찮을까?'
'조금만 참으면 관계가 깨지지 않겠지?'

이런 순간을 반복하며 깨달았다. '가까움'과 '존중'은 서로 다른 방식으로 공존할 수 있다는 것을. 친밀함만으로는 관계가 오래가지 못한다. 조금 거리를 두고 서로를 관찰하며, 상대방의 의도를 이해하려 애쓰는 과정이 필요하다. 그 거리는 차가운 담장이 아니라 관계를 숨 쉬게 하는 통로다. 어느 날, 그 사람이 조용히 진심을 건넬 때 문득 깨달았다.
'이건 친구보다 더 든든한 관계일지도 몰라.'

친구가 아니어도 괜찮았다. 같이 점심을 먹지 않아도, SNS에 서로 '좋아요'를 누르지 않아도 됐다. 그저 '동료'라는 이름 아래 서로의 사적인 영역을 존중하고 배려하며 함께 일하는 그 관계가 더 깊고 오래 갈 수 있음을 알게 되었다. 그 관계는 서로에게 부담을 주지 않는다. 서로의 자리와 역할을 존중하며, 필요할 때는 가장 든든한 지원군이 되어 준다. 회의에서 의견 충돌이 있을 때도, 힘든 프로젝트를 함께할 때도, 작은 성과를 축하할 때도 변함없다. 특히 실패했을 때 그 동료가 보여 준 침묵의 배려가 큰 힘이 되었다.
"괜찮아, 다시 하면 되지."
그 한마디가 내게는 위로이자 응원이었다.

진짜 좋은 관계란 눈에 보이는 친밀함보다 시간이 지나도 변하지 않는 믿음과 존중에서 나온다. 우리는 서로의 사적인 공간을 지켜줄 줄 아는 사람과 더 오래 함께할 수 있다. 그리고 그런 동료가 있다는 사실은 직장 생활이라는 길 위에서 흔들릴 때마다 다시 일어설 힘이 되어 준다. 친구가 아니어도 괜찮다.
그저 내가 있는 자리에서 서로를 존중하고 믿는 그 관계가 내게는 무엇보다 든든하다. 함께 일하며 배려하는 순간순간이 쌓이고, 어려운 프로젝트를 지나며 서로의 역량과 마음을 이해하게 된다. 작은 성취를 함께 기뻐하고, 실수와 부족함을 덮어 주는 경험이 쌓이면서 그 관계는 단순한 동료 이상의 의미를 지닌다.

때로는 가족과도 친구와도 다른, 가까우면서도 건강한 경계 속에서 자라나는 신뢰의 관계. 그 관계 안에서 나는 더 솔직해지고 더 단단해진다. 결국 직장 생활에서 오래 버티고 흔들리지 않게 만드는 힘은 이해받는 경험에서 비롯된다.

친구가 아니어도 괜찮다. 동료라는 이름으로 서로를 믿고 지켜 주며 함께 서 있는 것. 그 사실만으로도 충분히 든든하다.

실수는 끝이 아니다

실수하지 않는 사람은 없다. 그러나 회사라는 공간은 때때로 실수를 개인의 결함이나 능력 부족으로 단정 짓는다. 작은 착오 하나가 능력의 한계를 드러내는 증거가 되고, 조용한 실망의 시선은 날카로운 칼날이 되어 돌아온다. 그래서 직장인에게 실수보다 더 무서운 건 그 이후의 '분위기'다. 상사의 굳은 표정, 동료들의 미묘한 눈빛, 그리고 끊임없이 반복되는 자기 검열. 한 번의 실수가 마치 내 존재 자체를 규정하는 것처럼 느껴지고, 변명하거나 위축될 수밖에 없는 상황으로 몰아넣는다.

어느 날 단순한 숫자 하나를 잘못 입력했다. 그 자리에서 상사는 조용하지만 단호하게 말했다.
"이거, 왜 이렇게 처리했어요?"
그 짧고 간결한 질문에 내 심장은 바닥으로 툭 떨어졌다. 손끝이 떨리고, 얼굴이 불타오르듯 붉어졌다. 머릿속은 새하얗게 되었다.
"죄송합니다."
말은 쉽게 나왔지만, 그다음 이어질 말은 좀처럼 찾기 어려웠다. 실수한 사람에게 진짜 필요한 건 처벌이 아니라 '회복의 기회'다. 그러나 회사는 그 기회를 흔쾌히 내어주지 않는다. 때로는 무겁게, 때로는 냉정하게 그 순간을 증명해 보이라는 압박을 준다. 문제는 그다음이다. 우리는 너무 자주 자신을 지키려고 방어하거나 자기 자신을 끝없이 몰아붙이곤 한다.
'제가 원래 이걸 잘 못해요.'
'이 회사랑 안 맞는 것 같아요.'
'역시 저한텐 무리였어요.'

이런 말은 순간을 견디게 하는 감정의 보호막일 뿐이다. 그러나 습관이 되면 오히려 자신을 갉아먹는 칼날이 된다. 스스로 부정적인 낙인을 찍고, 그 낙인대로 행동하게 만든다. 결국 실수보다 더 큰 실패는 '나를 의심하는 태도'다. 그래서 실수 이후에 배워야 할 가장 중요한 것은 자기 존중을 지키는 '말의 기술'이다.

'죄송합니다. 다시 확인하겠습니다.'
'원인을 파악했고, 다음에는 이렇게 하겠습니다.'

책임을 지되 스스로 깎아내리지 않는 태도. 그것이 진정한 성숙함이며 나를 지키는 방법이다. 실수는 또한 관계의 시험대가 된다. 누군가는 짜증 섞인 말로 몰아세우고, 누군가는 태도를 시험하려 한다. 그럴수록 상대의 감정보다 내 존엄을 먼저 지켜야 한다. 상대에게는 화낼 자유가 있어도, 나를 깎아내릴 권리는 없다. 내가 다섯 번째 회사에 다니며 가장 크게 배운 것도 이 점이다. 회사에서 실수를 견뎌 내는 힘은 '업무 능력'보다 '내 마음을 다루는 기술'에서 나온다. 실수를 바로잡는 방법은 기술이지만, 실수를 견뎌 내는 힘은 태도다. 돌이켜보면 나는 처음 다닌 회사에서 실수 하나에 며칠을 잠 못 이루며 괴로워했다.

'잘리면 어떡하지?'
'앞으로 나를 신뢰하지 않으면 어떡하지?'

그 불안은 일을 망치지 않기 위한 긴장으로 이어졌고, 결국 또 다른 실수를 부르는 악순환으로 이어지곤 했다.

하지만 시간이 지나 여러 회사에 다니며 알게 된 건, '실수는 누구나 한다'는 사실보다 더 중요한 진실이다. 일을 잘하는 사람은 실수도 잘 다룬다는 것. 그들은 실수 이후를 정리하고, 설명하며, 다시 방향을 잡는다. 작은 실패는 다음 기회를 위한 연습이고, 큰 실패는 성장을 위한 전환점이다. 실수는 '끝'이 아니라 과정이다. 진짜 중요한 건, 그 실수 이후의 내가 어떤 사람으로 남느냐다.

자신에게 말해 보자.

'이 실수가 나를 정의하지 않아.'

'나는 이걸로 무너지지 않아.'

'잘못했지만, 무가치하지 않아.'

이 말들이 실수를 지워 주진 않겠지만, 그 안에서 나를 지켜 주는 언어가 될 것이다. 그리고 언젠가 그 말들이 나를 더 단단하고 유연한 사람으로 남게 할 것이다. 회사에서 우리는 늘 시험대 위에 올라 있다. 성과, 태도, 관계, 그리고 실수. 그 속에서 중요한 건 '흠 없는 완벽함'이 아니라, 흠이 생겼을 때 다시 나를 세워 올릴 힘이다.

실수는 끝이 아니다. 성장의 시작이고, 회복의 신호다. 완벽하지 않아도 괜찮다. 우리는 모두 실수를 통해 조금씩 더 나은 내일을 준비하니까.

무너지지 않는 사람이 되지 않아도 괜찮다

 직장 생활을 하다 보면 이런 상황을 자주 마주하게 된다. 회의실 가득 쏟아지는 말, 새벽까지 울리는 메신저 알림 소리, 사과해야 할 사람이 따로 있는데도 어색한 침묵 속에서 내가 먼저 고개 숙여야 하는 풍경. 목소리 큰 사람이 옳은 듯한 공기 속에서 우리는 점점 지치고, 흔들린다. 아무도 들여다보지 않는 틈에서 조용히 무너지고, 그 무너진 마음 위에 '자책'이라는 벽돌을 차곡차곡 쌓는다. '왜 나는 이 정도도 못 버티지?' '왜 나만 이렇게 힘들까?' 이런 질문은 마치 끝없이 나 자신을 몰아세우는 채찍처럼 마음을 다그친다.

 하지만 정말 버티지 못한 내가 문제일까? 무너지지 않는 사람은 상처를 입지 않는 사람이 아니다. 상처를 입더라도 다시 자신을 회복할 줄 아는 사람이다. 지칠 땐 스스로 숨 쉴 틈을 내어주고, 실패했을 땐 부끄러워하지 않고 울 줄 아는 사람. 그런 사람이 진짜 강한 사람이다. 그는 안다. 강하다는 것이 곧 단단함을 뜻하는 것은 아님을. 딱딱한 돌은 쉽게 부서지고, 유연한 풀은 꺾여도 다시 일어난다. 회사는 때때로 '무너지지 않는 사람'이 되기를 강요한다.
 '완벽해야 한다.' '흔들리면 안 된다.' '늘 최고여야 한다.'
 하지만 진짜 필요한 건 무너지지 않는 척이 아니다. 무너진 뒤에도 다시 일어나는 '회복의 기술'이다.

 나 역시 회사에서 한없이 무너져 본 적이 있다. 야근이 이어지던 어느 날, 보고서의 작은 실수 하나가 팀 전체의 문제로 확대되었다. 회의실에 앉아 상사의 날카로운 목소리를 듣는 순간, 내 귀에는 내 심장 소리만 쿵쿵 울렸다.
 "이런 기본도 못 지키는데 어떻게 믿을 수 있겠어?"

그 말에 나는 얼어붙었고, 돌아오는 길에는 눈물이 차올라 지하철 창에 얼굴을 묻었다. 그날 밤 수십 번을 되물었다.

'나는 왜 이렇게 약할까?'

'왜 이렇게 흔들릴까?'

하지만 시간이 지난 후 알게 되었다. 그 순간 나를 구해 준 건 끝까지 버티는 완벽한 강함이 아니라 '괜찮아, 오늘은 힘들었지만 내일은 달라질 거야'라는 작은 자기 위로였다.

회복의 기술은 특별하지 않다. 그저 자신에게 말을 걸고, 자기 자신을 포기하지 않는 일일 뿐이다.

'실수해도 괜찮아, 그게 성장의 일부니까.'

'조금 늦어도 괜찮아, 지금도 충분히 잘하고 있어.'

당신은 어떤 방식으로 회복하는가? 누군가는 글을 쓰며 생각을 정리하고, 누군가는 밤하늘을 바라보며 숨을 고른다. 또 어떤 이는 퇴근 후 맥주 한 캔으로 하루의 온도를 식히기도 한다. 그 평범한 루틴이 나를 지켜 주는 조용한 방패가 된다. 때로는 혼자만의 시간이 필요하고, 때로는 누군가의 따뜻한 위로가 필요하다. 그들은 안다. 참는 법보다 더 중요한 건 흔들릴 수 있는 자리를 인정하는 것임을. 완벽하지 않아도 괜찮고, 약해도 괜찮다는 걸 받아들이면 된다는 것을. 그리고 그 안에서 자신을 감싸 안는 단 한 줄의 문장을 꺼낸다.

'나는 아직 무너지지 않았다. 왜냐하면 나는 나를 버리지 않았으니까.'

회사는 우리를 시험한다. 비교하게 하고, 실패하게 하고, 때로는 고립시키기도 한다. 그럴수록 기억하자. 아직 내 안에는 나를 믿는 마음이 살아 있다는 것을. 그리고 그 믿음 하나가 언젠가 당신을 다시 일으켜 세울 것이다. 나는 오늘도 스스로 다독인다.

'무너져도 괜찮아, 중요한 건 다시 일어나는 거니까.'

지치고 흔들리는 당신에게 이 말이 작은 위로가 되길 바란다. 무너지지 않는 사람이 되어야 한다는 부담감 대신, 내가 나를 지키는 '회복의 힘'을 믿는 하루를 보내길. 그 힘은 눈에 보이지 않지만, 가장 단단한 버팀목이 되어 우리를 지탱해 준다. 그리고 이 회복의 경험이 쌓여 언젠가 당신은 더 단단하면서도 부드러운 사람이 되어 있을 것이다.

입사와 퇴사, 끝이 아닌 또 다른 시작

회사 생활을 오래 하다 보면 문득 깨닫게 된다. 입사와 퇴사는 단순히 시작과 끝이라는 직선 위의 사건이 아니라는 것을 말이다. 오히려 그것은 원형의 흐름과 같다. 끝이 다시 시작을 낳고, 시작이 또 다른 끝을 준비하는 순환의 고리. 삶과 일의 과정에서 서로를 완성해 가는 깊은 관계다.

입사는 문을 여는 일이다. 누군가는 설렘과 기대감으로, 또 누군가는 두려움과 긴장감으로 그 문을 열고 들어간다. 새 구두의 낯선 굽 소리, 떨리는 목소리로 건넨 첫 자기소개. 책상 위에 놓인 새 노트와 펜처럼 모든 게 낯설고 어색하다. 나도 처음에는 사무실 구석구석이 낯설게만 느껴졌다. 복도 끝에 놓인 커피 머신, 동료들이 점심을 먹으러 가는 소리, 회의실 문을 열 때 나는 미세한 긴장감까지. 모든 것이 내가 아직 이 공간의 일부가 아님을 상기시켰다.

입사 첫날, 나는 작은 일에도 긴장했다. 전화벨이 울릴 때마다 손가락이 떨리고, 이메일 하나 보내면서도 몇 번이나 검토했다. 보고서 작성은 더 큰 도전이었다. 무슨 항목을 넣어야 하는지, 어떤 순서로 정리해야 하는지, 상사가 원하는 포맷과 내용은 무엇인지, 모든 것이 미지의 영역이었다. 실수를 반복하며 배워야 했고, 때로는 동료의 조언과 상사의 피드백을 받아들이는 것조차 부담스럽게 느껴졌다. 그럼에도 불구하고 입사는 나를 밖으로 나가게 하는 시작이었다. 새로운 환경, 새로운 사람, 새로운 업무가 나를 자꾸만 앞으로 나아가게 했다. 익숙하지 않은 상황 속에서 질문을 던지고, 배우고, 적응하는 과정은 힘들었지만 동시에 나를 성장시키는 경험이 되었다. 어쩌면 입사는 나 자신을 시험하는 시간이었는지도 모른다. 하지만 그 시험을 지나면서 조금씩 자신감과 안정감을 얻었고, 업무가 손에 익기 시작했다. 처음에는 회사가 세상의 전부처럼 느껴졌다.

  배워야 할 것, 익혀야 할 조직의 언어, 지켜야 할 규칙이 끝없이 이어졌다. 점심시간 동료들의 대화 속에 나만 이해하지 못하는 단어와 상황이 많았고, 회의에서는 내 의견이 제대로 전달되지 않아 속앓이를 하기도 했다. '나답다'는 것보다 '잘하는 사람'이 되어야 한다는 압박이 컸다. 하지만 그 속에서도 조금씩 나의 자리와 역할을 찾아갔다. 실수를 통해 배우고, 성공을 통해 자신감을 얻으며, 그 경험은 내 일상과 업무를 조금씩 내 것으로 만들었다.

  퇴사는 입사와 달리 문을 닫는 일처럼 보이지만, 사실은 또 다른 문을 향한 준비다. 닫힘은 사라짐이 아니라, 새로운 출발을 위한 재징비의 시간이다. 퇴사 후의 나는 이전의 나와는 다르고, 그만큼 나를 새롭게 해석하는 시간이다. 입사 전의 나는 기대와 두려움으로 가득했고, 퇴사 후의 나는 성찰과 반성 그리고 앞으로의 방향을 고민하는 사람이 된다.

  입사와 퇴사를 거치며 깨닫게 된 것은 이 두 사건이 서로를 완성한다는 사실이다. 입사가 없었다면 퇴사는 의미를 지니지 못했을 것이고, 퇴사가 없다면 입사의 경험도 단편적인 기억으로만 남았을 것이다. 두 경험은 서로를 밀어내는 힘이 아니라, 서로를 완성하는 조화로운 관계다. 입사는 세상과 나를 연결하는 창이 되고, 퇴사는 나 자신과 마주하는 거울이 된다.

  직장 생활에서 우리는 많은 것을 배운다. 어떤 일이 나를 성장시켰는지, 어떤 경험이 나를 다치게 했는지, 무엇이 나를 진짜로 즐겁게 했는지 입사는 사회와의 첫 연결이며, 퇴사는 나 자신과의 깊은 대화다. 처음에는 작은 업무 하나에도 긴장하고 실수와 좌절이 이어지지만, 반복과 적응을 거치며 어느 순간 '이 일이 나의 일이 되었다'는 느낌이 찾아온다. 그 과정에서 좋아하는 마음과 잘하는 능력은 만나게 되고, 단순히 생존을 위한 업무가 아닌 나만의 전문성과 성취를 만들어 간다.

입사와 퇴사는 서로를 비추는 거울이다. 입사는 나를 밖으로 향하게 하고, 퇴사는 안으로 돌아보게 한다. 입사 덕분에 세상을 배우고, 퇴사 덕분에 나 자신을 배운다. 끝은 결코 끝이 아니며, 시작은 항상 새로운 끝과 맞닿아 있다. 두려움과 불안 속에서 내딛는 첫걸음, 그리고 마침표가 찍히기 전까지의 고된 여정 속에서 조금씩 진짜 나를 닮아 간다. 오늘도 나는 그 문 앞에 서 있다. 입사와 퇴사가 만들어 낸 순환 속에서 나 자신을 돌아보고, 앞으로 나아갈 길을 준비한다. 끝은 또 다른 시작이고, 마침표는 새로운 문장을 위한 쉼표임을 안다. 그래서 두렵지 않다. 이 여정 속에서 나는 성장하며, 배우며, 나다운 길을 찾아가고 있다. 입사와 퇴사는 끊임없이 만나고, 헤어지고, 다시 만나는 흐름 속에서 나를 더 깊이 이해하고 나다움을 만들어 가는 과정이다. 끝이 아닌 또 다른 시작, 그 문을 오늘도 조심스럽게 두드린다.

나는 오늘도, 내 편이 되기로 했다

"괜찮아?"

누군가가 그렇게 묻는다면 솔직하게 대답할 수 있을까? 출근길 지하철 안에서 숨을 길게 내쉬며 종종 그런 질문 앞에 멈춰 선다. 입사 초반의 나는 늘 긴장과 불안 속에 있었다. 처음 맡은 업무, 익숙하지 않은 시스템, 처음 만나는 동료와 상사. 책상 위에 놓인 서류 하나, 컴퓨터 화면의 작은 오류조차 내 마음을 뒤흔들었다. 회의에서 한마디 잘못 꺼내면 그날 하루 내내 마음이 무거웠고, 작은 실수 하나에도 스스로 채찍질했다. 회의에서 말이 꼬이고 업무 실수가 연달아 터지는 날이 있었다. 겉으로는 평온한 얼굴을 유지했지만, 마음속은 금방이라도 무너질 듯 아슬아슬했다. 그때, 마음 한구석에서 잔잔히 들려오는 목소리.

'왜 이렇게 못하냐.'

그 말은 상사도 동료도 아닌 바로 나 자신에게서 나온 것이었다. 돌아보면 나는 늘 내 안의 가장 엄격한 상사였다. 남들에게는 실수를 이해하고 넘어가자고 말하면서도, 나 자신에게는 한 치의 여유도 허락하지 않았다.

'이 정도는 해야지.'

'그걸 왜 놓쳤어?'

끝없이 몰아붙이던 마음의 채찍은 결국 하루가 끝날 무렵엔 지친 나를 완전히 쓰러뜨렸다.

그러던 어느 날, 정말 사소한 실수 하나로 팀 회의에서 지적을 받았다. 그날은 유난히 견디기 힘든 날이었다. 지적 자체보다 내가 나를 몰아붙이는 속도가 너무 빨랐기 때문이다. 집에 돌아와 거울을 마주한 순간, 불쑥 튀어나온 한마디.

'오늘도 수고했어.'

그 말에 왠지 모르게 가슴이 먹먹해졌다. 그 누구도 아닌, 바로 내가 내 편이 되어 준 순간이었다. 그날 이후로 나는 작지만 중요한 연습을 시작했다. 퇴근 후, 나를 꾸짖기보다 칭찬하는 시간을 갖기로 마음먹었다.

'그래도 오늘 그 메일은 침착하게 잘 보냈잖아.'
'힘든 와중에도 동료 도와주느라 고생했어.'

처음엔 어색하고 쑥스러웠지만, 조금씩 내 마음이 단단해지기 시작했다. 남들의 기대를 채우기 위해 자신을 깎아내리던 습관 대신 '내가 나를 실망시키지 않는 하루'를 살아가기로 결심했다. 그 작은 변화는 일상의 많은 장면에서 힘이 되었다. 회의실에서 손이 떨리던 순간에도 '괜찮아, 잘 안되면 다시 하면 돼.', 어색한 발표를 마치고 나서도 '처음 치고는 충분히 잘했어.', 반복되는 실수 속에서도 '다음엔 더 나아질 거야.', 그 한마디 한마디가 나를 지탱해 주었다.

입사 초기의 나는 평가와 기준 속에서 스스로 너무 몰아붙였다. 성과, 속도, 태도, 협업 능력…. 끝없이 쏟아지는 기준과 기대 속에서 나 자신을 점점 더 채찍질했다. 하지만 어느 순간 깨달았다. 진짜 나를 지켜 줄 사람은 남이 아니라 나 자신뿐이라는 사실을. 아무도 내 마음을 헤아려 주지 않을 때, 스스로 다독이고 위로할 수 있어야 비로소 지속 가능한 하루를 보내게 된다.

그 연습은 서서히 내 업무와 일상에도 스며들었다. 실수했을 때는 잠시 숨을 고르고, 당장 고치기보다 배울 점을 먼저 생각했다. 회의에서 말을 잘못 이어 갈 땐 스스로 질책하기보다 다음 기회에 더 명확하게 전달할 방법을 고민했다. 동료에게 도움을 요청하거나 질문하는 순간조차 부끄러워하지 않았다.

'완벽함'을 좇는 마음보다 '꾸준히 나아가는 나'를 응원하는 마음이 조금씩 자리를 잡았다.

나는 여전히 완벽하지 않다. 실수도 하고, 마음이 흔들리기도 하며, 때로는 지쳐 쓰러질 듯하다. 하지만 그럴 때마다 나에게 다정한 말을 건넨다.

'괜찮아, 오늘도 잘 버텼어.'

누구의 기대보다도 먼저 내가 나를 믿고 응원하는 것. 그것이야말로 진짜 '성장'이며, 회사라는 무대 위에서 오래 버틸 수 있는 단단한 힘임을 알게 되었다.

오늘도 나는 거울 앞에 선다. 그 작은 한마디를 다시 되뇌며, 내가 내 편이 되어 주는 순간을 스스로 선물한다. 작은 마음 하나가 하루를 살아내는 힘이 되니까. 작은 인정이 실패에도 흔들리지 않는 버팀목이 되니까.

입사는 끝없는 배움과 성장의 장이었다. 그 과정에서 나는 단순히 업무를 익히는 것을 넘어, 나 자신을 알아 가는 시간을 보냈다. 누군가는 성과와 결과를 중시하지만, 나는 내 안에서 나를 지키는 법을 배웠다. 그 배움 덕분에 앞으로 마주할 어떤 도전과 실수도 두렵지 않다. 왜냐하면 나는 오늘도 언제나 내 편이 되어 줄 준비가 되어 있으니까.

눈에 띄지 않아도 사라지지 않는다

회의가 시작될 때면 늘 조용한 사람이 있었다. 그는 큰소리로 의견을 내지도 않았고, 발표 전에 나서서 설명하는 일도 거의 없었다. 하지만 그의 이름이 언급되면 가장 먼저 준비된 자료가 올라왔고, 꼼꼼하게 정리된 숫자들 뒤에는 항상 그의 손길이 묻어 있었다. 그는 눈에 잘 띄지 않았다. 그러나 이상하게도 일이 술술 풀릴 때면 언제나 그가 있었다. 혼자 번쩍이는 성과를 내기보다는 팀이 매끄럽게 굴러가도록 바닥을 다지는 사람, 티는 나지 않지만 없어서는 안 될 기둥 같은 사람이었다. 입사 초반의 나는 그런 사람이 되고 싶지 않았다.

'조용하면 잊힌다.'
'나서야 기회가 온다.'
그 말들을 철석같이 믿었다. 그래서 회의 때면 최대한 목소리를 냈고, 눈에 띄기 위해 남들보다 늦게까지 남아 야근도 했다. 내가 앞장서서 움직여야만 인정받는다고 생각했다.
'저 사람 열심히 하네', '저 친구는 에너지가 있어.'
그런 말을 듣고 싶었고, 그런 시선 속에서 살아남을 수 있다고 믿었다. 하지만 그렇게 몇 달을 버텼음에도 마음은 이상하게 허전했다. 성과는 따라왔지만, 누군가가 나를 진짜 '믿고' 있다는 느낌은 들지 않았다. '잘하네'라는 말은 있었지만, '믿을 만해'라는 말은 없었다. 그 차이를 느낀 건, 앞서 말한 조용한 동료와 함께 프로젝트를 하면서부터였다. 그는 큰 소리로 말하지 않았다. 하지만 준비는 누구보다 철저했다. 회의 때마다 자료를 꼼꼼하게 점검했고, 마감 기한보다 늘 하루 이틀 먼저 결과물을 내놓았다. 누군가가 어려움을 겪을 때면 조용히 다가가 도움의 손길을 내밀었다.

한번은 프로젝트 막바지에 큰 변수가 생겼다. 모두가 당황해 우왕좌왕할 때 그는 말없이 자신의 파일을 열어 준비해 두었던 대체 시나리오를 공유했다. 그의 차분한 대응 덕분에 분위기가 진정되었고, 프로젝트도 무사히 마무리되었다. 그날 팀장은 그에게 이렇게 말했다.

"고맙다. 네가 있어서 든든하다."

그 순간 깨달았다. 사람들이 그를 찾는 이유는 화려한 말솜씨 때문이 아니었다. 그가 내놓은 성과물 뒤에는 '준비와 신뢰'라는 보이지 않는 힘이 있었다. 그는 주목받기보다는 자기 자리를 묵묵히 지키는 사람이었다. 그런데도 모두가 그를 믿고 따랐다. 그의 조용한 신뢰가 팀을 단단하게 붙잡아 주었다.

우리는 종종 '눈에 띄는 것'이 곧 능력이라고 착각한다. 회의에서 목소리를 내고, 리더십을 과시하는 모습이 멋지고 유능해 보인다. 그것도 분명 재능이다. 하지만 모든 사람이 그렇게 일할 필요는 없다. 누군가는 묵묵히, 조용히, 그러나 단단하게 조직을 지탱한다. 말보다 기록으로, 큰 제스처 대신 정리된 이메일 한 통으로 팀의 흐름을 잡아 주는 사람들이다. 그들은 조용하지만 절대 사라지지 않는다. 조직이 흔들리고 위기가 닥칠 때 가장 먼저 떠오르는 사람이 바로 그들이다.

나도 이제는 조금 달라졌다. 모든 순간에 앞장서려 하기보다는 맡은 일을 더 단단하게 해내는 데 집중한다. 잘 보이기보다는 '필요한 사람'이 되기 위해 작은 것 하나하나를 더 신중하게 챙긴다. 회의에서 많이 말하지 않아도 준비한 문서가 누군가의 일을 부드럽게 만들고, 존재를 드러내지 않아도 조용한 책임감으로 팀을 든든하게 만든다는 것을 알게 되었다. 그리고 이제는 스스로 자주 묻는다.

'나는 주목받고 싶은가, 아니면 믿음을 남기고 싶은가?'

예전의 나는 전자를 택했다. 하지만 지금의 나는 후자를 택하려 한다. 눈에 띄지 않아도 괜찮다. 주목받지 않아도 사라지지 않는다.

회사라는 거대한 톱니바퀴 안에서 우리를 진짜 기억하게 만드는 것은 소리보다 신뢰이며, 말보다 꾸준함이다. 조용하지만 성실하게, 작지만 정직하게 하루를 버티는 모든 이름 없는 노력 덕분에 팀은 흔들리지 않고 회사는 앞으로 나아간다. 그리고 나 역시 그런 이름 없는 사람 중 하나로 오늘을 지켜 내고 있다. 지금 내가 서 있는 이 자리 역시 보이지 않아도 결코 가벼운 자리가 아님을 다시 한번 마음에 되새긴다. 눈에 띄지 않아도, 그 자리는 반드시 가치 있고 의미 있는 자리라는 것을 말이다.

애쓰지 않아도 괜찮은 날이 오기를

출근길마다 마치 전쟁터에 나서는 병사 같았다. 사람들 틈에 섞여 지하철에 몸을 실으면서 머릿속으로는 수십 가지 시뮬레이션을 돌렸다.
'오늘까지 이걸 끝내야 해.'
'동료보다 늦으면 안 돼.'
'성과를 보여 주지 못하면, 나는 금세 잊히고 말 거야.'
발걸음이 회사로 향하는 동안 마음은 늘 불안과 조급함으로 내달렸다.

처음 입사했을 때는 더 그랬다. 책상 위에 놓인 새 노트와 펜, 모니터 불빛, 동료들의 익숙한 키보드 소리까지 모든 것이 낯설고 긴장되었다. 처음 맡은 업무를 이해하려고 애쓰면서 동시에 실수하지 않으려고 온 신경을 곤두세웠다. 회의에서 말이 꼬일까 두려웠고, 첫 보고서를 제출할 때는 몇 번이나 내용을 검토했다. 작은 지시 하나에도 마음이 흔들리고, 첫 질문을 건넬 때는 손이 미세하게 떨렸다.

그렇게 스스로 몰아세우는 습관은 쉽게 멈추지 않았다. 성공한 사람들의 인터뷰를 찾아보고, 그들이 강조한 '치열한 노력'과 '밤샘 근무'를 그대로 따라 했다. 회사에서도 누구보다 늦게까지 남아 일을 붙잡았고, 회의 때는 애써 목소리를 냈다. 하지만 돌아오는 길은 늘 비슷했다. 화려한 불빛 속을 걷고 있지만 내 마음은 점점 어두워지고 있었다. 성과가 쌓여도, 상사의 칭찬이 들려와도 '진짜 믿을 만한 사람'이라는 확신은 얻지 못했다. 남들이 보기에 나는 열심히 사는 직장인이었지만, 정작 나는 조금씩 텅 비어 가고 있었다.

그러던 어느 날, 과중한 업무에 치여 겨우 하루를 버티고 집에 돌아왔다. 소파에 몸을 던진 순간 이상하게 눈물이 왈칵 쏟아졌다. 몸이 힘든 게 아니라 마음이 힘들었다. 그러다가 문득 나 자신에게 물었다.

'나는 왜 이렇게까지 애써야 하는 걸까?'

그 질문은 오래도록 대답을 찾지 못한 채 내 안에 남았다. 나를 앞으로 밀던 힘이 어느 순간 나를 옭아매는 족쇄가 되어 있었다. '더 잘해야 한다'는 다짐이 이제는 '이렇게 하지 않으면 무너질 것'이라는 두려움으로 바뀌어 있었다. 입사 초기의 나는 끊임없이 평가와 기준 속에서 나 자신을 몰아붙였고, 잠시도 마음을 쉬게 두지 않았다. 회의에서 한마디를 잘못 꺼내면 하루 종일 마음이 무거웠고, 사소한 실수조차 내 안에서 끊임없이 반복 재생되었다.

그날부터 나는 조금씩 '숨 고르기'를 연습하기 시작했다. 일을 완전히 놓을 수는 없었지만, 속도를 늦추는 건 가능했다. 커피를 내리며 향을 천천히 맡고, 퇴근길에 이어폰을 빼고 발걸음을 잠시 늦추었다. 회의에서 꼭 말을 많이 하지 않아도, 미리 준비해 둔 문서 한 장이 오히려 팀의 일을 수월하게 만든다는 걸 알았다. '완벽하지 않아도 괜찮다'라는 말을 계속 되뇌었다. 처음엔 어색하고 낯설었지만, 조금씩 마음의 균형을 되찾아 갔다.

나는 입사 초반부터 이런 연습을 조금씩 이어 갔다. 새로운 팀 프로젝트를 맡았을 때 처음에는 모든 걸 완벽히 해내야 한다는 강박에 시달렸다. 회의에서 한마디라도 놓치면 팀에 피해가 갈까 봐 조마조마했다. 그러나 프로젝트가 진행되면서 깨달았다. 작게라도 내 페이스를 지키고, 동료와 협력하며 문제를 하나씩 해결해 가는 것이 가장 현실적이고 안정적인 방법이라는 것을. 완벽하게 모든 걸 해내려고 애쓰는 대신, 나 자신을 지키며 지속 가능한 방식으로 업무를 수행하는 법을 배웠다.

회사에서는 늘 '최선을 다하라'고 한다. 그 말은 때로 우리를 성장시키는 원동력이 되지만, 동시에 스스로 갉아먹는 칼이 되기도 한다. 내가 배운 건, 최선이 곧 과로나 완벽을 의미할 필요는 없다는 사실이었다. 작게라도 내 리듬을 지키며 꾸준히 나아가는 것이 더 오래 버틸 힘이 된다. 회사 생활은 단거리 경주가 아니라 끝이 보이지 않는 마라톤이니까. 물론 여전히 흔들릴 때가 많다. 성과를 내지 못한 날이면 자책이 밀려오고, 주변과 비교하다가 마음이 무너질 때도 있다. 하지만 예전과 다른 점은 이제는 다시 일어날 힘을 찾는 방법을 안다는 것이다. 작은 쉼이 쌓여 나를 지탱하고, 조용한 숨 고르기가 다시 내일을 견디게 한다. 동료와의 짧은 웃음, 창밖 햇살을 느끼는 잠깐의 여유, 따뜻한 커피 한 잔조차도 내 마음을 채워 주는 순간이 된다.

오늘도 나는 나 자신에게 말한다. 힘들면 쉬어도 괜찮다고, 완벽하지 않아도 괜찮다고. 그 다짐은 아직은 작고 흔들리지만, 언젠가는 내 안에서 단단한 확신이 될 것이다. 그날이 오면 오늘의 나에게 고맙다고 말하고 싶다.

'잘 견뎌 줘서 고마워. 애써 줘서 고마워.'
그리고 다시, 내 속도로 천천히 걸어가리라.

애쓰지 않아도 괜찮은 날이 오기를 바라며,
오늘도 나는 묵묵히 하루를 살아 낸다.

침묵도 말이 될 수 있다

 입사 초기, 회의 시간이 다가올 때마다 마음이 무거웠다. 회의실 문을 열고 들어서는 순간부터 긴장이 목을 조여 왔다.
 '내 차례가 오면 무슨 말을 해야 할까?'
 '내가 내놓는 의견이 너무 평범하거나 별다른 의미가 없으면 어쩌지?'
 이런 생각이 머릿속을 빙빙 맴돌았다. 괜히 흐름을 끊는 것처럼 보이면 안 된다는 두려움과 내 존재를 증명해야 한다는 압박도 덩달아 몰려왔다. 말하지 않으면 이 자리에 없는 사람처럼 취급받을 것 같았다. 결국 억지로라도 입을 열었다. 중요하지 않은 멘트라도, 이미 다른 사람이 말한 내용을 약간 바꿔 반복하는 말이라도 꼭 끼워 넣었다. 그 순간만큼은 안도했다.
 '그래, 적어도 무언가는 말했다.'
 하지만 회의가 끝나고 돌아서는 길에 남는 건 찝찝함이었다. 정작 내가 한 말이 팀에 어떤 의미를 남겼는지는 알 수 없었다. 그저 '침묵하지 않았다'는 사실만 남았다.

 시간이 지나며 더 많은 회의와 더 많은 사람을 경험했다. 회의에서 어떤 사람은 즉각적으로 반응하며 끊임없이 의견을 냈고, 또 어떤 사람은 말없이 노트에만 무언가를 적었다. 그리고 또 다른 사람은 한참을 듣기만 하다가 회의가 거의 끝날 무렵 단 한마디를 던졌다. 그 한마디는 놀랍게도 분위기를 뒤흔들었다. 겉돌던 논의를 멈추게 하고, 모든 시선을 집중시켰다. 결론은 그 한마디 이후로 자연스럽게 모아졌다. 그 순간 깊이 깨달았다. 말의 '양'보다 '질'이, 발언의 '빈도'보다 '순간'이 더 중요하다는 사실을. 침묵 뒤에 오는 한 문장이 얼마나 무거운 힘을 가질 수 있는지 내 눈으로 본 것이다.

그때부터 회의에 임하는 태도를 바꾸었다. 모든 순간에 끼어들어야 한다는 강박에서 벗어났다. 충분히 듣고, 상황을 정리하며, 꼭 필요한 말을 할 적절한 타이밍을 기다리기로 했다. 말하지 않는 시간은 비참여가 아니었다. 오히려 '준비된 참여'였다. 내가 침묵하는 동안 귀는 열리고, 생각은 깊어지고 있었다. 이 변화는 내 마음을 훨씬 자유롭게 만들었다. 예전에는 침묵이 곧 '존재의 부재'로 여겨져 두려움의 근원이 되었지만, 이제는 침묵도 또 하나의 언어가 될 수 있음을 알게 되었다. 내가 침묵할 때, 나는 사라지는 것이 아니라 오히려 더 치열하게 고민하고 있었다. 어느 날 팀장이 내게 조심스럽게 한마디 했다.

"회의 때, 자네가 끝까지 듣고 있다가 말할 때가 제일 믿음이 가."

그 말은 내 마음에 오래 남았다. 말을 아낀다고 해서 내가 무시당하거나 신뢰를 잃는 것은 아니었다. 오히려 조용히 흐름을 정리하고 본질을 짚어 주는 역할이 팀 안에 더 크게 각인되었다.

회사는 종종 우리에게 '존재를 증명하라'고 요구한다. 회의에서 적극적으로 발언하고, 회식 자리에서 분위기를 띄우고, 자기 의견을 계속 드러내야만 인정받는 것처럼 보인다. 하지만 모든 말이 가치 있는 것은 아니다. 준비되지 않은 말은 팀의 흐름을 어지럽히기도 하고, 불필요한 발언은 오히려 신뢰를 깎아내리기도 한다. 반대로 충분히 듣고 곱씹은 뒤에 던진 한 문장은 사람들의 기억에 오래 남는다. 그건 소리를 크게 내는 것과는 다른, 더 단단한 울림이다.

직장에서 살아남는다는 건 단순히 일을 잘하는 것만이 아니다. 나를 드러내야 할 순간과 지켜봐야 할 순간을 구분하는 능력, 말할 때와 침묵할 때의 균형을 아는 것이 곧 생존의 기술이다. 어떤 이는 회의에서 누구보다 큰 목소리로 존재감을 드러내고, 또 어떤 이는 조용히 메모하며 흐름을 정리한다. 나는 그 중간

쯤 어딘가에서 내 방식의 리듬을 찾았다. 조용히 듣고, 필요할 때 정확히 말하는 것. 예전 같으면 침묵하는 나 자신이 작고 불안하게 느껴졌을 것이다. 하지만 지금은 다르다. 침묵은 사라짐이 아니라 준비다. 그 안에서 나는 내 목소리를 더 단단히 다듬는다.

회사라는 공간에서 생존 방식은 단 하나가 아니다. 누군가는 발언의 빈도로, 누군가는 성과의 수치로, 또 다른 누군가는 차분히 흐름을 정리하는 태도로 신뢰를 얻는다. 중요한 건 정답이 아니라, 나다운 방식을 찾아내는 일이다. 나에게는 '말의 양'이 아니라 '말의 무게'가 내 생존의 언어가 되었다. 이제 나는 침묵을 두려워하지 않는다. 회의실에서의 침묵은 때로는 내 존재를 증명하는 또 하나의 말이다. 그리고 그 침묵 뒤에 숨은 마음의 소리를 들어 줄 동료들이 있다는 것을 믿는다.

오늘도 나는 회사라는 작은 전장에서 살아남기 위해 조급해하지 않는다. 큰 목소리로 끊임없이 자신을 증명하지 않아도 괜찮다. 내 방식은 침묵 속에서 더 정확한 언어를 준비하고, 필요할 때 무게감 있게 던지는 것이다. 그것이 내가 택한 생존의 리듬이다. 조용하지만 분명한 리듬으로 오늘도 내 자리를 지키고 있다.

출근 전 10분이 나를 구하다

 한동안 아침이 너무 힘들었다. 눈을 떠도 머릿속이 멍하고 온몸은 무거웠다. 출근 준비를 하는 내내 마음 한편에 불안과 초조가 가득했다. 출근길 지하철 안에서 마음이 더 조급해졌고, 회사 문을 열고 들어서면 그 불안은 절정에 달했다. 책상에는 처리할 업무가 산더미처럼 쌓여 있고, 읽지 못한 메일은 계속 밀려왔다. 곧이어 닥칠 회의와 보고, 그리고 예기치 못한 돌발 상황이 머릿속을 복잡하게 만들었다. 하루가 시작되기도 전에 이미 숨이 턱턱 막히는 듯한 기분이었다. 그럴 때마다 스스로 다그쳤다.
 '왜 이렇게 예민해? 다들 매일 아침 이렇게 출근하잖아.'
 '조금 더 강해져야 해.'
 하지만 마음 깊은 곳에서는 그런 말들이 더 큰 부담으로 돌아왔다. 버티는 게 한계처럼 느껴졌고, 어느 순간 나 자신에게도 지쳐 있었다. 입사 초기에는 이 긴장과 불안이 더 심했다.

 출근 첫날, 책상에 놓인 새 노트와 펜 그리고 낯선 동료들의 얼굴만 봐도 손이 떨렸고, 회의에서 첫 발언을 하기 전에는 숨이 막히는 듯 가슴이 두근거렸다. '잘해야 한다'는 압박이 내 안에서 끊임없이 목소리를 높였다. 그날 문득 '작은 변화' 하나를 시도해 보고 싶었다. 출근해서 책상에 앉기 전에 단 10분만 나 자신에게 주자고 마음먹었다. 처음에는 간단했다. 핸드폰을 잠시 내려놓고 창밖을 멍하니 바라보거나, 따뜻한 물 한 잔을 천천히 마셨다. 시간이 지나면서 그 10분은 조금씩 달라졌다. 어제 처리했던 업무 중 가장 중요한 한 줄을 떠올리고, 오늘 해야 할 일 중 하나를 마음속으로 미리 연습해 보기도 했다. 짧은 메모를 남기거나, 책상 위에 놓인 작은 책을 펼쳐 한두 쪽을 읽기도 했다.

그 10분은 단순한 '여유 시간'이 아니었다. 아무도 없는 조용한 사무실, 사람들의 발소리조차 느리게 들리는 그 공간에서 오롯이 '나'로서 숨을 고를 수 있었다. 속도를 잠시 늦추고, 마음의 균형을 잡을 수 있는 시간이었다. 그 10분이 지나면 마음이 한결 차분해졌고, 업무에 대한 부담도 덜 느껴졌다. 예상치 못한 상황이 닥쳐도 덜 흔들리는 자신을 발견할 수 있었다.

입사 후 몇 주간 늘 바쁘고 긴장된 하루를 살았다. 회의에서 말을 잘못하거나, 작은 실수를 반복할 때마다 마음이 무너졌다. 하지만 출근 전 10분의 루틴이 생긴 후에는 달라졌다. 하루의 시작을 내가 주도할 수 있다는 작은 경험이 마음을 단단하게 잡아 주었다. 급한 메일을 확인하기보다 먼저 나 자신을 돌보는 이 시간이 실제로 업무를 처리하는 나를 더 안정적이고 집중하게 만들었다.

회사에는 예측 불가능한 일이 가득하다. 기획안이 갑자기 뒤집히고, 급작스러운 호출에 일과가 흔들린다. 그럴 때마다 아침의 10분을 떠올렸다. 그 시간은 하루를 시작하기 전 내 마음 상태의 '기준선'이 되어 주었다. 나 자신을 정돈하는 이 시간이 있었기에, 흔들릴 틈을 줄일 수 있었다. 누군가는 '10분으로 뭐가 달라지겠어?'라고 말할지도 모른다. 하지만 그 짧은 시간이 내게는 큰 닻과 같았다. 바쁘고 복잡한 일상에서 마음이 휘청이지 않도록 잡아 주는 작은 중심점이었다. 나는 조금 일찍 회사에 도착해 누구에게도 방해받지 않는 10분을 온전히 나를 위해 썼다. 핸드폰 알림을 끄고, 급한 메일 대신 나를 위한 마음 챙김을 택했다. 그 시간이 없었다면 이미 여러 번 흔들리고 무너졌을 것이다.

점점 시간이 흐르면서 출근 전 10분을 '작은 의식(儀式)'처럼 활용하게 되었다. 하루의 목표를 마음속으로 정리하고, 처리할 업무 중 중요한 것 한두 가지를 시각화했다. 회의에서 말할 내용을 천천히 연습하고, 긴장한 손과 어깨를 풀었다.

작은 스트레칭, 깊은 호흡, 따뜻한 차 한 잔이 나를 안정시키는 루틴으로 자리 잡았다.

입사 초반, 모든 것이 낯설고 부담스러웠던 나는 그 10분으로 하루를 시작할 수 있었다. 작은 루틴이 쌓이면서 마음에 여유가 생겼고, 예기치 못한 상황에서도 덜 흔들리게 되었다. 출근길의 불안과 초조가 완전히 사라진 건 아니지만, 그 10분 덕분에 조금 더 단단해지고 조금 더 나를 믿게 되었다.

오늘도 책상에 앉기 전에 잠시 눈을 감는다. 나의 내면에 집중하고, 마음을 다녹이며 하루를 맞이한다. 그 10분이 나를 구했다. 가장 작지만 가장 확실한, 나만의 루틴이 되어 주었다. 그리고 그 루틴 덕분에 입사 후 하루하루를 버티며, 조금씩 나를 만들어 갈 수 있었다.

쓸모없는 사람이 되고 싶지 않아서

입사 초반에 나는 늘 '보조 역할'이었다. 회의 자료를 정리하고, 회의실을 세팅하며, 누락된 수치를 채워 넣는 일. 누군가는 해야 하지만, 누구의 주목도 받지 않는 일들이 내 몫이었다. 처음엔 그 역할을 당연하게 받아들였다. '배우는 단계'라고 스스로 설득하며 묵묵히 일을 해냈다. 회의에서 중요한 아이디어를 내거나 눈에 띄는 성과를 만드는 동료들을 바라보면서도, 나는 그저 조용히 문서와 숫자를 챙기고 타이머를 맞추며 뒤처리를 담당했다.

하지만 시간이 흐르면서 마음속에 묘한 감정이 쌓여 갔다. 내가 하는 일은 '없어도 되는 일' 같았다. 내가 자리를 비워도 누군가가 곧바로 대신할 수 있을 것만 같았다. 회의 시간마다 그 생각은 더 선명해졌다. 다른 이들이 아이디어를 내고 성과를 자랑하는 자리에서 나는 문서만 넘기고 타이머를 확인하며 뒷정리를 맡았다. 그 자리에 있어도 내 존재는 잘 느껴지지 않았다.

'나는 이 팀에서 얼마나 쓸모 있는 사람일까?'

속으로는 더 큰 역할을 맡고 싶었다. 하지만 그 마음을 말로 꺼내는 순간, 팀 분위기를 어색하게 만들까 봐 망설였다. 말하지 못한 갈증은 내면 깊이 쌓여 점점 마음을 조였다. 갈수록 나는 '쓸모없는 사람'이라는 두려움에 사로잡혔다.

그러던 어느 날 밤, 중요한 발표를 앞두고 팀장이 말했다.

"내일 자료 흐름 이대로 유지해 줘. 네가 정리해 둔 덕분에 발표자들이 훨씬 말하기 편해졌어."

그 한마디가 머릿속에 오래도록 맴돌았다. 처음으로 내가 한 일이 누군가에게 '편안함'을 주었다는 것을 확인한 순간이었다. 그 말은 작은 위로이자 큰 깨달음이었다. 이후 관점이 조금씩 달라졌다. 화려하거나 주목받는 일이 아닐지라도, 흐름을 만들고 빈틈을 채우는 일이 팀 전체를 매끄럽게 이어 주는 꼭 필요한 역할일 수 있다는 생각이 들었다. 그때 깨달았다. 팀이라는 조직은 결국 맞물린 톱니바퀴처럼 돌아간다는 것을. 눈에 띄는 큰 톱니가 제 역할을 하려면, 작은 톱니들이 묵묵히 받쳐 줘야 한다. 작은 톱니가 없으면 결국 큰 톱니도 멈출 수밖에 없다.

내 역할이 작다고 해서 나의 존재가 작아지는 것은 아니다. 내가 하는 일의 가치를 스스로 인정해 줄 때, 비로소 팀 안에서 나의 자리가 단단하게 자리 잡기 시작했다. 그 후 업무에 접근하는 마음가짐이 조금씩 달라졌다. 회의에서 눈에 띄지 않는 역할을 맡더라도 더는 자신을 낮추지 않았다. 오히려 그 역할의 중요성을 마음속으로 되새겼다. 문서를 정리하고, 자료 흐름을 확인하며, 발표자를 편하게 만드는 일. 모두 팀의 전체 리듬을 만들어 가는 중요한 조각임을 알게 되었다. 작은 일에도 이름을 붙여 주었다. '잔일'이라고 부르던 내 마음에 '작지만 구조를 지탱하는 중요한 일'이라는 이름을 새겼다. 그 이름을 마음에 새기고 나서야 비로소 마음이 단단해졌다. 작은 역할이라도 제 역할을 다하는 순간, 팀 전체가 조금 더 부드럽게 움직이고 나 또한 스스로를 지킬 수 있음을 깨달았다.

내 역할에 대한 불안감은 시간이 지난 후에도 여전히 찾아왔다. '더 멋진 일을 하고 싶다'는 욕심과 '지금 이 자리에서 하는 일이 과연 충분할까?'라는 불안 사이에서 흔들릴 때도 있었다. 하지만 그럴 때마다 팀장의 한마디를 떠올렸다.
"네가 정리해 준 덕분에 발표자들이 훨씬 말하기 편해졌어."
그 말 한마디는 내가 이 자리에 존재해야 할 이유가 되었다. 누군가는 여전히 내 일을 '잔일'이라고 부를지도 모른다. 그러나 나는 안다. 이 작은 일들이 모여 팀의 리듬을 만들고, 방향을 잃지 않고 나아가도록 돕는다는 것을. 그래서 이제는 말할 수 있다. '쓸모없는 사람'이 되지 않기 위해 무리해서 어른스러운 역할을 흉내 내는 대신, 지금 내 자리를 다정하고 성실하게 지키는 일도 충분히 큰 가치라는 것을. 작은 톱니라도 제 역할을 다하는 것이 결국 조직을 움직이고, 나를 지키는 가장 든든한 힘임을.

　매일 아침 출근하며 작은 다짐을 한다. 오늘 내가 맡은 일을 소홀히 하지 않고, 나의 역할을 충실히 해내자고. 그 작은 책임이 결국 팀 전체를 지탱한다는 사실을 기억하며, 조금 느리더라도 조금 작더라도 오늘도 나 자신을 믿고 내 자리를 지킨다.

그날, 나는 아무 말도 하지 않았다

입사 초기, 나는 '조용한 실행자'였다. 팀의 중요한 프로젝트를 맡은 건 아니었지만, 사소해 보이는 업무라도 실수가 없도록 꼼꼼히 챙기는 역할을 맡았다. 그 과정에서 배워야 할 것도 많았는데 실수를 줄이는 법, 자료를 효율적으로 정리하는 법, 동료와 의견을 조율하는 법까지 익혀야 했다.

그러던 어느 날 회의가 열렸다. 여러 부서가 참여한 회의였고, 의견이 오가며 조금씩 복잡해졌다. 마무리를 향해 가던 순간, 갑자기 내 이름이 언급됐다.
"이 프로젝트 자료에 누락된 항목이 있어요. 왜 이런 실수가 반복되는 거죠?"
한순간 회의실의 공기가 바뀌었다. 말은 차갑고 단호했으며, 분위기는 훨씬 더 무거웠다. 내가 잘못한 건 일부였지만, 모두가 내 실수에만 시선을 고정했다. 그 자리에서 나는 꼬리표처럼 '문제의 원인'이 되어 버렸다. 속이 부글부글 끓었다. 억울했고, 당황했고, 화가 났다. 하지만 동시에 알았다. 이 자리에서 해명한다고 오해를 없애기는 어렵다는 것을. 감정이 앞서면 대화가 아니라 방어로 들릴 뿐이라는 것도. 그래서 아무 말도 하지 않았다. 말하지 않는 순간이 무능함처럼 보일까 봐 두려웠지만, 한편으로는 마음에 한 가지 전략이 자리 잡았다.
'지금 중요한 건 해명보다 개선이다.'

회의가 끝난 뒤, 나는 침묵이 남긴 무게를 스스로 견디며 반성했다. 그리고 다음 날부터 구체적인 실천 계획을 세웠다. 누락된 자료를 다시 점검했고, 공유 루틴을 개선하며, 팀원들과의 소통 방식을 정리했다. 단순히 실수를 피하려는 목적이 아니라 문제의 근본 원인을 파악하고 재발 방지를 위한 체계를 만드는 것이 목표였다. 업무 방식이 조금씩 바뀌자 변화가 나타났다. 회의에서의 작은 누락이 점점 줄어들었고, 팀원들이 내 자료를 신뢰하기 시작했다.

 한 달쯤 지난 어느 날 팀장이 말했다.
 "그날 네가 아무 말도 안 하고 넘어간 거 좀 놀랐는데, 지금 생각해 보니 그게 더 멋있었어. 자료가 완벽해서 팀이 덜 힘들었거든."
 그 말을 듣는 순간, 그날의 침묵이 비로소 의미를 얻었다. 단순히 참았던 게 아니라, 문제를 해결하고 신뢰를 쌓기 위한 전략적 선택이었던 것이다. 나는 그제야 배웠다. 참는다는 것은 단순히 아무 말도 하지 않는 게 아니다. 자존심을 누르고, 감정을 담아 두며, 더 큰 목적을 위해 순간의 억울함을 유보하는 것이다. 즉각적인 반응보다 다음 행동을 준비하는 침묵이 더 큰 힘이 될 때가 있다.

 그 후로 나는 '감정에 휘둘리지 않는 업무 방식'을 연습했다. 회의 전에 자료를 한 번 더 검토하고, 예상 질문에 대한 답변을 마음속으로 정리했다. 급하게 반응하기보다 상대와 상황을 관찰하며 전략적으로 대응했다. 실수를 피하기 위해 움츠리는 것이 아니라, 문제를 예방하고 팀의 흐름을 유지하는 방향에 집중했다. 시간이 지나면서 변화가 나타났다. 조용히 바뀐 업무 방식은 동료들의 신뢰로 이어졌다. 한번은 후배가 이렇게 말했다.
 "선배처럼 준비가 되어 있는 사람 덕분에 회의가 훨씬 수월해졌어요."
 그 말에 마음 깊이 뿌듯함을 느꼈다.
 '침묵으로 지킨 하루'가 단순한 패배가 아니라, 성장과 신뢰의 씨앗임을 알게 되었다.

 누구나 억울한 날이 있다. 누구나 오해받는 순간이 있고, 그 자리에서 자신을 변호하고 싶은 충동에 휩싸인다. 하지만 모든 상황이 즉각적인 반응으로 해결되는 것은 아니다.

그날의 나는 패배한 것이 아니었다. 침묵으로 '어떤 방식으로 나를 지킬 것인지'를 선택한 것이었다. 지금도 가끔 그날을 떠올린다. 말하지 않는다는 건 지는 것이 아니라, 다음 기회를 위한 '준비 시간'이 될 수 있다는 것을. 침묵 속에서 자신을 점검하고, 전략을 세우며, 마음의 중심을 잡는 연습이 얼마나 중요한지 지금도 느낀다. 그 힘은 결국 내 자리에서 조용히 빛나는 신뢰로 돌아왔다. 회의실에서 느낀 억울함과 압박은 지금의 나를 더 현명하고 단단하게 만든 경험으로 변했다. 그날 이후 실수를 두려워하면서도 침착하게 대응하고, 감정을 조절하며, 전략적으로 행동하게 되었다. 그리고 지금도 그날을 떠올리며 마음속으로 말한다.

'침묵이 힘이 될 수 있음을 기억하자. 그리고 지금 할 수 있는 최선을 준비하자.'

그날의 선택이 없었다면, 지금의 나도 없었음을 알기에. 그날의 침묵은 내게 성장과 신뢰 그리고 나 자신을 지킬 힘을 선물한 순간이었다.

적당히 한다는 건 어렵지만 필요하다

'완벽한 사원'이 되고 싶었다. 어설퍼 보이는 모습이 싫었고, 작은 실수 하나에도 마음이 조급해졌다. 누군가에게 칭찬을 들을 때마다 마음속에는 더 잘하고 싶다는 욕심이 자랐다. 그래서 맡은 업무를 어떻게든 완벽히 해내려고 애썼고, 남들보다 오래 남아 야근하는 것을 당연하게 여겼다. 회의 자료 하나를 준비하더라도, 문서의 문장 하나까지 완벽해야 마음이 놓였다.

겉으로 보기엔 성실함처럼 보였지만, 사실 그것은 강박이었다. 스스로 몰아붙이지 않으면 불안했고, 잠시라도 속도를 늦추면 금세 뒤처질 것만 같았다. 하지만 강박은 곧 나를 서서히 소진시켰다. 하루는 업무 마감 때문에 야근하다가 지하철 막차를 놓쳐 한참을 추위 속에서 기다렸다. 또 다른 날은 과로로 병원 진료를 받아야 했다. 몸이 점점 지쳐 가는데도, 마음속으로는 끊임없이 자신을 다그쳤다.

'왜 나만 못 버티지?'
'왜 나는 이렇게 약하지?'

남들보다 조금 더 열심히 했을 뿐인데, 오히려 그 열심이 나를 갉아먹고 있었다. 그때 한 선배가 조용히 말했다.

"너무 잘하려고 하지 마. 사람 일은 적당히 해야 오래가."

처음에는 그 말이 무책임하게 들렸다. '적당히 한다'는 것이 마치 열정을 포기하고 대충 하는 것처럼 느껴졌다. 최선을 다하지 않으면 금세 잊히고 뒤처질 거라는 생각에 사로잡힌 나는 그 말을 곧이곧대로 받아들이기 어려웠다. 하지만 시간이 지나면서 그 말이 조금씩 다르게 들렸다. 적당히 한다는 건 게으름이나 포기가 아니라, 자신을 지켜 내는 방법일지도 모른다는 생각이 스며들었다. 그때부터 일을 대하는 태도를 조금씩 바꾸었다.

먼저, 모든 일을 다 끌어안으려 하지 않았다. 내가 책임질 수 있는 범위를 분명히 하고, 그 안에서 최선을 다했다. 우선순위를 세우고 정말 중요한 일에 집중했다. 반대로, 내 능력 밖이거나 중요도가 낮은 업무에는 '지금은 어렵습니다'라고 단호하게 말하는 연습을 했다. 예전 같으면 차마 하지 못했을 말이지만, 막상 해 보니 관계가 무너지기는커녕 서로의 경계가 더 선명해졌다. 그리고 그 안에서 숨 쉴 틈이 생겼다. 적당히 하기를 실천하면서 작은 변화를 경험했다. 회의 전날, 자료를 완벽하게 채우기 위해 밤을 새우는 대신 중요한 부분만 점검하고 나머지는 다음 날 보완했다. 회의 당일에는 모든 의견을 다 받아 적으려 애쓰기보다 핵심만 기록하고, 팀원에게 확인하는 방법으로 시간을 효율적으로 썼다. 그 결과 업무 효율이 이전보다 높아졌고, 내 마음도 한결 가벼워졌다. 적당히 한다는 것은 단순히 속도를 늦추는 것이 아니라 자신의 지속 가능성을 확보하는 전략임을 깨달았다.

회사에서는 언제나 성실함을 요구한다. 나도 그 기대에 맞추기 위해 오랫동안 스스로 몰아붙였다. 하지만 모든 일을 다 잘하려 하면 누구든 무너진다. 진짜 필요한 건 불타오르는 순간의 힘이 아니라, 꾸준히 지속하는 힘이다. 그 힘은 적당함에서 나온다. 물론 아직도 완벽을 추구하는 마음이 내 안에 남아 있다. 가끔은 욕심이 다시 고개를 들고 '더 잘해야 한다'고 압박한다. 하지만 이제는 안다. 모든 일을 완벽히 해내야만 괜찮은 사람이 되는 것은 아님을. 오히려 조금 덜 몰아붙이고, 조금 덜 다그칠수록 더 단단해진다는 것을.

입사 초기의 나는 작은 실수에도 겁먹고, 모든 업무를 스스로 떠안으며, 숨 돌릴 틈 없이 달렸다. 그때의 나는 '열심히 사는 나'를 확인하려고 애썼지만, 사실 마음속 깊은 곳에서는 스스로 갉아먹고 있었다. 적당히 하는 법을 배우고 나서야 업무 속에서 숨 쉴 틈을 만들고, 내 속도로 오래 버틸 수 있는 나를 발견했다.

지금도 여전히 부족하고 흔들린다. 하지만 예전처럼 무조건 끝까지 달리지 않는다. 내 리듬을 지키고, 내 속도를 존중하며, 오래 버틸 수 있는 방식을 선택한다. 적당히 한다는 건 어렵지만, 그래서 더 필요하다. 적당함 속에서 지켜 낸 오늘의 내가 내일도 나답게 살아갈 힘이 되어 줄 것을 믿는다. 나는 오늘도 출근길 지하철 안에서 되뇐다.
 '괜찮아, 조금 천천히 가도 돼. 내일도 내가 있으니까.'
 그 한 문장이 하루를 버티게 하고, 입사 초기의 나에게 부족했던 여유와 균형을 선물한다. 적당함은 결국 오래 견디는 지혜이자, 나 자신에게 주는 가장 큰 선물임을 이제는 확실히 안다.

빠른 다리로 달렸지만,
천천히 나를 배웠다

일 잘하는 사람이 아니라, 이해받는 사람이 되고 싶었다

누군가가 조용히 물었다.
"요즘 회사 어때?"
그 질문 앞에서 한참 머뭇거렸다. 좋다고 대답하면 숨이 막힐 것 같았고, 힘들다고 말하면 스스로 진 것만 같았다. 그건 단순한 회사 이야기가 아니라 나 자신에게 던지는 질문처럼 느껴졌다.

세 번째 퇴사를 앞둔 나는 그 자리에서 조용히 멈춰 섰다. 모니터 대신 노트를 펼쳤고, 하루하루 버티던 마음을 조심스레 꺼내 적었다. 쌓이고 쌓인 피로와 두려움, 그리고 잃어버린 나 자신에 대한 혼란이 그 안에 담겼다. 그러다 우연히 만난 한 논문의 문장이 나를 붙들었다.
"청년의 퇴사는 단순한 포기가 아니라, 자기 자신에 대한 근본적인 질문이다."
그 문장은 마음 깊숙이 박혀 나를 멈춰 세웠다. 나는 그동안 회사를 떠났지만, 진짜 어려운 건 '나'를 다시 찾는 일이었음을 깨달았다. 성과로 나를 증명하려 했고, 평가에 맞춰 나를 맞춰 왔다. '일을 잘한다'라는 칭찬은 반짝였지만, 내면은 점점 텅 비어 가고 있었다. 문득 깨달았다. 나는 어쩌면 '일 잘하는 사람'이 아니라, '이해받는 사람'이 되고 싶었던 것은 아닐까.

직장에서는 언제나 빠르고 정확하게 결과를 내야 했다. 나 자신도 그 기대를 외면하지 않았다. 야근을 거듭하면서도, 보고서를 다섯 번 고치면서도, 그 안에서 작은 자부심을 느꼈다. 하지만 진짜 원하는 것은 '일 잘하는 사람'이라는 타이틀이 아니었다. 내 마음 깊은 곳에는 다른 목소리가 있었다.
'실수해도 괜찮다고 말해 주는 사람이 필요해. 내가 넘어졌을 때 웃지 않고, 그

저 옆에 있어 주는 사람이 필요해.'
나는 성과보다 '이해받는 경험'을 갈망하고 있었다.

성장은 언제나 고통을 수반한다. 하지만 그 고통은 누군가를 앞서기 위한 경쟁에서 오는 것이 아니라, 내 안에 숨은 진짜 목소리를 찾아가는 과정에서 오는 것이어야 한다. 나는 누구보다 빠르게 달릴 줄 알았다. 그러나 너무 빨리 달린 탓에 뒤를 돌아볼 여유가 없었다. 내가 어디로 가는지도 모르는 채, 그저 앞에 있는 사람을 따라가기에 바빴다. 이제는 천천히 가기로 마음먹었다. 남들이 정한 속도가 아니라, 내 마음이 자연스레 맞춰지는 리듬을 따르기로 했다. 성과보다 중요한 건, 그 성과가 어떤 마음에서 비롯되었느냐 하는 것임을 알게 되었다. 그 과정에서 몇 가지를 배웠다.

첫째, 말하지 않아도 느껴지는 신뢰가 중요하다.
회의실에서 잠깐 웃음을 주고받거나, 퇴근 직전 동료의 작은 부탁을 들어주는 것. 그 행동 하나가 뛰어난 보고서보다 오래 기억된다. 신뢰는 성과를 보여 주는 숫자가 아니라 사소한 순간의 따뜻함 속에서 쌓였다.

둘째, 조급함을 내려놓는 연습이 필요하다.
매일 달려야 한다는 강박을 멈추고 숨 고르는 시간을 갖는다. 내 마음의 상태를 확인하고, 그날 하루가 나에게 어떤 의미였는지 돌아본다. 그 작은 멈춤이 오히려 더 단단한 힘이 되었다.

셋째, 나를 이해해 주는 사람과의 관계를 소중히 여긴다.
누군가 나의 부족함을 비난하지 않고, 다만 이해하며 옆에 있어 주는 것. 그 한 사람의 존재가 하루를 버티게 하는 힘이 된다. 성장은 때로 책상 앞에서 혼자 고민하는 시간이 아니라, 옆자리 동료의 짧은 위로 속에서 일어났다.

우리는 결국 '일 잘하는 사람'으로만 기억되지 않는다. 함께 일하며 나눈 신뢰와 온기, 진심이 오래 남는다. 진심은 숫자와 보고서 뒤에 숨겨진 가장 인간적인 부분이다. 어쩌면 우리 모두 비슷한 질문 앞에 서 있는지 모른다.
'내가 정말 잘하고 있는 걸까?'
'지금 이 길이 내게 맞는 길일까?'
확신할 수 없는 순간마다 나는 스스로 묻는다.
'지금, 너는 너를 배신하지 않았니?'
그 질문에 '아니'라고 답할 수 있다면, 느릴지라도 분명히 성장하고 있다.

이제는 누구에게 잘 보이기 위해 나를 깎지 않으려 한다. 억지로 웃지 않고, 마음의 목소리를 외면하지 않는다. 그 대신 조용히 누군가에게 힘이 되는 사람이 되고 싶다. 성과는 기억 속에서 희미해지지만, 진심은 오래도록 마음에 남으니까. 어느 날 문득 누군가가 내게 다가와 "너와 일하면 참 편해"라고 말할 때, 그 한마디가 내가 걸어온 길을 온전히 보상해 줄 것이다.

일 잘하는 사람이 아니라 이해받는 사람이 되어야 한다는 것. 그것이야말로 직장이라는 긴 여정에서 진짜 나를 지키는 방법임을 이제는 안다. 그리고 그것이야말로 내가 믿는 성장의 다른 이름이다.

연봉 1억이었는데, 왜 허무했을까?

'연봉 1억'이라는 말에는 이상하게도 꿈처럼 무게가 실린다. 많은 직장인이 그 숫자를 향해 쉼 없이 달린다. 야근과 주말 출근, 수많은 보고서와 회의, 그 모든 시간을 견디며 도달하는 숫자. 나 역시 그 대열에 있었다.

매일 아침 7시에 출근해 밤 11시에 집에 들어오는 생활. 컴퓨터를 끄면 곧장 다시 켜지는 알람, 하루에도 수십 통씩 쏟아지는 메일, 주말에도 내 손을 벗어나지 않는 휴대전화.
'이만큼 고생했으니 언젠가 보상받겠지.'
그 믿음 하나로 버텼다. 그리고 마침내 통장에 '억대 연봉'이 찍히던 날, 잠시 환호했다.
'드디어 해냈다!'
하지만 기쁨은 오래가지 않았다. 카드값, 대출 이자, 월세, 식비로 빠져나가고 나면 남는 건 숫자가 아닌 질문뿐이었다.
'나는 지금 행복한가?'
늘 바쁘게 달리다가 문득 나 자신에게 물어봤다.
'어디로 가느냐'보다 '얼마나 빨리 가느냐'에 집착하고 있던 건 아닐까?
'얼마나 벌었느냐'보다 '그 돈을 어디에 쓰고 있느냐'가 더 중요하지 않을까?
'어디까지 왔느냐'보다 '왜 이 길을 선택했느냐'가 더 중요하지 않을까?

나는 스펙을 채우고, 명함 속 회사 로고를 자랑하며, 빠른 승진과 높은 평가를 위해 달려왔다. '일 잘하는 사람'이 되고 싶었다. 그렇게 해야만 내 존재의 의미가 증명되는 줄 알았다. 그러나 막상 그 자리에 도착하자 기대했던 성취감 대신 묘한 공허함이 찾아왔다. 환호보다 허탈함이, 뿌듯함보다 허무함이 더 크게 다가왔다. 나는 질문을 바꾸기 시작했다.

'내가 잘하는 일 말고, 정말 좋아하는 일은 무엇일까?'

'나는 왜 이 일을 계속하고 있을까?'

그 질문은 나를 다른 길로 이끌었다. 평일에는 누군가의 이야기를 귀 기울여 듣고, 마음에 닿는 상담을 했다. 주말에는 대학생의 자기소개서를 고쳐 주며 함께 고민하고, 틈틈이 금융 강의를 했다. 아이들과 함께 봉사 활동에도 참여했다. 누군가는 말했다.

"그건 돈 안 되는 일이잖아!"

맞는 말이었다. 하지만 그 일을 하는 동안만큼은 시간이 천천히 흐르길 바랐다. 그 순간만큼은 온기가 내 하루에 스며들었다. 그 일이 나를 다시 '사람답게' 만들었다. 놀랍게도 좋아하는 일을 하다 보니 돈도 아주 천천히, 그러나 분명히 따라왔다. 예전처럼 숨 가쁘게 쫓기지 않고도 생계를 꾸려 갈 수 있었다. 목표는 언제나 직선으로만 이루어지는 것이 아니었다. 지도에 없는 곁길, 예정에 없던 만남, 뜻밖의 경험이 내 삶을 더 입체적이고 따뜻하게 만들어 주었다. 문득 깨달았다. 돈과 성취는 결과일 뿐, 진짜 행복은 '내가 어디에 의미를 두느냐'에 달려 있다는 것을. 숫자만 좇으며 달리던 날과 달리 나는 내가 사랑하는 일을 발견했고, 그것이 내 삶의 중심이 되었다.

어느 날, 김창옥 교수의 강연에서 이런 말을 들었다.

"사랑하는 걸 찾으세요. 집중하고, 반복하고, 거기에 대가를 지불하는 것. 그게 사랑입니다."

그 말은 머리가 아니라 심장을 울렸다. 비로소 깨달았다.

'아, 나는 사람들의 성장을 돕는 일을 사랑하는구나!'

진짜 목표는 '누구보다 빨리'가 아니라 '나답게 그리고 제대로' 가는 것이었다. 그러니 궤도에서 잠시 벗어나도 괜찮다. 돌아가는 길처럼 보여도, 결국 그 길이 내 삶을 본질로 이끌고 있었음을 믿게 되었다.

남들보다 느려도 괜찮다. 당장은 돌아가는 길처럼 보여도, 언젠가 뒤돌아보면 그 곁길이 바로 의미 있는 길이었음을 알게 될 것이다. 세상에 '늦은 출발'은 없다. 진짜 방향은 타이밍이 아니라 내 안에서부터 시작된다. 지금 이 순간의 고민과 방황이 당신을 더 단단하게 만들고 있다. 숫자에 매몰되지 말고, 자신에게 물어보자.

'나는 어디로 가고 있는가?'

'내가 진정 원하는 삶은 무엇인가?'

그 물음 앞에서 비로소 연봉 '1억'이라는 숫자 너머의 진짜 삶이 시작될 것이다.

실력은 기술이 아니라 태도다

처음에는 실력이란 '기술'이라고 생각했다. 엑셀을 빠르게 다루는 손놀림, 빈틈없이 정리된 제안서, 군더더기 없는 말솜씨. 누구보다 빨리 퇴근하고 싶었고, 누구보다 잘 보이고 싶어서 하루를 조급함으로 채웠다. 성공한 선배의 프레젠테이션을 흉내 내고, 고객 앞에 서면 한 문장이라도 더 매끄럽게 말하려고 애썼다. 하지만 이상하게도 잘하려는 마음이 커질수록 점점 더 움츠러들었다. 늘 누군가와 비교하며 불안해했고, 작은 실수 하나에도 자존심이 무너졌다. 그러다가 서서히 깨달았다. 진짜 실력은 기술이 아니라 '태도'라는 것을. 태도란 결과를 향한 정직한 자세다. 누가 보지 않아도 책임지는 마음, 맡겼을 때 안심되는 신뢰, 그리고 같이 일하고 싶은 사람이 되는 것. 그 기반이 없다면 아무리 화려한 기술이 있어도 오래 가지 못한다.

스무 살의 나는 '이기고 싶은 사람'이었다. 숫자에 집착했고, 비교에 목말랐다. 실적 그래프에 존재 가치를 걸었고, 인정받는 것에 목숨을 걸었다. 그러나 어느 순간 돌아보니, 나는 방향을 잃고 허겁지겁 달리고 있었다. 열정은 있지만 방법을 몰랐고, 가능성은 있지만 버티는 법을 몰랐다. 그럼에도 '혼을 담자'는 마음으로 하루하루 버텼다. 하계휴가를 반납했고, 주말이면 선배 영업사원을 따라다녔다. 규정집을 한 줄씩 읽었고, 새벽 강의를 들으며 졸음을 삼켰다. 누군가는 흘려보냈을 시간을 나는 허투루 쓰지 않았다. 그때는 몰랐지만, 그 모든 시간의 바닥에는 '태도'가 깔려 있었다. 나 자신에게 자주 물었다.

'내 상품을 가족에게도 자신 있게 권할 수 있는가?'
'내 설명에는 진심이 담겨 있는가?'
'고객의 눈을 마주치고, 귀를 기울이는가?'

'관계를 위해 기꺼이 시간을 쓰는가?'

실력은 하루아침에 만들어지지 않는다. 반복과 피드백, 관계와 성찰. 그 모든 것을 품은 자세에서 서서히 쌓인다. 그리고 그 과정에서 가장 중요한 건 '일'을 대하는 태도가 결국 '사람'을 대하는 태도라는 사실이다.

인상 깊은 동료가 있다. 그는 하루에도 수십 번 '부탁드립니다' 하고 말했지만, 단 한 번도 비굴하지 않았다. 언제나 정중했고, 늘 솔직했다. 고객을 '대상'이 아니라 '함께 나이 들어 가는 사람'으로 대했다. 생일에는 작은 선물을, 경조사에는 직접 전화를 했다. 그에게선 늘 사람 냄새가 났다. 고객은 결국 그를 선택했다. 그 선택은 숫자가 되었고, 그 숫자는 다시 신뢰가 되어 돌아왔다. 고객은 실적이 아니라 태도를 기억한다. 관계를 통해 마음을 열고, 그 마음으로 상품을 받아들인다. 그래서 나는 후배들에게 이렇게 말한다.

"실력이란 지시 없이도 먼저 움직이는 눈빛이고, 실수했을 때 책임지려는 어깨의 각도이며, 혼자 잘하는 것이 아니라 함께 자라게 하는 마음이다."

고객을 만나는 순간뿐 아니라 퇴근 후의 삶까지 '나'라는 브랜드를 만든다. 나는 사적인 자리에서도 '그 사람, 참 따뜻했지'라고 기억되고 싶다. 단단하지만 부드럽고, 정확하면서도 인간적인 사람.

실력은 정리된 책상처럼 반듯하지 않다. 혼란스러운 시기와 어설픈 말, 깨진 관계와 뒤늦은 반성. 그 모든 날이 지나야 비로소 '실력'이라는 것이 만들어진다. 어쩌면 1등은 '누구보다 잘하는 사람'이 아니라 '누구보다 오래 견디고, 배우며, 조금씩 성장하는 사람'일지도 모른다. 기술은 변하고 환경은 바뀌지만, 태도는 그 사람의 뿌리로 남는다. 그리고 그 뿌리가 깊을수록 어떤 바람에도 쉽게 쓰러지지 않는다.

나는 오늘도 작은 선택과 행동 속에서 그 뿌리를 단단하게 만들고 있다. 작은 성실, 작은 배려, 작은 책임감. 그것이 결국 내 실력이자 나를 오래 살아남게 하는 힘임을 믿는다.

성장은 속도가 아니라 방향이다

언제부턴가 '성장'이라는 말 앞에 늘 수식어가 붙었다.
더 빨리, 더 멀리, 더 높이.
"이 정도는 해야지."
"한 단계는 더 올라가야지."
"남들보다 늦으면 안 돼."
처음에는 다정한 말처럼 들렸다. 하지만 그 안에는 늘 조급함이 숨어 있었다. 나는 어느새 숨이 가빠졌고, 어디를 향하는지도 잊은 채 달리고 있었다. 출근길 지하철 창문에 비친 내 얼굴은 늘 피곤했고, 하루를 시작하기도 전에 이미 하루가 끝난 듯 무거웠다. 그러던 어느 날 멈추었다. 그 멈춤은 의도한 것이 아니었다. 더 나아갈 힘이 없었기 때문이다. 성과 없는 날이 길어질수록 초조해졌고, 멍하니 있는 나 자신에게 불합격 통보가 떨어진 것만 같았다.
'이래도 괜찮은 걸까?'
'다른 사람들은 저만치 앞서가고 있는데….'

겉으로 보면 실패처럼 보였지만, 그 멈춤은 나에게 꼭 필요한 숨 고르기였다. 속도를 늦추자 그동안 스쳐 지나간 것들이 보였다. 나를 웃게 하는 사소한 장면, 점심시간 옆자리 동료가 건넨 따뜻한 농담, 회의실 창밖에 잠시 머무는 빛. 겉으로 드러난 성과는 없었지만, 그 시간 동안 나를 더 깊이 들여다보았다. 그 과정에서 타인을 바라보는 시선도 달라졌다. 늘 앞서가는 사람만 눈에 들어오던 내가 뒤에서 묵묵히 걸어오는 사람을 보게 되었다. 속도는 빠르지만 진심 없는 표면적 성과보다, 느리지만 꾸준한 노력과 태도가 더 오래 남는다는 것을 알게 되었다. 그 시간은 '속도'가 아닌 '깊이'를 키우는 시간이었다.

속도는 대체로 외부에서 정해진다. 직무 평가, 연차 기준, 연봉, 이직 타이밍. 마치 도로 위 표지판처럼 정해진 지점까지 얼마나 빨리 가야 하는지를 알려 준다. 나는 내 안에 속도계를 따로 만들기로 했다. 하루에 하나만 제대로 해내기. 하루 한 문단을 깊이 쓰고, 하루 한 사람을 진심으로 만나기. 빠르게 사라지는 성과보다 그렇게 쌓인 하루가 내 안에 더 오래 남았다. 진짜 성장은 속도가 아니라 '지속성'에서 비롯된다는 것을 깨달았다.

정말 좋아하는 동료가 있다. 말은 적고, 행동도 느리다. 회의 때 거의 발언하지 않지만, 회식 자리에서는 조용히 뒷정리를 한다. 눈에 띄지 않아도 그가 없는 팀은 어딘가 허전하다. 성실함은 언젠가 반드시 드러난다. 처음엔 느려도 꾸준한 사람은 결국 빛난다. 그건 사라지지 않는 진리다.

때로는 일주일 내내 달리다가 금요일 밤에 무너질 때가 있다. 그럴 때면 거북이처럼 하루에 단 세 칸만 가기로 한다. 하나는 나를 위한 쉼, 하나는 타인을 위한 배려, 하나는 미래를 위한 준비. 단 세 칸이지만, 그 걸음만으로도 다시 '살아 있음을' 느낀다. 누군가가 뛰어가도 나는 나의 걸음으로 끝까지 가고 싶다. 나의 속도, 나의 호흡으로. 삶은 단거리 경주가 아니라 자기만의 리듬으로 완주하는 긴 호흡의 마라톤이니까. 그리고 그 마라톤에서 중요한 건 '얼마나 빨리'가 아니라 '어디로' 가느냐다.

내가 걸어온 길을 돌아보면, 성과에 조바심 내던 순간보다 천천히 걸으며 주변을 살피고 나만의 방향을 확인했던 시간이 훨씬 값지다. 방향을 잃지 않는다면, 느리게 걸어도 결국 도착한다. 속도보다 마음의 방향이, 하루하루의 의미가 나를 성장하게 한다.

일보다 나를 돌보는 태도

회사에서 오래 살아남는 사람은 단순히 일을 잘하는 사람이 아니다. 진짜 오래 버티는 사람은 '자기 자신을 다루는 법'을 아는 사람이다. 나는 한때 일만 잘하면 된다고 믿었다. 업무가 많으면 더 열심히 했고, 피드백에 울고 웃었으며, 작은 실수에도 가슴이 철렁 내려앉았다. 점점 일에 휘둘렸고, 마음은 지치고 흔들렸다. 그때는 몰랐다. 문제의 근본은 일 자체가 아니라 일하는 나를 돌보는 방식이라는 것을.

어느 날에는 이유 없이 무기력했고, 또 어느 날에는 사소한 말에도 예민하게 반응했다. 처음에는 환경 때문이라고 생각했다. 업무가 과중하고, 동료들은 각박하며, 회사는 냉정하기 때문이라고 믿었다. 그래서 부서를 옮기고 회사를 바꾸며 더 나은 환경을 찾아 떠나기도 했다. 하지만 새로운 자리에서도 같은 마음이 반복되는 일은 멈추지 않았다. 마침내 깨달았다. 문제는 '일'이 아니라 '일을 대하는 방식'이라는 것을.
'왜 이렇게 힘든 걸까?'
스스로 묻기 시작했다. 나는 '일'을 '이겨 내야 하는 적'으로 여겼다. 하루하루 전투하듯이 살았고, 작은 실수도 '적의 침투'처럼 느꼈으며, 피드백은 '나에 대한 공격'으로 받아들였다. 그때부터 방향을 바꾸었다. '일'을 바꾸려 하기보다, '일하는 나'를 바꾸는 것부터 시작했다.

점심시간이 되면 손에서 일을 내려놓았다. 책상 위에 있는 보고서와 회의 자료를 잠시 덮고, 밥을 천천히 씹었다. 처음에는 '이렇게 여유를 부려도 될까?' 하는 불안함이 있었다. 하지만 그 한 시간이 하루의 중심을 잡아 주기 시작했다.

식사를 온전히 즐기는 순간, 마음이 조금씩 회복되는 것을 느꼈다. 작은 호흡과 의식적인 휴식이 하루를 지탱하는 힘이 되었다. 오후에는 감정을 분리했다. 날카로운 말 한마디에 즉각 반응하지 않고, 잠시 눈을 감고 숨을 깊게 들이쉬었다. 그 호흡이 크게 흔들릴 뻔한 하루를 살렸다.

퇴근 후에는 업무용 메신저 전원을 껐다. 처음에는 '혹시 급한 연락이 오면 어떡하지?' 하는 불안한 마음이 들었다. 그러나 곧 깨달았다. 정말 급한 일이라면 연락이 올 것이고, 그렇지 않다면 내 시간은 지켜져야 한다는 것을.

주말에도 '밀린 업무' 대신 오래 미뤄 두었던 취미를 꺼냈다. 책상 앞에서만 살던 시선이 조금씩 세상 밖을 향했다. 조금씩 변화를 만들자, 일은 여전히 바쁘고 버거웠지만 내 마음은 단단해졌다. 예전 같으면 작은 실수 하나에도 밤새 뒤척였지만, 이제는 '그럴 수도 있지' 하고 내려놓는 힘이 생겼다. 그 힘은 완벽함에서 나온 것이 아니라, 나를 관찰하고 다독이는 태도에서 비롯되었다.

사람들은 흔히 말한다. '회사를 옮기면 괜찮아질 거야'라고. 물론 환경도 중요하다. 하지만 진짜 변화는 내 안에서 시작된다. 같은 상황에서도 누군가는 무너지고, 또 누군가는 성장한다. 그 차이는 '일을 대하는 태도'보다 '일하는 나를 돌보는 마음'에서 온다. 나는 이제 안다. 힘들다고 도망치지 않고, 무조건 참지도 않고, 나 자신을 '이겨 내야 하는 적'으로 보지 않는 것. 하루의 균형을 나에게 유리한 쪽으로 조금씩 기울이는 것. 그것이 단순한 '버티기'를 넘어 진짜 '살아내는 태도'라는 것을.

작은 습관이 쌓이면 큰 변화를 만든다. 점심시간 한 시간, 호흡 세 번, 메신저 전원 끄기, 취미 시작하기…. 사소한 실천이 나를 지키는 벽돌이 되고, 하루하루를 안전하게 지탱한다. 진정한 성장은 숫자와 성과가 아니라, 나를 지키고 나를 책임지는 힘에서 비롯된다.

오늘도 나는 작은 변화를 실천한다. 조금 늦게 밥을 먹고, 깊게 숨을 쉬고, 마음을 살핀다. 그 과정에서 알게 된다. 일보다 나를 먼저 돌보는 태도가 결국 나를 오래 살아남게 하고, 더 단단하게 만든다는 사실을.

나만의 기준을 세우는 법

한때는 다른 사람이 시키는 대로만 일했다.
"그게 맞는 방법이야."
"선배 말을 들어야 해."
고개를 끄덕이며, 그 말들이 정답인 듯 나를 맞춰 갔다. 회의 중에 생각이 떠올라도 굳이 꺼내지 않았다. '괜히 분위기 흐리면 어쩌지?' 하는 두려움이 더 컸기 때문이다. 누군가가 내 보고서를 수정하면 '네, 알겠습니다' 대답하고 바로 고쳤다. 그게 맞는 줄 알았다. 하지만 어느 순간 깨달았다. 나는 점점 내가 누구인지 잃어 가고 있었다. 모든 기준이 외부에 있을 때 쉽게 흔들리고 작아졌다. 칭찬한마디에 들떴다가, 날카로운 한마디에 주저앉았다. 하루의 기분과 자존감이 전부 남에게 달려 있었다.

퇴근 후 집에 돌아오면 머릿속이 복잡했다. 회의 시간에 의견을 내지 못한 나 자신에게 화가 나기도 했고, 선배의 지적을 받아들이면서도 마음 한쪽에는 무너지는 느낌이 들기도 했다. 그 순간 깨달았다. 내 하루와 선택을 남의 기준에 맡기고 있었다는 사실을. 나는 결심했다.
'이제는 나만의 기준을 세워 보자!'
처음엔 작은 변화부터 시작했다. 회의 전에 자료를 정리하며 생각했다.
'이 프로젝트에서 내가 진짜 중요하게 생각하는 건 무엇인가?'
'이 일을 하는 의미는 무엇인가?'
이런 질문이 생기자 단순히 시키는 대로 하는 것이 아니라 내 가치와 연결된 것을 선택하는 일이 가능해졌다.

퇴근 후 조용한 밤, 아무도 보지 않는 곳에서 글을 쓰기 시작했다.

처음엔 단순한 기록이었다. 오늘 내가 잘한 일, 놓친 일, 의문이 남는 일들을 적었다. 시간이 지나면서 그것은 나만의 기준과 생각을 정리하는 힘이 되었다. 누군가는 물었다.

"그 힘든 걸 왜 해요?"

나는 답했다.

"이건 남이 정한 성공을 위한 일이 아니라, 나만의 의미를 찾아가는 과정이에요."

이후 하루의 기준이 달라졌다. 과거에는 '누가 시켜서', '누가 하라고 해서' 움직였지만, 이제는 내가 정한 우선순위와 가치 위에 하루를 설계한다. 회의 시간에도 단순히 보고서 형식만 맞추는 것이 아니라, 내가 생각하는 핵심 포인트를 담는다. 누군가가 지적하더라도 바로 따라 하지 않고, 스스로 판단하고 조율한 뒤 수정을 결정한다. 물론 나만의 기준을 세우면 불편함도 따른다. 때로는 '왜 너만 다르게 하느냐'라는 시선을 받기도 한다. 동료가 빠르게 움직이는 와중에 나는 일부러 천천히, 하지만 정확하게 일을 처리할 때도 있다. 하지만 그런 시선이 나를 뒤흔들지 않는다. 왜 이런 선택을 하는지 그 이유를 알기 때문이다.

MG 매거진 인터뷰에 전국 스타로 실렸을 때도 자문했다.

'이 결과가 정말 나다운 걸까?'

완벽해 보이는 순간에도 수많은 실수와 후회, 고독이 있었다. 그럼에도 불구하고 매일의 선택과 흔들림 속에서 쌓아 올린 나만의 확신이 있었다. 누구에게나 자기만이 깃발을 세우는 순간이 온다. 처음 그 깃발은 작고 바람에 쉽게 흔들린다. 하지만 한 번 두 번 깃발을 다시 꽂다 보면 언젠가는 그 깃발이 나의 방향이 된다. 누군가의 시선이나 칭찬과 무관하게 내가 그 깃발을 보고 걸어갈 수 있다면, 그것이야말로 가장 단단한 기준이다.

세상은 끊임없이 기준을 강요한다. 성과 지표, 평가 등급, 연봉 순위 등. 그 기준 안에서 살다 보면, 내가 왜 이 일을 하는지 잊어버리기 쉽다. 하지만 진짜 중요한 것은 기준을 스스로 선택할 수 있는 '나' 자신을 깨닫는 것이다.

이제는 말할 수 있다. 나만의 기준 위에서 선택할 때 흔들림 속에서도 중심을 잡을 수 있으며, 그 중심 위에서 비로소 성장할 수 있다고. 나만의 기준을 세우는 것은 곧 내 삶의 방향을 스스로 결정하고 지키는 힘을 갖는 일이다.

일 잘하는 사람보다 함께 일하고 싶은 사람이 더 오래 기억된다

회사에서 가장 듣기 좋은 말은 무엇일까?
"일 잘하네."
"센스 있다."
"보고서가 깔끔해."
이런 칭찬은 분명 기분을 좋게 만든다. 하지만 여러 프로젝트를 거치면서 깨달았다. 가장 오래, 가장 따뜻하게 기억되는 말은 사실 따로 있었다. 바로 '너랑 일하면 편해'라는 말. 이는 단순히 실력을 인정하는 말이 아니라 '사람'으로서 인정하는 말이었다. 기술이나 성과가 아닌, 함께하는 당신의 존재가 좋아서 건네는 말이었다. 그리고 그 말에는 '다음에도 함께하고 싶다'는 은근한 초대가 숨어 있었다. 물론 능력도 중요하다. 업무 속도, 정확성, 문제 해결력 등은 직장에서 인정받는 데 필수적인 요소다. 하지만 '같이 일할 수 있는 사람인가?'라는 질문은 그보다 더 깊고 단단한 평가 기준이다.

나는 한때 속도와 성과만을 중시했다. 보고서가 완벽해야 마음이 놓였고, 프로젝트를 빨리 끝내야 안심이 됐다. 그 과정에서 주변 사람들의 마음을 살피기보다 눈앞의 일만 보며 달렸다. 그러던 어느 날, 중요한 팀 회의에서 예상치 못한 문제가 터졌다. 한 팀원이 실수했고, 다른 팀원들은 당황하며 서로를 탓하기 시작했다. 순간 머리가 띵해졌다. 그때 선택은 두 가지였다.
'누구의 잘못인지 따지고, 책임을 지적하며 속도를 높인다.'
'차분히 상황을 파악하고, 모두 함께 해결할 수 있도록 조율한다.'
나는 후자를 택했다. 급하게 상황을 처리하기보다 팀원 한 사람 한 사람의 의견을 듣고, 필요한 조치를 제시했다.

"괜찮아요. 같이 해결하면 돼요."

내 말 한마디가 팀의 긴장을 풀었고, 회의실 공기는 다시 호흡을 찾았다. 그날 팀장은 회의가 끝난 뒤 조용히 내게 말했다.

"너랑 일하면 늘 마음이 편해. 덕분에 팀이 흔들리지 않았어."

그 말이 남긴 울림은 숫자나 보고서보다 훨씬 깊었다. 성공의 기준은 단순히 프로젝트를 완료하는 것이 아닌, 함께하는 사람과의 관계 속에서 생기는 신뢰임을 깨달았다. 속도와 기술은 누구나 따라올 수 있다. 하지만 함께 일하고 싶은 사람은 흔하지 않다. 그 이후로 업무 방식을 조금 바꾸었다. 회의 중 누군가의 말을 중간에 자르지 않고 끝까지 듣고, 궁금하면 질문으로 연결했다. 퇴근 직전 동료의 급한 요청에도 '제가 할게요'라며 먼저 손을 내밀었다. 작은 배려와 조용한 성실함은 눈에 띄지 않았지만, 팀의 분위기와 신뢰를 조금씩 바꾸어 갔다. 그리고 그 작은 신뢰들이 더 큰 기회로 돌아오기도 했다.

반대로, 능력은 뛰어나지만 주변 사람들과 마찰이 잦은 동료도 있었다. 속도는 빠르지만 함께 일하기 어렵다는 평가가 붙었다. 프로젝트는 단기적으로 성공해도, 장기적인 신뢰와 팀워크는 유지되지 않았다. 성과보다 중요한 것은 결국 사람과의 관계라는 사실을 새삼 느꼈다. 한 번쯤 이런 말을 듣길 바란 적이 있지 않은가?

"너랑 일하면 스트레스가 줄어."

"같은 팀에 있어서 고마워."

"이번에도 너랑 같이 일하고 싶어."

이 말들은 실력 이상의 의미를 담고 있다. 존재감과 신뢰 그리고 따뜻한 영향력이다. 그리고 그런 말은 아무에게나 쉽게 주어지지 않는다.

혼자라는 고요 속에서 자라는 나

일을 '잘하게' 되면 많은 것이 달라진다. 사람들의 기대가 높아지고, 문제가 생기면 가장 먼저 나를 찾는다. '도와주세요'라는 부탁 대신 '이건 네가 해결해야 해'라는 말을 듣게 된다. 처음엔 그 믿음이 뿌듯했고, 혼자서 일을 해냈을 때의 성취감도 컸다. 하지만 시간이 흐르자 믿음이라는 이름으로 주어진 책임이 어느 순간 고독이라는 얼굴을 하고 찾아왔다. 회의 준비를 혼자 마무리하던 늦은 밤, 노트북 불빛만 남은 사무실에서 속으로 중얼거렸다.

'이 일 너무 어려워.'

'오늘은 그냥 다 버거워.'

누군가에게 솔직히 털어놓고 싶었지만, 내게 기대는 동료들의 얼굴이 떠올라 차마 입 밖으로 내지 못했다. 내가 흔들리면 나를 믿고 따르는 사람들이 무너질지도 모른다는 생각 때문이었다. 그래서 마음의 진동을 조용히 가라앉혔다.

어느 날, 회의실에서 가장 늦게 나오는 사람이 나임을 깨달았다. 서류를 정리하고, 마감 직전의 보고서를 다듬으며, 꺼져 가는 형광등 불빛 속을 지나 사무실 문을 닫았다. 그 순간 고요한 외로움이 어깨 위에 내려앉았다. 믿음은 고마웠지만 동시에 무거웠고, 그 무게는 종종 외로움으로 다가왔다. 그날 밤 집으로 향하는 걸음 속에서 생각이 달라졌다.

'이 외로움은 내가 지금 더 높은 곳에 올라섰다는 신호가 아닐까?'

예전에는 팀의 한 사람으로 존재했지만, 이제는 방향을 제시하고 누군가를 이끄는 위치에 있다는 뜻일지도 모른다. 높아진 위치에서는 경치가 더 멀리 보이지만, 함께 서 있는 사람의 수는 줄어든다. 그건 어쩌면 당연한 일이다. 성장은 늘 고독을 동반한다. 누구보다 앞서 나아가는 사람은 때로 누구보다 혼자일 수밖에 없다.

기억 속에 선명히 남아 있는 프로젝트가 있다. 중요한 계약이 걸린 일이라, 작은 실수 하나에도 회사 전체가 흔들릴 수 있는 상황이었다. 팀원들은 각자 맡은 일에 바빴고, 전체를 조율해야 하는 건 내 몫이었다. 새벽까지 수십 번이나 자료를 검토하고, 예상 가능한 변수를 하나씩 점검하며 모든 시나리오를 머릿속에 그렸다. 그 과정은 버거웠다. 그러나 동시에 나 자신을 믿는 법을 배우는 시간이기도 했다. 내가 판단하고 선택할 때, 누군가의 기대와 압박이 아니라 내 기준과 원칙에 따라 움직일 수 있다는 사실을 깨달았다. 그 순간 고독은 나를 짓누르는 무게가 아니라, 나를 성장시키는 촉매가 되었다.

가끔 퇴근길 텅 빈 버스 창밖으로 별이 보이면, 혼잣말을 건넨다.
'이 고요함도 나의 일부야.'
이 말은 외로움에 굴복하는 게 아니라, 그마저도 성장의 일부로 받아들이겠다는 선언이다. 고요함 속에서 비로소 들리는 것은 바쁘게 달릴 때는 듣지 못했던 내 안의 목소리였다.
'이 길이 맞는 걸까?'
'나는 지금 무엇을 위해 애쓰고 있나?'
그 질문들은 외로움 속에서 더 크게 울려 퍼졌다. 그리고 그 질문에 정직하게 답하면서, 나는 조금씩 단단해졌다. 외로움 속에서 나 자신과 대화할 수 있게 되었고, 다른 사람의 목소리에 휘둘리지 않고 내 기준으로 선택하는 힘이 생겼다. 예전 같으면 두려워했을 결정 앞에서도 더는 흔들리지 않았다. 외로움은 나를 약하게 만든 것이 아니라, 오히려 자신을 믿게 만들었다.

직장 생활이 길어질수록 우리는 '누군가에게 의지가 되는 사람'이 된다. 그 과정에서 자신도 모르게 외로운 순간을 마주한다. 그러나 그 외로움은 실패의 증거가 아니다. 오히려 내가 누군가에게 기댈 수 있는 사람이 되었음을 보여 주는 징표다. 외롭다는 건 다른 누군가가 내게 기대고 있다는 뜻이기도 하다.

외로움은 어쩌면 성장의 또 다른 이름이다. 누구도 대신 걸어 줄 수 없는 길을 걸으며, 우리는 자기 자신과 더 깊이 마주한다. 그 길이 때로는 무섭고 고단하더라도, 결국 그 과정에서 더 단단해지고 더 넓은 세상을 바라보게 된다. 외롭다고 해서 실패한 건 아니다. 외로움은 내가 이 자리에 서 있다는 증거이자 앞으로 나아갈 수 있다는 신호다. 혼자라는 고요 속에서 나는 여전히 성장하고 있다. 언젠가 훗날 그 외로움 덕분에 지금의 내가 단단히 서 있음을 분명 깨닫게 될 것이다.

달라진 내가 나를 지킨다

한때 나는 '변하지 않는 사람'이 가장 좋다고 믿었다. 마음을 오래 지키고, 초심을 간직하며, 한결같은 태도로 사람을 대하는 것이 진심의 증거라고 생각했다. 그래서 누군가가 "너, 예전이랑 좀 달라졌다?"라고 말할 때마다 마음 한구석이 찔렸다.
'정말 내가 달라진 걸까? 아니면 세상이 나를 그렇게 만든 걸까?'

입사 초기에 나는 늘 주변 눈치를 살폈다. 상사의 말 한마디에 긴장했고, 동료들의 평가에 쉽게 흔들렸다. 사람들의 크고 작은 부탁에도 늘 미소를 띠며 '네, 알겠습니다'라고 답했다. 그때의 나는 '좋은 사람'이라는 평가야말로 내 존재를 증명하는 가장 확실한 방식이라고 믿었다. 누구에게도 불편함을 주지 않고, 늘 열심히 하며, 성실하게 따르는 사람이 되고 싶었다. 그러나 점차 알게 되었다. 좋은 사람으로 남는 것이 반드시 나를 행복하게 하지는 않는다는 것을. 오히려 내 마음을 돌보지 않고 타인의 기대에만 맞추는 삶은 언젠가 나를 소진시킬 뿐이라는 것을.

돌이켜보니 나는 분명 달라져 있었다. 회의 자리에서 예전 같으면 곧장 대답했을 질문에도 잠시 생각하는 습관이 생겼다. 누군가 부탁을 해 오면 '물론이죠'라고 바로 수락하던 사람이 이제는 '제가 할 수 있는 범위인지 먼저 확인해 볼게요'라고 답하게 되었다. 무턱대고 나섰던 일에도 잠시 멈칫할 수 있게 되었다. 그 변화는 타락이 아니었다. 세상이 더 복잡해지고 사람들의 말과 행동에 숨은 의도를 마주하면서, 나를 지키기 위해 선택한 의식적인 변화였다.

과거에는 '좋은 사람'이라는 말을 듣기 위해 내 시간을 내주고 내 기준을 낮추었다. 그러나 그럴수록 지쳐 갔다. 진심을 담은 노력이 당연한 희생으로 소비될 때, 알게 모르게 마음 한쪽이 무너졌다. 어떤 날에는 '내가 이렇게까지 해야 하나?'라는 회의감이 밀려왔다.

특히 기억나는 사건이 있다. 팀에서 중요한 기획안을 맡았는데 일정과 압박이 겹쳐 기존의 내 방식대로라면 과부하가 걸릴 상황이었다. 예전 같으면 무조건 내 몫을 다 하겠다고 나섰을 것이지만, 그때는 잠시 멈췄다. 내가 맡을 수 있는 부분을 명확히 하고, 동료들과 역할을 조율했다. 부족한 부분은 함께 채우기로 했다. 그 결과 기획안은 무리 없이 완성되었고, 나도 번아웃을 피할 수 있었다. 그 순간 달라진 내가 나를 지켜 주고 있음을 실감했다. 변화는 배신이 아니라, 나를 살리는 선택일 수 있음을 깨달았다. 하지만 달라진다는 건 편한 일은 아니다. 타인에게 오해를 사기도 하고, 스스로에게 불안감을 안겨 주기도 한다. 회의 중에 잠시 고민하다가 답을 미룰 때, 혹은 부탁을 거절할 때 '내가 변한 걸까?'라는 생각에 마음이 흔들렸다. 그럴 때마다 스스로 질문했다.

'그냥 그대로 있어야 했나?'
'지금의 내가 더 나은 선택을 하고 있는 것 아닐까?'
이 질문은 나를 괴롭히는 것이 아니라, 오히려 변화의 방향을 확인해 주는 나침반이 되었다. 내가 조금 더 단단해지고, 조금 더 성숙해졌다는 증거였다.

직장 생활을 하다 보면 수많은 껍질을 벗는다. 기준, 관계, 믿음, 역할 등 한때는 나를 지켜 주던 것들이 어느 순간 더는 나를 보호하지 못할 때가 온다. 그때는 용기 있게 떨쳐 내야 한다. 그것은 변심이 아니라 진화다. 어제의 내가 틀린 것이 아니라, 오늘의 내가 더 나아진 것이다. 달라진 나를 미워하지 말자. 달라진 내가 지금 나를 지키고 있음을 기억하자. 변화는 나를 버리는 것이 아니라,

나를 더 오래 지켜 내기 위한 선택임을 믿자.

　나는 이제 안다. 달라진다는 것은 두려움의 증거가 아니라, 성장의 증거라는 것을. 누군가의 시선보다 내 마음의 소리에 조금 더 귀를 기울일 때, 비로소 나답게 설 수 있다. 그리고 그 자리에 선 내가 결국 나를 가장 단단히 지켜 줄 것이다. 그러니 하루하루 달라진 나를 조금 더 믿고, 조금 더 존중하며 살아가자. 그 믿음이 결국 나를 흔들리지 않게 하고, 나다운 삶을 살도록 지켜 준다. 언젠가 누군가가 말할 것이다.
　"예전이랑 달라졌네?"
　그때는 미소 지으며 대답할 것이다.
　"그래요, 달라졌어요. 하지만 지금의 제가 더 저답습니다."

느리게 가도 괜찮아, 중요한 건 방향이니까

나는 늘 초조했다. 출근길 지하철에서 스마트폰을 켜면 누군가는 '프로젝트 성공' 소식을 올렸고, 누군가에게는 '승진 축하' 댓글이 빗발쳤다. SNS 속 사람들은 바쁘고 멋지게 사는데 나만 제자리인 것 같았다. 그래서 더 바쁘게, 더 열심히, 쉴 틈 없이 스케줄을 채웠다. 야근이 끝난 뒤에도 업무 관련 책을 펼쳤고, 주말에는 자기 계발 강연을 찾아다녔다. 잠시라도 멈추면 뒤처질 것 같았다. 쉬는 시간은 불안했고, 느긋함은 게으름처럼 느껴졌다. 숨이 차도 멈추지 않았다. 확신 없이 무작정 앞으로만 나아갔다. 그때의 나는 '빠르기만 하면 된다'고 믿었다. 그러던 어느 날, 업무 성과 발표를 준비하던 중 문득 멈췄다. 프레젠테이션 자료를 보는데 내가 왜 이 프로젝트를 하고 있는지, 이게 나를 어디로 데려가고 있는지 알 수 없었다. 몸은 바빴지만 마음은 목적지를 잃어버린 여행자 같았다. 회의에 참여하고 보고서를 작성하며 표면적으로는 바쁘게 움직였지만, 정작 나를 향한 나의 질문에는 답하지 못했다.

그날 퇴근길, 일부러 지하철을 타는 대신 걸어서 집에 갔다. 저녁 하늘은 오랜만에 보랏빛으로 물들어 있었고, 가로수 잎사귀는 바람에 흔들렸다. 속도를 늦추자 비로소 보였다. 그동안 스쳐 지나간 하늘의 색, 건물 사이로 스며드는 노을빛, 그리고 내 안에서 들려오는 작은 신호들이.

'이 길이 맞아?'

그 조용한 물음이 내 발걸음을 붙잡았다.

이후 나는 더 이상 앞만 보지 않았다. 옆을 보고, 나를 보고, 내가 진짜 가고 싶은 방향을 확인하며 걸었다. 빠르게 가는 사람은 많지만, 자기 길을 걷는 사람은 드물다는 걸 깨달았다. 속도가 느리다고 실패한 것은 아니었다. 조금 늦는다고 낙오한 것도 아니었다. 우리가 진짜 붙잡아야 할 건 속도가 아니라 '방향성'이었다. 회의에서 아이디어를 낼 때도, 급하게 말을 쏟아내기보다 한 번 더 생각한 뒤 전하는 것이 내 스타일이 되었다. 결정이 늦어지는 것처럼 보여도 그 과정에서 불필요한 후회를 줄였다.

   사람들과의 관계도 비슷했다. 예전엔 모든 사람과 빨리 친해져야 한다고 생각했지만, 지금은 시간을 두고 관계를 쌓는다. 속도는 늦지만, 대신 오래가는 신뢰가 남았다.
   회사 안에서 점점 '나만의 템포'를 찾았다. 동료들과 회의를 진행할 때 일부러 시간을 두고 질문을 던졌다. 급하게 답을 맞히기보다 모두가 충분히 생각할 수 있는 여유를 남겼다. 처음에는 '왜 이렇게 느리냐'라는 시선이 느껴졌지만, 팀 프로젝트가 진행될수록 그 느림이 가져다주는 안정감과 신뢰를 체감했다.
   퇴근 후 저녁 루틴도 바뀌었다. 핸드폰을 잠시 내려놓고 책을 읽거나 차를 마시며 하루를 되돌아보았다. 단순히 업무 성과를 점검하는 것이 아니라 내가 느끼고 배운 것, 다른 사람과의 소통에서 깨달은 점을 기록했다. 그와 같은 작은 습관이 쌓이면서 마음속 불안과 초조함이 조금씩 사라졌다.

   세상은 여전히 빠르다. 성과를 요구하고, 속도를 경쟁시키며, 잠시 멈추는 사람에게 불안을 심는다. 하지만 나는 안다. 그 빠름 속에서도 지켜야 할 나만의 리듬이 있다는 것을. 느리게 걷는 발걸음 하나하나가 이제는 부끄럽지 않다. 내가 어디로 가는지 아는 사람이 되었기 때문이다. 천천히 가는 사람은 자신과의 대화를 놓치지 않는다. 조급함이 아닌 확신으로, 불안이 아닌 선택으로 오늘의 속도를 스스로 결정한다. 길이 막히거나 방향이 흔들릴 때도 잠시 멈추어 내 안의 나침반을 확인할 수 있다.

이제 나는 안다. 속도가 아니라 방향이, 불안이 아니라 나만의 리듬이 진짜 나를 단단하게 만든다는 것을. 천천히 걷는 하루하루가 쌓이면 어느 순간 내 삶 전체가 흔들리지 않고 중심을 잡게 된다. 오늘도 나는 발걸음을 늦추지만, 확실하게 앞으로 나아간다. 그리고 마음속으로 되뇐다.

'조금 느리더라도, 나는 올바른 길을 가고 있어.'

작은 변화가 만든 큰 성장의 순간들

처음 직장에 들어갔을 때 '성과와 결과'만이 성장의 전부라고 믿었다. 매일 아침 모니터를 켜고 가장 먼저 확인하는 건 목표 달성률이었고, 회의 때 내가 꺼내는 말도 대부분 숫자와 지표였다. 누가 봐도 '일에 몰두하는 사람'처럼 보였지만, 사실은 조급함에 쫓기는 사람이었다. 더 빨리, 더 많이, 더 앞서가야만 살아남을 수 있다고 믿었다. 퇴근길에도 업무 생각이 머릿속을 떠나지 않았다. 다음 날 계획을 어떻게 세워야 할지, 더 나은 결과를 내기 위해 무엇을 바꿔야 할지 끊임없이 생각했다. 주말에도 마찬가지였다. 친구들과의 약속 자리에서조차 대화의 반은 일 이야기였고, 집에 돌아와서는 다시 업무 메일을 확인했다. 겉으로는 성실해 보였지만, 내 안에서는 조금씩 균열이 생기고 있었다. 삶과 일이 뒤섞여 버리면서 정작 나 자신은 어디에도 없었다.

그러던 어느 날, 평소처럼 바쁘게 일하던 중 동료와 사소한 의견 충돌이 있었다. 작업 방식에 대한 차이 때문이었는데, 나는 내 방식이 옳다고 확신하며 그의 의견을 대수롭지 않게 흘려버렸다. 하지만 대화가 감정적으로 흐르더니 결국 서로 얼굴을 붉히게 되었다. 회의실을 나오는 순간 가슴 한쪽에서 쿡 찌르는 듯한 불편감이 느껴졌.
'내가 틀렸을 수도 있지 않을까?'
그동안 한 번도 깊이 생각하지 않았던 질문이 머릿속에 스쳤다. 잠시 멈춰 서서 나에게 속삭였다.
'이번엔 상대의 입장에서 생각해 보자.'
그건 아주 작은 변화였다.

점심시간에 나는 동료 옆자리에 앉아 조심스럽게 그의 이야기를 들었다. 의외로 그는 오랫동안 나와 같은 고민을 하고 있었고, 그가 제안한 방식에는 내가 보지 못한 장점이 숨어 있었다. 나는 그제야 '내가 틀릴 수도 있다'는 단순한 사실을 받아들였다. 그 순간 갈등은 자연스럽게 풀렸고, 이 일 이후 우리는 더 편하게 의견을 주고받는 사이가 되었다.

그 경험은 중요한 깨달음을 남겼다. 성장은 거창한 성과나 숫자에서만 오는 것이 아니라는 것. 그리고 내 안에서 일어나는 작은 태도의 변화, 마음가짐의 전환이 쌓일 때 비로소 진짜 성장이 이루어진다는 것. 그 뒤로 또 다른 작은 시도를 했다. 회의 자리에서 늘 조용히 메모만 하던 내가 조심스럽게 손을 들어 의견을 말하기 시작한 것이다. 처음 발언을 준비하던 날, 손바닥에는 식은땀이 가득하고 목소리는 떨렸다. 하지만 누군가가 고개를 끄덕여 주었을 때, 내 안에서 알 수 없는 자신감이 피어올랐다. 두 번째, 세 번째 발언이 이어졌고, 나는 더는 '묻어가는 사람'이 아니었다. 조금씩 주체적으로 성장의 무대를 만들어 가는 사람이 되어 가고 있었다.

작은 변화는 다른 변화를 불러왔다. 업무 성과가 기대만큼 나오지 않아도 예전처럼 자책하지 않고, 실패 이유를 차분히 분석해 동료들과 공유했다. 덕분에 혼자가 아닌 '함께 해결하는 경험'을 쌓게 되었고, 그 과정에서 신뢰가 쌓였다. 또한 일과 삶의 균형을 조금씩 조정하면서 주말에는 나를 위한 시간을 마련했다. 처음엔 불안했지만, 아이러니하게도 오히려 집중력과 효율이 높아졌다.

돌아보면 모든 건 거창한 계기가 아니라 사소한 변화에서 시작되었다. 잠깐 멈춰 생각하기, 상대의 입장에서 들어보기, 작은 목소리라도 내기. 그 작은 행동이 쌓여 지금의 나를 지탱하는 단단한 뿌리가 되었다. 성과의 숫자보다 더 값진 것은 나 자신을 이해하는 힘이었다. 주변 사람들과 신뢰를 쌓아 가는 과정, 작은 실패와 성공을 함께 끌어안는 마음가짐, 그리고 계속해서 변화를 시도하는 용기. 그것이야말로 참된 성장의 에너지였다.

　이제는 안다. 성장은 하루아침에 찾아오는 성취가 아니라, 매일의 작은 선택 속에서 만들어진다는 것을. 그리고 그 작고 느린 걸음이 쌓일 때, 훗날 큰 성장을 이룬 자신을 만나게 된다는 것을. 성장은 결국 '나 자신을 바꾸려는 용기'에서 시작된다는 것을.

실패를 넘어선 성장은 나를 더 단단하게 만든다

처음 사회에 발을 내디뎠을 때는 실패를 극도로 두려워했다. 회의에서 숫자 하나 틀릴까 봐, 보고서에 오타가 날까 봐 늘 숨을 조이며 하루를 버텼다. '실패는 곧 나의 부족함'이라는 생각이 머릿속을 지배했고, 작은 실수조차도 내 존재를 흔드는 치명적인 약점처럼 느껴졌다. 출근길 지하철 창문에 비친 얼굴은 늘 긴장으로 굳어 있었고, 퇴근 후 집에 돌아와도 낮에 있었던 사소한 실수가 머릿속을 떠나지 않았다.

그러던 어느 날, 결국 두려워하던 일이 일어났다. 몇 달간 준비한 중요한 프로젝트에서 큰 실수를 저지른 것이다. 보고서 핵심 데이터가 잘못 기재된 채로 회의에 올라갔고, 내 발표는 중단되었다. 그 순간 회의실 공기가 무겁게 가라앉았다. 모든 시선이 나를 향했고, 나는 손끝이 차갑게 식는 걸 느꼈다. 머릿속에는 '끝났다'라는 생각뿐이었다. 내가 쌓아온 신뢰와 노력, 그리고 앞으로의 가능성이 모두 한순간에 무너지는 것 같았다. 그 후 며칠 동안 마치 투명 인간이 된 것처럼 지냈다. 회의에서 발언을 자제했고, 메일을 보내기 전에 문장을 수십 번 읽고 또 읽었다. 동료가 무심코 내뱉은 한마디에도, 상사의 표정 변화에도 쉽게 불안해했다. '나는 부족하다', '나는 실패자다'라는 생각이 머릿속에서 떠나지 않았다.

그런데 아이러니하게도 그 실패를 정면으로 마주하고 곱씹는 과정에서 의외의 깨달음을 얻었다. 실패는 끝이 아니라 다른 길로 나를 이끄는 이정표일 수 있다는 것. 넘어짐은 무너짐이 아니라, 나의 약함이 무엇인지 알려 주는 신호라는 것을. 그날 이후 방식을 조금씩 바꿔 나갔다. 보고서를 작성할 때는 검증 절차를 한 번 더 거쳤고, 중요한 데이터는 여러 동료와 교차 확인했다. 실수를 예방하기 위해 체크 리스트를 만들고, 마감 하루 전에는 반드시 검토할 시간을 확보했다. 처음엔 시간이 더 걸렸지만, 그 습관은 곧 내 업무를 지탱하는 든든한 장치가 되었다. 회의 준비도 달라졌다. '틀리면 안 된다'는 두려움에 사로잡히는 대신 '이번에는 무엇을 더 나아지게 할 수 있을까'라는 질문을 계속 던졌다. 그러자 실수를 줄이는 데 그치지 않고, 개선점을 찾아내려는 태도가 자리 잡았다.

작은 태도의 변화가 쌓이자, 업무 속도와 정확성뿐 아니라 마음의 여유도 돌아왔다. 예전에는 실패가 나를 옥죄던 족쇄였다면, 이제는 성장을 가속하는 연료가 된 셈이다. 이 경험을 통해 중요한 진실을 배웠다. 성장은 단순히 성과를 쌓는 일이 아니다. 내가 실패를 어떻게 받아들이고, 그 실패를 발판 삼아 어떻게 다시 일어서느냐가 진짜 성장의 기준이다. 그 깨달음은 내 마음을 한층 더 단단하게 만들었다. 사실 실패와 성장은 특별한 사람만의 이야기가 아니다. 누구나 실수하고, 넘어지고, 때로는 주저앉는다. 중요한 건 그 순간을 어떻게 대하느냐다. 감추고 외면하기보다 마주할 때 비로소 자신을 이해하고 용서하는 법을 배운다. 그리고 그 과정에서 내면의 힘을 발견하게 된다.

혹시 지금 실패 앞에서 주저앉아 있는가?
혹은 실수를 감추기에 급급한 하루를 보내고 있는가?

그럴수록 기억하길 바란다. 실패는 성장으로 나아가는 디딤돌이라는 것을. 숨기지 말고, 마주하고, 배워 나가자. 그 여정 속에서 우리는 이전보다 단단해진 자신을 만나게 된다. 거울 속의 내가 어제보다 더 담대해져 있고, 내일을 버틸 힘이 조금 더 단단히 다져져 있음을 발견하게 된다.

완벽하지 않아도 괜찮다. 실패를 넘어설 때 더 깊고 넓은 자신만의 성장을 이룰 수 있다. 그 성장은 오래도록 우리를 지탱하는 뿌리가 된다. 오늘도 나는 그 뿌리를 조금 더 단단하게 만들기 위해 한 걸음씩 걸어가고 있다. 실패를 두려워하지 않고, 성장을 믿으며.

비교 대신 발견을 선택하다

직장은 늘 비교의 무대였다. 누군가는 성과를 자랑했고, 또 다른 누군가는 빠른 승진을 뽐냈다. 나 역시 어느 순간부터 그 속도와 기준에 맞춰 자신을 평가하고 있었다.
'왜 나는 저만큼 잘하지 못할까?'
'나는 왜 이렇게 더딜까?'
그 질문들은 날카로운 칼날처럼 내 마음을 베었다. 나를 채찍질하며 더 빨리 달리려 했지만, 속도를 낼수록 마음은 점점 지쳐 갔다.
'이렇게까지 애쓰는데, 왜 마음은 점점 무거워질까?'
거울 속 내 얼굴을 볼 때면 긴장과 피로가 뒤섞인 표정이 그대로 비쳤다.

입사 3년 차 무렵 맡게 된 대출 기획 프로젝트가 기억에 남는다. 다섯 명이 팀을 이루었는데, 모두 '성과'를 의식하며 바삐 움직였다. 회의는 매번 빠르게 돌아갔고, 누가 더 빠르게 보고서를 올리느냐가 평가의 기준처럼 느껴졌다. 그런 분위기 속에서 나도 앞서가기 위해 애썼다. 눈치껏 밤을 새우고, 선배보다 먼저 회의실에 들어갔으며, 숫자 하나라도 더 넣기 위해 애써 문서를 다듬었다. 하지만 어느 순간, 팀의 최종 결과물이 번번이 수정을 반복하는 걸 보며 의문이 들었다.
'우리는 왜 이토록 급하게 달리고 있는 걸까?'
'속도가 중요한 건 알지만, 혹시 그 안에서 놓치고 있는 건 없을까?'
그때 깨달았다.
열심히 하는 것과 잘하는 것은 다르다는 사실을. 그래서 결심했다.
'내 페이스대로 해 보자. 그 대신 더 꼼꼼하게, 더 집중해서!'

마치 슬로 모션처럼 하나하나 확인하며 문서를 검토하고, 질문이 떠오르면 바로 메모해 두었다. 회의에서 바로 답하는 대신, 정확히 모르는 부분은 '조금 더 확인해 보겠습니다'라고 말했다. 처음엔 팀원들의 시선이 신경 쓰였다. '왜 이렇게 느리지?' 하는 분위기가 은근히 느껴졌고, 나도 마음이 조급해졌다. '이러다가 평가에서 밀리는 건 아닐까?' 하는 불안이 마음을 스쳤다. 하지만 며칠 후 팀장이 내 자료를 유독 오래 살펴보더니 말했다.

"이 자료, 실수 없고 구조도 탄탄하네요. 이걸 기준으로 전체를 다시 맞춰 봅시다."

그 말을 들은 순간, 작지만 선명한 확신이 생겼다. 속도보다 중요한 건 '리듬'이라는 것. 빠르기만 한 걸음보다 균형 있게 내딛는 걸음이 더 멀리 간다는 걸 몸으로 깨달았다. 그때부터 비교 대신 '발견'을 선택하기로 했다. '다른 사람보다 잘해야지'라는 생각보다 '내가 좋아하고 잘하는 게 뭘까?'라는 질문을 자주 꺼내 들었다. 예전에는 입사 동기와 실적을 비교했고, 타 부서 동료의 인사고과를 궁금해했으며, 심지어 후배의 업무 속도마저 나의 잣대로 삼았다.

하지만 이제는 다른 방식으로 기록을 남긴다. 오늘 하루 나는 어떤 실수를 줄였고, 어떤 질문을 했으며, 무엇을 배웠는지 나만의 노트에 써 내려간다. 작은 성공과 배움을 하나하나 기록하며 나 자신의 진전을 확인하는 습관이 생겼다. 그 과정을 통해 비교에서 오는 불안이 아니라, 발견에서 오는 성장의 기쁨을 느낄 수 있었다. 물론 지금도 흔들릴 때가 있다.

'지금 이 속도로 괜찮을까?'

'더 빨리, 더 많이 해야 하지 않을까?'

그럴 때면 책상 한쪽에 붙여 둔 문장을 다시 들여다본다.

'조금 느려도, 제대로 간다면 괜찮아.'

비교는 나를 흐리게 만든다. 남의 시선에 맞춰 살다 보면, 내가 무엇을 원하는지 잊게 된다. 하지만 발견은 다르다. 발견은 질문에서 시작되고, 관찰을 통해 성장하며, 결국 나만의 기준을 만들어 낸다. 이제 나는 내가 좋아하는 일에 더 집중하고, 나만의 방식으로 일하고 있다. 성과가 눈에 띄게 늘어난 것도 아니고, 누구보다 앞서가는 것도 아니지만, 매일 조금씩 더 나다워지고 있다는 게 느껴진다. 그게 나에게는 더 소중하다. 왜냐하면 그 끝에는 '나답게 일하고, 나답게 살아가는 삶'이 있기 때문이다.

성장은 티 나지 않게 온다

처음 입사했을 때를 떠올려 본다. 눈에 띄는 성과도, 화려한 스포트라이트도 없었다. 그저 매일 정해진 일을 묵묵히 해내는 것만으로도 벅찼다. 거대한 조직 안에서 나는 '하나의 이름'일 뿐이라고 생각했고, 회의 시간에는 말을 아꼈다. 내가 던진 아이디어 하나가 사라져도, 아무도 눈치채지 못할 것 같았다. 그런데 주변을 돌아보면 달라 보이는 이들이 있었다. 말도 잘하고, 자료도 매끄럽게 정리하며, 상사에게도 능숙하게 보고하는 동기들이 눈에 띄었다.

'나는 왜 아직도 이렇게 버벅대지?'

회의에서 말문이 막히고 보고서를 지적당할 때마다 초조했다. 같은 시간을 보내고 있는데 왜 나는 여전히 제자리에 머무는 것 같을까. 그 불안은 나를 점점 움츠러들게 했다. 그래서였을까. 어느 순간부터 '눈에 띄는 성과'를 쫓기 시작했다. 더 많은 일을 맡고, 더 늦게까지 남아 있는 날이 늘었다. 하지만 그런 방식으로는 오히려 지치기만 했다. 성과보다 '보여 주기'를 의식하면서 진짜 중요한 걸 놓치고 있었다.

그러던 어느 날, 팀장이 회식 자리에서 조용히 말했다.

"네가 조용히 한 일들이 모여서 팀 전체가 더 나아지고 있어."

아무렇지 않게 들릴 수 있는 한마디였지만, 나에겐 그날의 피로를 잊게 할 만큼 묵직하게 다가왔다. 생각해 보면 나름대로 최선을 다하고 있었다. 엑셀 수식을 하나라도 더 깔끔히 정리하려고 퇴근 전에 한 번 더 확인했고, 바쁜 팀원 대신 일정 조율 메일을 써 주기도 했고, 선배의 실수를 조용히 보완하며 '내가 나서면 티 날까?' 걱정하기도 했다. 그날 이후 눈에 띄는 결과를 내기보다 내가 할 수 있는 '작은 개선'을 찾기 시작했다. 회의록을 작성할 때는 이해하기 쉬운 문장으로 정리했고, 새로 들어온 후배가 적응하는 데 어려움이 없도록 업무 매뉴얼을 정비했다. 일이 몰릴 때는 먼저 나서서 '제가 할게요'라고 말을 꺼내 보기도 했다. 물론 이런 것들은 칭찬받기엔 너무 사소한 일이었다. 하지만 이상하게도 팀 분위기가 조금씩 달라지는 게 느껴졌다. 동료들은 자주 내게 질문했고, 누군가는 '너랑 일하면 든든해'라고 말해 주었다. 그때 깨달았다.
 '아, 나도 누군가에게 기여하고 있었구나.'

 성장은 눈에 띄는 변화로만 오는 게 아니었다. 폭풍처럼 몰아치는 것도 아니고, 스포트라이트 아래서 화려하게 드러나는 것도 아니었다. 잔잔한 강물처럼 조용히 흘러오다가 어느 순간 문득 '예전과 달라진 나'를 발견하게 되는 것. 그런 성장은 더디고 느리지만, 그래서 더 단단하다. 그 변화는 실무 능력뿐 아니라 태도와 사고에도 영향을 미쳤다. 이전에는 사소한 실수 하나에도 위축되고, 혹시 주변에 피해를 주진 않을까 불안해했다. 지금은 작은 실수도 배움의 기회로 받아들이고, 더 나은 방법을 고민하는 습관이 생겼다. 예전에는 회피했던 일도 이제는 먼저 시도하게 되었고, 문제가 생기면 침착하게 상황을 분석하고 해결책을 찾아 나서게 되었다.

 성장은 속도에 달려 있지 않다. 누군가에겐 1년, 누군가에겐 5년이 걸릴 수도 있다. 중요한 것은 방향이다. 겉으로 보이는 성과보다 중요한 것은 내면의 힘과 태도가 조금씩 단단해지는 과정 자체다. 물론 성장에는 항상 불안과 의심이 따라왔다.
 '이게 맞는 걸까?'
 '나는 왜 여전히 이 모양일까?'
 수많은 질문과 밤샘 고민 속에서 조금씩 앞으로 나아갔다. 그 불안과 의심은 나를 눌러 놓는 것이 아니라, 내 발걸음을 한 발씩 밀어 주는 힘이었다. 그래서 이제는 조급해하지 않는다. 남들과 나를 비교하지 않는다. 티 나지 않아도 괜찮다고 속으로 조용히 되뇐다. 빛나는 성취보다 조용히 쌓이는 신뢰와 책임감이 더 오래간다. 그런 힘은 흔들리지 않고, 쉽게 무너지지 않는다. 오늘도 나는 묵묵히 나만의 속도로 성장해 간다. 작은 개선과 책임감이 모여 쌓이는 변화가 결국 나를 단단하게 만든다. 그리고 그 성장은 언젠가 가장 필요한 순간에 빛을 발할 것이다. 눈에 띄지 않아도, 누구에게나 성장은 조용히 찾아온다.

일에 휘둘리지 않고, 삶을 중심에 두기로 하다

입사 첫해였다. 나는 말 그대로 일에 미쳐 있었다. 출근하자마자 메일함부터 열었고, 퇴근 후에도 알림이 울릴까 봐 휴대폰을 손에서 놓지 못했다. 회식 자리에서도, 주말 약속 자리에서도 머릿속엔 미처 처리하지 못한 보고서와 다음 주 업무가 맴돌았다. 그것이 '프로답게 일하는 법'이라고 믿었다. 상사가 무언가를 묻기 전에 답을 준비해 두고, 동료보다 먼저 출근해 마지막에 퇴근하는 것을 자랑으로 여겼다. 성과가 없었던 건 아니다. 프로젝트가 잘 끝나거나, 상사에게 칭찬받을 때마다 잠시 기분이 좋았다. 하지만 이상하게도, 그 모든 성과가 쌓일수록 점점 무기력해졌다. 하루 종일 쏟아붓고 나면, 정작 '나'라는 존재는 남아 있지 않았다.

그러던 어느 날 건강검진에서 고지혈증과 위염 소견을 받았다. 의사는 단호하게 말했다.
"지금 조심하지 않으면 진짜 위험해집니다."
그 말에 정신이 번쩍 들었다. 몸뿐 아니라 마음도 한계에 다다랐음을 깨달았다. 사소한 일에도 쉽게 예민해졌고, 집에서는 말수가 줄었으며, 웃는 것이 어색해졌다. 그제야 나는 생각했다.
'나는 왜 이렇게까지 일하고 있을까?'
'이렇게 사는 것이 정말 내가 원하는 삶일까?'

처음에는 단순히 운동이라도 시작해 보자고 결심했다. 헬스장에 등록했고, 하루 30분이라도 몸을 움직이며 생각을 정리하는 시간을 가졌다. 조금씩 생활에 균형이 생기기 시작했다. 주말에는 휴대폰을 끄고 가족과 함께 시간을 보내거나, 책을 읽고 산책하며 나를 회복시켰다. 처음엔 불안했다. 메일을 놓치는 건 아닐까, 급한 연락이 오는 건 아닐까 걱정스러웠다. 하지만 놀랍게도 세상은 별 일 없이 잘 돌아갔다. 나 하나 빠졌다고 큰일 나는 일은 없었다. 그 경험은 큰 깨달음을 주었다. 일을 위해 나를 소모하는 삶은 지속 불가능하다는 것을. 삶의 중심을 잃은 채 '더 잘해야 한다'는 강박 속에서 사는 것은 결국 나 자신을 지치게 할 뿐이라는 것을. 이후 업무 방식을 조금씩 바꿨다. 하루의 우선순위를 정했고, 회의와 프로젝트에서도 내가 투자할 가치가 있는 일과 아닌 일을 구분했다. 필요하다면 '아니오'라고 말하는 용기도 배웠다. 처음에는 작은 거절조차 마음에 걸렸지만, 시간이 지나면서 그 선택이 내 삶을 더 건강하게 만든다는 사실을 깨달았다.

변화는 태도에서도 나타났다. 과거에는 '더 잘해야 한다'는 생각이 나를 몰아붙였지만, 지금은 '덜 무너지기 위해 어떻게 일할까'를 먼저 고민한다. 성과보다 중요한 것은 그 성과가 어떤 마음과 건강한 삶에서 비롯되었느냐 하는 것이다. 나 자신을 돌보는 시간이 결국 더 나은 결과로 이어진다는 것을 배웠다. 일을 나에게 맞추기 시작하면서, 내 삶은 다시 중심을 찾았다. 업무 중에도 계속 질문했다. '이 일이 지금 내가 해야 할 일인가?' '이 회의는 내 시간과 에너지를 투자할 만큼 중요한가?' 그 질문 하나하나가 일상 속 선택의 기준이 되었다. 그리고 무엇보다 이제 휘둘리지 않는다. 일이 나를 지배하지 않고, 내가 내 삶의 중심에 서 있다. 작은 변화지만, 그 힘은 생각보다 강력하다. 내 몸과 마음을 지키는 선택이 결국 일을 더 잘할 수 있는 기반이 되었다는 것을 매일 느낀다.

오늘도 나는 질문한다. '진짜 중요한 것은 무엇인가?' 이 질문은 하루를 조금 더 나답게 살게 하고, 내 삶의 방향을 천천히 그러나 확실하게 잡아 준다. 그리고 나는 그 답을 따라, 일과 삶의 균형 속에서 조금 더 단단하게 걸어가고 있다.

모르는 걸 인정하는 데도 용기가 필요하다

회의 도중 갑자기 등장한 낯선 용어 하나에 머리가 멈췄다. 슬라이드에 적힌 단어는 익숙하지 않았고, 누군가가 자연스럽게 그것을 언급하는 순간 나는 마치 무대 위에 덩그러니 놓인 느낌이었다. 주변 동료들은 고개를 끄덕이며 이해하는 듯했지만, 나는 애써 표정을 감췄다. 질문하고 싶었다. 하지만 '이걸 물어봐도 될까?', '이 타이밍에 끼어들면 분위기를 깰까?', '괜히 나만 모르는 거면 어쩌지?' 같은 생각이 순식간에 몰려왔다. 결국 아무 말도 하지 못했고, 회의 내내 웃는 얼굴로 고개만 끄덕이며 자리를 지켰다. 회의가 끝나자 갑자기 이 상황이 창피하게 느껴졌다. 용어 하나쯤 모를 수도 있는데, 그 순간 '모른다'라고 말하지 못한 자신이 더 부끄러웠다. 퇴근길 지하철 창에 비친 내 표정은 평소처럼 태연했지만, 속은 부끄러움과 후회로 뒤척였다.

'왜 그 순간에 손을 못 들었을까?'

'질문했으면 오히려 깔끔하게 설명을 들었을 텐데….'

집에 도착해서도 계속 마음이 불편했다. 결국 검색창에 그 단어를 입력했고, 몇 번의 클릭 끝에 개념이 머릿속에 들어왔다. 그러나 그 안도감은 오래가지 않았다. 지식을 얻었는데도 자꾸 그 순간에 작아졌던 감정이 나를 놓아주지 않았다. 곰곰이 들여다보니, 그것은 단순한 무지에 대한 불편함이 아니었다. '모른다'라고 말하면 능력이 없어 보일까 봐, 질문하는 행위가 준비 부족을 드러내는 것처럼 느껴질까 봐 겁이 났던 것이다. 그 마음의 뿌리는 자격에 대한 불안, 그리고 자존심에 대한 집착이었다.

'이 자리에 있어도 되는 사람일까?'

'혹시 내가 가장 부족한 사람은 아닐까?'

그 두려움은 조용히, 그러나 깊게 나를 옭아맸다. 며칠 뒤, 용기를 내어 선배에게 조심스럽게 물었다.

"그날 회의에 나왔던 이 표현, 제가 잘 몰라서요."

선배는 잠시 멈칫하더니 뜻밖의 말을 꺼냈다.

"사실 나도 정확히 몰라서 회의 끝나고 따로 정리했어. 그 자료 나중에 같이 볼래?"

그 말을 듣는 순간 묘하게 마음이 풀렸다. 내가 모른다고 이상한 게 아니었다. 다만, '모른다'라고 말할 용기가 부족했던 것뿐이었다. 선배 역시 처음부터 다 알았던 것이 아니었고, 질문은 부끄러운 일이 아니었다. 그 경험은 내 머릿속에 강하게 새겨졌다. 모르는 걸 숨기는 건 순간의 체면을 지켜 줄 뿐, 결국 내 성장을 가로막는 벽이 된다는 걸 깨달았다.

비슷한 일이 다시 찾아온 건 한 분기 뒤였다. 전사 보고용 자료를 만들던 중 생소한 데이터 처리 방식이 요구되었는데, 처음 접하는 형식이었다. 과거의 나였다면 혼자 검색하거나 조용히 넘기려 했을 것이다. 하지만 이번엔 달랐다. 팀 채팅방에 이렇게 적었다.

'이 형식이 익숙하지 않아서 그러는데, 혹시 관련 자료나 예시가 있을까요?'

몇 분 뒤 여러 동료가 참고할 자료를 보내 줬고, 누군가는 '나도 이거 처음 해 볼 때 엄청 헤맸어요'라며 공감해 주었다. 질문 하나로 정보를 얻었고, 동시에 사람과 마음도 얻었다. 그때 알았다. 질문은 단순히 정보를 얻는 수단이 아니라, 사람과 관계를 쌓고 배움을 이어주는 통로라는 것을.

우리는 종종 모른다는 말을 패배나 무능과 연결한다. 그러나 돌이켜보면 '안다'는 건 언제나 과정이지 도착점이 아니다. 알기 위해선 먼저 모름을 인정해야 하고, 질문을 통해 그 빈칸을 채워야 한다. 그 과정 자체가 성장이고, 결국 일을 더 잘하게 만드는 힘이다.

지금의 나는 회의 중에 모르는 용어나 흐름이 등장하면 메모하고, 필요하면 즉시 질문한다.

처음엔 여전히 어색하고 쑥스럽다. '괜히 방해하는 건 아닐까?' 싶은 생각도 든다. 하지만 그 마음을 넘어설 때마다 질문은 대화를 만들고, 그 대화는 서로의 성장을 이끌었다. '모른다'는 건 무능함이 아니라 출발선이다. 질문은 나약함이 아니라 성장의 언어. 모든 걸 아는 척하는 태도가 오히려 배움에서 멀어지게 한다는 사실도 이제는 이해하게 되었다.

돌아보면, 그날 하지 못했던 질문 하나가 지금의 나를 바꿔 놓았다. 그때의 후회가 없었다면, 지금처럼 '모릅니다'라고 담담히 말하는 연습을 하지 못했을 것이다. 모른다는 걸 인정하는 데는 확실히 용기가 필요하다. 하지만 용기를 내는 순간, 배움의 문은 활짝 열린다.

이제 나는 바란다.

완벽해 보이는 사람보다 모른다고 말할 수 있는 사람이 되기를. 자존심 때문에 기회를 놓치지 않고, 배움을 부끄러워하지 않는 사람이 되기를. 그런 태도야말로 '일을 잘하는 사람'이 되는 첫걸음이라고 믿는다. 그리고 누군가가 나처럼 질문을 주저할 때, 이렇게 말해 주고 싶다.

"괜찮아. 모른다고 말하는 게 진짜 시작이야."

칭찬 앞에서 어색해하는 나를 마주하다

"이번 기획안 정말 잘했어. 발표도 매끄럽고."
팀장의 말이 끝나자 순간 멍해졌다. 기뻤다. 그런데 당황스러웠다. 입꼬리는 올라갔지만 손은 땀으로 젖어 있었고, 입에서는 "아, 그냥 운이 좋았어요"라는 말이 튀어나왔다. 왜 그랬을까. 왜 곧바로 '감사합니다'라고 말하지 못했을까.

퇴근길 내내 그 장면이 떠올랐다. 팀장의 말보다 그 순간 제대로 반응하지 못한 내 모습이 더 마음을 흔들었다. 돌이켜보니 나는 늘 결과보다 부족한 부분에 먼저 시선을 두었다. 칭찬보다 피드백에 익숙했고, 잘한 것보다는 '다음엔 더 잘해야지'라는 생각이 먼저였다. 누군가가 내 노력을 인정해 주는 순간에도 그 말을 온전히 받아들이지 못하는 것은 나 자신에게조차 충분한 믿음을 주지 못하기 때문이었다. 이런 내 모습에 관해 친구와 이야기한 적이 있다.
"넌 늘 네가 최고라고 생각하지 않잖아? 그런데 그게 너를 더 무겁게 만드는 것 같아."
처음엔 방어적으로 반응했지만, 곰곰이 생각해 보니 맞는 말이었다. 나는 스스로 격려하고 믿는 연습보다 조심하고 스스로 낮추는 연습을 더 많이 해 왔다. 칭찬받으면 그 순간에는 반짝 기뻐하면서도 이를 마음 깊이 받아들이는 법은 몰랐다. 자꾸 겸손이나 겸양으로 포장하며, 진짜 내 성취와 노력을 스스로 인정하지 못했다.

그날부터 조금씩 시도했다. 누군가가 고맙다고 하면 '별거 아니에요'라고 말하는 대신 '도움이 되었다니 다행이에요'라고 답했다. 누군가가 수고했다고 하면 '아직 멀었죠'라고 말하는 대신 '열심히 했어요'라고 말했다.

처음엔 어색했다. 입 밖으로 말이 나올 때마다 머리가 멈췄다. 하지만 그 순간마다 스스로 묻곤 했다.
'이렇게 말하는 게 왜 어렵지? 내가 내 성과를 온전히 받아들이지 못해서 그런 걸까?'

점점 작은 변화가 쌓이기 시작했다. 한번은 동료가 조심스레 내 업무를 칭찬했다.
"덕분에 프로젝트가 훨씬 수월하게 진행됐어."
예전 같으면 얼버무렸을 텐데, 그날은 대답이 자연스럽게 나왔다.
"그렇게 말해 주니 정말 힘이 돼요."
그 한마디에 마음 한편이 따뜻해졌다. 누군가의 인정이 나 자신을 채워 주는 느낌, 그걸 처음으로 실감했다.

그때 깨달았다. 칭찬을 어색해하는 마음 뒤에는 내가 나를 온전히 신뢰하지 못한 시간이 숨어 있다는 것을. 나의 성취를 인정하는 것, 누군가의 긍정적인 시선을 받아들이는 것조차 자기 존중의 한 방식임을. 과거의 나는 모든 칭찬을 자만이나 과시로 여겼다. 하지만 실상은 나 자신을 믿고 싶은 마음을 감추고 있었던 것이다. 결국 칭찬을 제대로 받아들이는 법을 배우는 것도 성장 과정 중 하나였다. 이는 외부의 평가에 휘둘리지 않고 자기 자신과의 관계를 건강하게 만드는 훈련이기도 했다.

그 후로 칭찬받을 때마다 작은 연습을 계속했다. 회의에서 내 아이디어가 좋다는 얘기가 나오면, 속으로 먼저 생각을 정리한 뒤 '감사합니다. 도움이 되었다니 다행이에요'라고 천천히 말하는 식이다. 처음엔 어색하고 머릿속이 복잡했지만, 반복할수록 자연스러워졌다. 나 자신과의 대화도 중요했다.

'내가 잘했다고 인정해도 되나?'

'자만하는 건 아닐까?'

이런 질문을 던지며 자기 점검과 자기 신뢰 사이의 균형을 맞춰 갔다. 칭찬을 겸손하게 넘기는 것이 아니라, 건강하게 받아들이고 내 안에서 의미를 만드는 연습이었다. 그 작은 변화들은 서서히 내 행동과 태도에 스며들었다. 동료와의 대화에서, 팀 회의에서, 프레젠테이션에서 나는 예전보다 더 안정적이고 자신감 있게 반응했다. 칭찬을 부정하거나 회피하지 않고 온전히 받아들이는 순간, 나의 성취와 노력도 확실히 느낄 수 있었다. 그 덕분에 작은 성공 하나에도 감사하고, 나 자신에게 힘을 실어 주게 되었다.

어색하더라도 누군가의 인정에 부드럽게 웃으며 '감사합니다'라고 말할 줄 아는 사람이 되기 위해 마음속으로 그리고 말로 칭찬을 받아들이는 연습을 지금도 멈추지 않는다. 그 한마디가 내 안의 자존감을 조금씩 채워 주고, 스스로 믿는 힘이 되어 준다. 그 작은 변화가 모여 나 자신을 존중하고 나를 단단하게 지켜 주는 힘이 되었음을 언젠가 깨닫게 될 것이다. 칭찬을 온전히 받아들이는 법을 배우는 것, 그것 또한 성장의 일부임을 이제 안다.

더 이상 모두의 기대에 맞추지 않기로 하다

나는 늘 '괜찮아 보이는 사람'이었다. 급하게 회의 자료가 필요하면 먼저 손을 들었고, 다들 꺼리는 업무가 생기면 '제가 해 볼게요'라고 말했다. 칭찬받기 위해서라기보다는 분위기를 깨고 싶지 않았기 때문이다. 누군가에게 부담을 주느니 내가 조금 더 일하는 편이 나았고, 그렇게 해야 마음이 덜 불편했다. 하지만 그렇게 쌓인 '착한 사람' 이미지가 어느 순간부터 나를 옥죄기 시작했다.
'이 정도쯤은 해 주겠지.'
'말 안 해도 알아서 하겠지.'
주변의 기대는 점점 커져 갔고, 어느새 업무 시간의 절반 이상을 남의 일을 챙기는 데 쓰고 있었다. 내 일은 늘 뒤로 밀렸고, 퇴근 후에도 피로가 사라지지 않았다. 회의 중에 잠시 눈을 감았는데 문득 이런 생각이 스쳤다.
'이게 내가 원하는 모습이었나?'

그날 이후 작은 실험을 시작했다. 어느 날 퇴근 직전에 다른 팀으로부터 급히 도와달라는 요청이 들어왔다. 예전 같으면 망설임 없이 '네'라고 했겠지만, 그날은 이상하게 그 한마디가 나오지 않았다. 대신 조심스럽게 말했다.
"죄송하지만, 오늘은 제 일정이 꽉 차 있어서요."
돌아오는 반응이 두려웠다.
'이 사람답지 않게 왜 이러지?'라는 시선이 날아올까 봐 가슴이 두근거렸다. 그런데 의외로 아무 일도 일어나지 않았다. 상대는 오히려 "괜찮아요. 다른 데 알아볼게요"라며 담담히 넘어갔고, 나는 처음으로 내 시간과 에너지를 온전히 나에게 허락하는 저녁을 보낼 수 있었다.

그 작은 'No'는 내 안에 묻어 둔 목소리를 꺼내게 했다. 그동안 거절이 관계를 해칠까 봐 두려워 무조건 수용하고, 혼자 감정을 삭이며 '좋은 사람'이라는 갑옷을 벗지 못했다. 하지만 이제 깨달았다. 진짜 좋은 사람은 스스로를 버리며 남을 돕는 사람이 아니라, 자신의 경계를 존중하며 타인과 관계를 맺는 사람이라는 것을. 처음에는 쉽지 않았다. 거절 한 번에도 미안함이 앞섰고, 집에 돌아오면 '내가 너무 이기적으로 보이지 않았을까?'라는 후회가 몰려왔다. 하지만 조금씩 익숙해지자 알게 되었다. 관계는 내 예상보다 훨씬 단단했고, '아니오'라는 말 때문에 무너지지 않았다. 오히려 서로의 경계가 분명해지자 불필요한 오해가 줄었고, 동료와의 관계도 더 솔직해졌다.

직장에서는 종종 '괜찮은 사람'이라는 틀 속에 나를 가두곤 한다. 상사의 시선, 동료들의 기대, 눈치와 배려 사이에서 내 감정은 자주 뒤로 밀려난다. 그런 상태가 오래 지속되면, 피로가 몸과 마음을 동시에 잠식한다. 그러다가 결국 '왜 나만 힘들지?'라는 벽에 부딪히게 된다. 그 순간 필요한 건 극적인 반전이나 완벽한 선언이 아니다. 그저 내가 감당할 수 있는 작은 선택이 필요할 뿐이다. 하루쯤은 '지금은 어렵다'라고 말할 수 있는 용기, 남의 기대보다 내 마음을 먼저 챙기는 선택이다. 그 작은 균형이 오히려 관계를 더 건강하게 만들고, 나를 더 오래 버티게 해 준다.

타인의 기대에 끌려가느라 지쳐 있던 내가 이제는 나의 기준으로 하루를 설계하게 되었다. 예전의 나는 남의 눈치를 보며 내 시간을 희생했지만, 이제는 내 선택과 우선순위를 고려해 결정한다. 나는 이제 안다. '좋은 사람'이란 타인의 기준으로 판단되는 사람이 아니라, 자기 자신에게 정직한 사람이라는 것을. 그런 사람은 모두의 기대에 맞추느라 흔들리는 대신, 스스로 세운 경계 안에서 자유롭게 일할 수 있다. 그 자유로움이야말로 나다운 삶이고, 진짜 성장이라는 것을 이제야 조금씩 알게 되었다.

 오늘의 나는 더는 모두의 기대에 맞추지 않는다. 대신 내 목소리에 귀 기울이며, 내가 책임질 수 있는 만큼만 선택한다. 그 선택이 쌓여 언젠가 나 자신에게 이렇게 말할 수 있기를 바란다. 그때 용기 내어 경계를 세운 덕분에 지금의 내가 단단히 서 있을 수 있다고.

부러워하는 대신 배우기로 하다

처음엔 기뻤다. 입사 동기에, 회식 때면 나란히 앉아 이런저런 이야기를 나누던 친구였다. 그 친구가 팀장이 됐다는 소식을 들었을 때 진심으로 축하해 주고 싶었다. 하지만 그 감정은 생각보다 오래가지 않았다. '같은 출발선에서 시작했는데…'라는 생각이 마음속에서 고개를 들었고, 이는 '나는 왜 아직 여기일까?'라는 자책으로 이어졌다.

마음이 복잡했다. 칭찬받는 동료의 발표를 들을 때마다 어깨가 움츠러들었고, 성과 회의에서 내 이름이 빠진 자료를 볼 때면 초라해졌다. 누가 나를 밀어낸 것도 아닌데, 점점 더 뒤로 물러나 있는 기분이었다. 회사라는 좁은 세계 안에서 '누가 먼저 앞에 서느냐'에 집착하게 되었고, 어느새 일보다 사람을 더 의식하게 되었다. 그 과정에서 매번 비교의 덫에 걸려 스스로 평가절하하는 나날을 보내고 있었다. 그 감정이 얼마나 나를 묶고 있는지 점점 깨닫게 되었다. 부러움이라는 감정은 단순히 다른 사람의 성취를 보는 마음의 반사 작용이 아니었다. 그 속에는 나 자신을 향한 불신과 조급함, 그리고 실패에 대한 두려움이 섞여 있었다.

'나는 왜 이만큼밖에 못할까?'
'내 자리와 능력은 언제 따라잡힐까?'
부러움은 순간적이고 자극적이지만, 오래 머물면 마음을 갉아먹는다. 그 감정에 사로잡힐수록 나 자신을 평가절하하고, 자신감은 점점 바닥으로 내려갔다.

그러던 어느 날, 마감 전날까지 야근을 반복하며 겨우 완성한 보고서가 돌아왔다.
"생각보다 평범하네요."

짧은 한마디에 하루 종일 허탈했다. '내가 뭘 잘못했지?'라는 질문이 머릿속을 맴돌았다. 그날 저녁, 우연히 카페에서 마주친 그 친구와 나눈 짧은 대화가 전환점이 되었다.

"이번 프로젝트 진짜 힘들었어. 일주일 동안 집에도 못 갔어."

지친 그의 얼굴을 보며 나는 깨달았다. 눈에 보이는 성과만으로 비교하며 마음을 무겁게 하고 있었던 건, 사실 나 자신이었다. 그 순간 부러움이라는 감정이 마음을 잠식하고 있었다는 사실을 인정했다. 동시에 비교를 배움으로 바꿔 보면 어떨까 하는 생각이 스쳤다.

그날부터 작은 실천을 시작했다. 보고서 하나를 쓰더라도 다른 사람의 방식과 내 방식의 차이를 기록했고, 부족하다고 느낀 부분은 조금씩 채워 갔다. 질문하는 것을 두려워하지 않았고, 잘하는 동료가 있다면 관찰하고 배우며 내 방식대로 정리했다. 업무 회의 후에는 '오늘 나는 무엇을 배웠는가?'라는 질문으로 하루를 마무리했다. 작은 성취와 실패를 하나하나 기록하며 나 자신과 조용히 대화를 나누었다. 처음에는 변화가 미미했다. 회의 자리에서 손을 드는 것도 여전히 긴장되고, 보고서를 다시 읽을 때면 '이 정도면 괜찮을까?'라는 불안감이 찾아왔다. 하지만 날마다 작은 배움의 습관을 쌓으면서 불안감이 조금씩 줄어들었다. 자책하기보다는 '어제보다 조금 더 나은 오늘'이라는 기준으로 나를 평가하는 힘이 생겼다.

몇 달이 지나자 변화가 눈에 보이기 시작했다. 예전에는 피하고 싶었던 회의 자리에서 이제는 내가 먼저 의견을 말하고 논점을 제시했다. 동료와 의견이 엇갈리더라도 비교나 시기심이 아닌 학습의 관점으로 대화를 이어 갔다. 누구보다 앞서려고 하기보다 나 자신의 의미 있는 성장에 집중했다. 회의 전에는 나만의 체크 리스트를 만들었다.

'오늘 ○○○에게 배우고 싶은 점은 무엇인가?'
'그의 행동과 생각 중 나에게 적용할 점은 무엇인가?'
'내가 놓치고 있는 부분은 무엇인가?'

회의가 끝난 후에는 기록지를 펼쳐 오늘 배운 점과 적용할 점을 적었다. 사소한 변화였지만, 그 과정에서 비교하는 마음이 점차 사라지고, 배움에 집중하는 습관이 몸에 뱄다.

부러움은 쉽게 피어나는 감정이다. 성과는 수치로 비교되고, 승진은 이력으로 증명된다. 하지만 그 감정에 오래 머무르면 결국 남이 아니라 내가 나를 갉아먹게 된다. 그래서 나는 선택했다. 부러워하는 대신 배우기로. 남과 비교하는 대신 나를 알아 가기로. 다른 사람이 앞서가는 모습에 움츠러드는 대신 그 과정에서 나만의 배움을 찾기로. 그 선택은 조용하지만 확실하게 나를 성장시키는 방향으로 이끌었다. 부러움이 배움으로 바뀌는 순간, 마음이 자유로워지고 성장의 길이 열리기 시작했다. 비교 속에서 허우적대던 나를 지나 이제는 조용히, 그러나 단단하게 나를 키워 가고 있다.

오늘도 회의실에서, 보고서 앞에서, 혹은 평범한 일상에서 작은 배움을 찾는다. 부러움이라는 감정에 잠식되었던 과거의 나를 돌아보며 깨닫는다. 성장은 남과의 경쟁에서 오는 것이 아니라 나 자신을 이해하고, 배우고, 조금씩 나아지는 과정에서 온다는 것을. 부러워하는 대신 배우기를 선택한 나는 오늘도 조용히, 그러나 확실하게 성장하고 있다.

성장은 '잘하려는 마음'에서 시작된다

입사 초반에는 매일매일이 작은 시험 같았다. 첫 프로젝트를 맡았을 때 '제대로 해내야 한다'는 마음이 강하게 자리 잡았다. 이왕이면 눈에 띄고 싶었고, '이번 일은 너라서 믿고 맡겼어'라는 말을 듣고 싶었다. 나 자신에게, 팀에, 회사에 실망감을 주고 싶지 않은 마음이 컸다. 하지만 그 마음은 곧 압박으로 바뀌었다.

첫 회의에서부터 벽에 부딪혔다. 말을 제대로 하지 못해 의도와 다르게 전달되기도 했고, 꼼꼼히 작성했다고 생각한 작업 일정표에는 빠진 항목이 한두 개가 아니었다. 나는 생각했다.
'일을 맡을 준비가 아직 안 된 걸까?'
회의가 끝날 때마다 마음이 주저앉았고, 나 자신을 의심하며 밤늦게까지 문서를 다시 점검하곤 했다. 그때 한 선배가 말했다.
"잘하려는 마음이 있는 사람은 결국 성장해. 처음부터 완벽한 사람은 없어."
그 말은 단순한 위로가 아니었다. 막막하고 답답한 내 마음을 붙들어 준 유일한 말이었다. 나는 그 안에서 작은 희망을 붙들었고, 나를 조금 더 믿기로 했다.
그 순간부터 접근 방식을 바꾸었다. 완벽을 추구하기보다 부족함을 줄이는 데 집중하기로 했다. 회의 전에 자료를 여러 번 훑고 중요한 부분을 메모하며 놓치는 항목이 없도록 점검했다. 잘 정리된 타인의 문서를 참고하며 나만의 방식으로 개선했고, 메일 하나를 써도 단어를 바꿔 보며 의미가 잘 전달되는지 꼼꼼히 확인했다. 작은 시도가 모이면서 나는 '실수하지 않기'보다 '조금 더 나아지기'에 마음을 쓰게 되었다.

한번은 중요한 발표를 앞두고 긴장한 나에게 또 다른 선배가 다가와 말했다.

"완벽하게 하려고 애쓰지 마. 네가 준비한 만큼만 보여 줘도 충분해."

그 말에 마음이 조금 가벼워졌고, 덕분에 발표를 무사히 마칠 수 있었다. 이전에는 일이 어려워지면 주눅 들기 바빴지만, 이제는 '이번엔 어디를 개선할 수 있을까?'를 먼저 고민한다. 변한 건 능력이 아니라 태도였다. '잘하려는 마음'을 유지하되, 그 마음을 지키는 방식이 성숙해진 것이다.

성장은 혼자만의 경험으로 완성되지 않는다. 최근 우리 팀은 새로운 업무 시스템을 도입했다. 초반에는 낯설고 실수가 잦았다. 나는 일부러 매일 업무가 끝난 후 10분씩 시간을 내 시스템 사용법을 정리하고, 동료들과 소소한 팁을 공유했다. 작은 변화였지만 팀 전체의 업무 효율이 눈에 띄게 개선되었다. 그 과정을 통해 깨달았다. '잘하려는 마음'은 단순한 자기 계발을 넘어, 팀과 함께하는 성장으로 이어진다는 것을. 내가 조금 더 나아지고, 조금 더 신경 쓰는 것이 팀 전체에 긍정적인 영향을 줄 수 있다는 경험은 내 마음을 한층 단단하게 만들었다.

또 다른 사례도 있다. 팀 프로젝트 중 중요한 보고서에서 내가 준비한 차트 하나가 오류를 일으켰다. 회의 중 팀장이 이를 지적했고, 순간 얼굴이 뜨거워졌다. 하지만 이전과 달랐던 점은 나 자신을 비난하기보다 문제 해결에 집중한 것이다. 회의가 끝난 뒤 곧바로 자료를 수정하고 팀원들과 공유하며 재점검했다. 그 과정에서 나 자신을 향한 '잘해야 한다'는 마음이 성장으로 연결될 수 있다는 경험을 다시 한번 확인했다.

성장은 어느 날 갑자기 다가오지 않는다. 작은 시행착오, 반복되는 실수, 조그만 시도 속에서 천천히 자란다. 하지만 '잘하려는 마음'을 놓지 않는 사람에게는 반드시 찾아온다. 작은 습관 하나를 바꾸고, 서툴렀던 한 문장을 고치고, 회의에서 용기 내어 한마디를 더 얹었던 순간이 쌓이고 쌓여 나를 어제보다 나은 사람으로 만든다. 나는 이제 안다. 성장은 눈에 보이는 성과에서 비롯되는 것이 아니다. 매일의 선택과 마음가짐, 꾸준한 노력과 자기 점검 속에서 자란다. 작은 변화 하나에도 의미를 부여하고, 자기 자신을 믿으며, '잘하려는 마음'을 유지하는 것. 그 마음을 잃지 않는 한 우리는 조금씩 더 단단한 나로 성장해 간다. 오늘도 출근길 지하철 안에서 마음속으로 다짐한다.

'오늘도 어제보다 조금 더 나아지자.'
 그 한 문장이 하루를 버티게 하고, 입사 초기에 부족했던 자신감과 경험의 격차를 조금씩 메워 준다. 성장은 눈에 보이지 않더라도 하루하루 쌓이는 선택과 마음가짐 속에서 천천히, 그러나 확실하게 나를 단단하게 만든다.

꼬리는 짧아도,
나만의 길은 길다

퇴사, 나를 지키는 용기

컴퓨터 모니터 구석에 익숙한 버튼 하나가 있었다.
'퇴사 신청.'
그 버튼은 조용히 나를 부르고 있었다. 하지만 수없이 마우스를 갖다 대다가도 끝내 클릭하지 못한 채 모니터를 덮곤 했다. 지친 날에도, 억울한 날에도, 눈물이 맺힌 날에도 그 앞에서 손끝만 망설이다가 멈추었다. 그 버튼을 누르는 순간, 그동안 쌓아온 시간과 노력 그리고 작은 행복과 실패를 모두 뒤로하고 새로운 걸음을 내디뎌야 한다는 사실을 알았기 때문이다. 그러던 어느 날, 책상 서랍 속에서 오래된 일기장을 꺼냈다. 거기엔 아무에게도 보여 주지 않은, 나만 아는 하루하루의 '진짜 마음'이 빼곡히 적혀 있었다.

'오늘도 웃지 못했다.'
'회의 내내 사라지고 싶었다.'
'출근길이 너무 무겁다.'
'일은 끝났지만 마음은 놓이지 않는다.'
그 문장들이 조용히 내게 말했다.
'너, 이미 알고 있잖아. 왜 더는 여기에 머물 수 없는지.'

사직서는 감정의 폭발로 쓰는 것이 아니다. 울분이나 분노로 인해 홧김에 적은 글은 언제든 후회를 불러온다. 진짜 퇴사는 지속된 감정의 '패턴'을 깨닫는 데서 시작된다. 한두 번 힘들다고 떠나는 것이 아니다. 하지만 같은 마음이 몇 달, 몇 계절을 반복한다면 그것은 '예외'가 아니라 '일상'이 된다. 그 일상을 기록하면, 스스로 질문할 수 있다.

'언제부터 웃음을 잃었는가?'
'무엇에 침묵했는가?'
'어느 순간 가장 나답지 않았는가?'
그 질문 앞에서 비로소 퇴사는 감정이 아니라 '결정'이 된다.

우리는 퇴사를 생각할 때 너무 많은 외부 시선에 휘둘린다. 상사의 표정, 동료들의 반응, 이직 타이밍, 그리고 내가 붙들고 있는 '안정'이라는 이름의 관성까지. 하지만 그 어떤 외부 조건보다 중요한 건 단 하나다.
'지금 이곳에서 나는 진짜 나다운가?'
아무리 조건이 좋아도 매일 나를 잃어 가는 곳이라면, 그곳은 나와 어긋난 곳이다. 퇴사는 도망이 아니다. 오히려 나를 가장 온전히 지키는 마지막 용기일지도 모른다.

나는 결국 사직서를 냈다. 하지만 하루아침의 충동에서 저지른 일은 아니었다. 수없이 쌓아 온 일기장의 마지막 문장, 그 끝에 찍힌 조용한 마침표였다.
'오늘도 웃지 못했다.'
더는 그 문장을 내 하루에 남기고 싶지 않았다. 그날, 거울 앞에서 나 자신에게 속삭였다.
'그만하자. 이제 괜찮아.'

퇴사는 끝이 아니다. 다음 이야기를 위해 책갈피를 끼우는 일이다. 페이지를 덮기 전에 지금 이 순간의 나를 정직하게 마주하는 용기. 그 용기는 사직서보다 먼저 쓴 작은 일기장에서부터 시작된다. 비로소 깨달았다. 퇴사는 그동안 나를 억누르던 감정에서 벗어나 나 자신을 온전히 마주하고 지키는 일이라는 것을. 한 걸음을 내딛는 용기, 두려움을 인정하고 나 자신을 지키고자 하는 결심, 그것이 진정한 시작임을. 그 결정을 후회하지 않는다. 왜냐하면 떠나는 순간, 나는 나를 다시 선택했기 때문이다. 그 선택이야말로 더 나다운 삶으로 나아가는 첫 걸음이 되었다. 그렇기에 오늘도 마음 깊이 다짐한다.

'내 마음이 먼저, 내 삶이 먼저.'

그만두고 싶다는 말, 사실은 나를 지키는 용기다

'그만두고 싶다.'

이 말은 어느 날 갑자기 툭 튀어나오는 것이 아니다. 수많은 마음의 파편을 삼키고 또 삼키다가 결국 넘치듯 흘러나온 '살아남기 위한 신호'다. 이 말 안에는 두 마음이 함께 있다. 하나는 도망치고 싶은 마음, 모든 걸 내려놓고 이 자리를 벗어나 숨고 싶은 절망과 피로. 다른 하나는 살고 싶은 마음, 이대로는 안 되기에 더 나은 나를 꿈꾸고 '나다움'을 지키려는 간절한 끈이다. 그래서 이 말은 무섭다. 단순히 회사를 그만두고 싶다는 뜻이 아니라 '나로 살아가고 싶다'라는 절박한 외침이기도 하기에.

나는 일하면서 종종 혼잣말했다.
'정말 잘하고 있는 걸까?'
'왜 자꾸 나답지 않은 걸까?'
'이건 내가 원했던 모습이 아닌데….'

회사는 실적과 성과를 요구하고, 나는 점점 감정을 잃어 가는 것 같았다. 말수도 줄고, 웃음도 줄고, 관계마저 멀어졌다. 효율은 늘었지만, 내 존재감은 희미해졌다. 그렇게 몇 주, 몇 달을 견디던 어느 날 '그만두고 싶다'라는 말이 내 안에 조용히 맴돌았다. 그건 분노도 반항도 아니었다. 그저 지금의 나를 더는 견딜 수 없다는 고백이었다.

퇴사를 고민할 때 우리는 종종 '그만둔다 = 실패'라는 공식에 갇힌다. 버티지 못한 사람, 책임지지 않은 사람으로 단정 짓곤 한다. 하지만 나는 확신한다. 퇴사를 결심하는 그 순간은 가장 치열하게 '나'를 지키고자 용기를 내는 순간이라는 것을. 실패란 일이 잘못되는 것이 아니라, 나를 외면한 채 견디기만 하는 삶일 수 있다. '그만두고 싶다'라는 말은 무너짐의 징후가 아니라, 다시 살아내겠다는 조용한 선언이다. 그 안에 담긴 절실함을 누구도 가볍게 판단해서는 안 된다. 무작정 도망치는 것도, 무조건 새로운 시작을 향해 돌진하는 것도 아니다. 가장 '나다운 길'을 찾아가는 조심스러운 여정이다. 고민 끝에 결심했다. 기존의 틀에 나를 맞추려 하기보다, 내 기준으로 삶의 판을 다시 짜 보기로 했다. 회사에서 벗어난다는 건 단순한 '이직'이 아니다. '내가 나로 살아갈 조건'을 찾는 일이다. 그래서 망설였지만 도망치지 않았다. 두려웠지만 다시 한 걸음 내디뎠다. 길이 없으면, 길을 만드는 사람이 되어 보기로 했다. 그 과정에서 깨달았다. 퇴사는 단순히 환경을 바꾸는 일이 아니라는 것을. 그보다 중요한 건 내 마음을 지키는 일, 내 기준을 존중하며 자신에게 솔직해지는 일이다. 나를 억지로 참게 만들던 일상, 고여 있던 감정, 무심히 흘려보낸 시간까지 모두 들여다보고, 이름을 붙여 주고, 조용히 놓아 주는 과정이 필요했다.

'그만두고 싶다'라는 말은 때로 길 잃은 외침 같고, 때로는 새로운 출발선 앞에 선 고요한 다짐 같다. 중요한 건 그 말 속에 있는 진짜 마음의 정체를 마주하는 일이다. 그 감정을 가볍게 넘기지 말고, '힘든가 보네' 하며 덮어 버리지 말고, 정직하게 나를 들여다보는 일이다. 나는 그 말을 마주하며 다짐했다.
'지금의 나를 지키기 위해 나는 움직이겠다.'
조용하지만 확실한 결심. 그리고 조금씩 조금씩 나다운 삶을 향해 발걸음을 옮기기 시작했다. 우리는 누구보다 자기 마음의 결을 잘 안다. 그래서 그런 말을 하는 '나'를 가장 먼저 믿어야 한다. 언젠가 그 말이 단순한 고통의 표현이 아니라 새로운 변화의 서막이었다고 말할 수 있기를. 그 순간 비로소 깨닫는다. '그만두고 싶다'라는 말은 사실 나를 지키는 용기다. 그리고 그 용기는 나를 다시 살게 하는 첫걸음이다.

버티는 게 아닌, 흐르는 삶을 선택하다

"회사는 전쟁터라고?"

드라마 속의 한 대사가 오래도록 마음에 남았다. 살아남기 위해 부딪히고 애쓰는 전쟁터. 하지만 그럼에도 불구하고 회사는 우리가 기대어야 할 울타리이기도 하다. 그래서 우리는 '버티는 것'이 미덕이라 믿는다.

'지금 나가서 뭐 하려는 거야?'
'요즘 같은 때에 회사를 그만둔다고?'

수많은 질문과 시선 앞에서 우리는 무심히 주춤거린다. 하지만 진짜 중요한 건 '버틴다'라는 말 뒤에 숨은 내 진짜 상태다. 나도 한때는 그렇게 믿었다. 버티는 것이 곧 성실이고 충성이라고, 그것이 생존의 전부라고. 매일 아침 같은 시간에 출근하고, 눈치와 효율 사이에서 내 감정을 서서히 줄여 갔다. 그러던 어느 날 깨달았다. 시간은 흘러가는데 나는 제자리였다. 이유 없이 지쳤고, 작은 일에도 마음이 쉽게 무너졌다. 웃음이 사라지고, 말수도 줄었다. 누군가는 그걸 '권태기'라고 불렀지만, 단순한 일시적 침체가 아니었다. 나는 '고여 있는 중'이었다.

'회사라는 공간은 안정과 소속감을 주지만, 그 안에서 나는 자라고 있는가?'

그 질문 앞에 머무를수록 답은 뚜렷해졌다. 성장도 배움도 없이 그저 버티는 것은 마른 웅덩이처럼 움직임도 흐름도 없이 서서히 말라가는 것이었다. 그때 알았다. 이건 버티는 게 아니었다. 고여 있는 것이었다. 고인 물은 결국 썩는다.

이별은 언제나 어렵다. 함께 일하던 동료가 떠나면, 남은 사람은 묘한 상실감에 잠긴다. 사직서와 인수인계서가 남긴 흔적을 더듬으며, 그 사람이 남긴 자취를 따라가게 된다. 책상 위에 남겨진 컵, 모니터에 붙어 있는 포스트잇, 달력에 적힌 작은 메모들. 첫 출근 때 찍은 사진과 어색하게 웃던 그날의 나까지. 그 안에 묻어 있던 웃음과 긴장이 불현듯 울컥하게 만든다. 그럼에도 떠나는 이들을 축복하고 싶다. 그들이 떠나는 것은 단순한 탈출이 아니라, 다시 흐르기 위한 결단임을 알기 때문이다.

퇴사는 단순히 회사를 떠나는 일이 아니다. 고여 있던 시간을 멈추고 다시 흐름을 시작하겠다는 자기 자신을 향한 진심 어린 선언이다. 따라서 사직서보다 먼저 써야 할 것은 내 현재 상태에 관한 질문이다.

'나는 이 자리에서 여전히 배우고 있는가?'
'내가 하는 일이 나를 성장시키고 있는가?'
'아침에 눈을 뜰 때 설렘이 있는가?'

만약 답이 '아니요'라면 움직여야 할 신호다. 나는 떠나기로 했다. 처음에는 두렵고 불안했다. 하지만 동시에 마음 한편에 묘한 평온이 찾아왔다.

'그래, 흘러가자. 멈추지 말자.'

그 결정 이후, 이전보다 더 날카롭고 섬세하게 내 감정을 들여다보게 되었다. 하루를 보내고, 일주일을 보내며 조금씩 삶의 리듬을 되찾았다. 책을 읽고, 혼자 산책하며 생각을 정리하고, 작은 목표를 하나씩 실천하는 순간마다 내가 다시 살아 있음을 느꼈다.

버티는 삶은 고통스럽다. 하지만 흐르는 삶은 살아 있음 자체를 기쁘게 만든다. 막힘이 있으면 방향을 바꾸고, 장애가 있으면 길을 찾아가는 과정이 생명력으로 느껴진다. 우리는 웅덩이가 아니라 강물이 되어야 한다. 흘러야 하고, 부딪혀야 하며, 길을 내면서 나아가야 한다. 이제 나는 안다. 버티는 것만이 능사가 아니며, 버티다 지친 내가 진짜 잃는 것은 성장과 삶의 감각이라는 것을. 흐르는 삶을 선택하는 순간 나 자신을 지키고, 나다운 길을 찾을 수 있다. 그것이 진짜 성장이고, 진짜 나다움으로 사는 길이다.

그만두고 싶다는 마음, 나를 지키는 용기다

퇴사를 고민하는 순간, 수많은 목소리에 흔들린다.
"왜 그만두려고 해?"
"요즘 같은 시국에 어딜 가려고?"
"여기서 못 하면, 어딜 가도 마찬가지야."
겉으로는 걱정하는 것 같지만, 그 말들 속에는 질문보다 판단이 담겨 있었다. 하지만 진짜 중요한 질문은 밖이 아니라 내 안에서 울렸다.

'정말 이렇게 결정해도 괜찮을까?'
'지금 나는 나답게 살고 있는 걸까?'
하루에도 몇 번씩 결심과 망설임 사이를 오갔다. 회의실에서 보고서를 마감하고 메신저 알람이 울릴 때마다 마음이 무겁게 흔들렸다. 거울 앞에 서면 피곤함에 찌든 내 눈동자가 날 바라보고 있었다.
'왜 떠나야 하지?'
'이걸 도망이 아니라 시작이라고 말할 수 있을까?'
답을 찾는 과정은 길고 조용했다. 겉으로는 웃고 있지만 속은 무너지고 있었고, 일은 반복됐지만 성장은 멈춰 있었다. 감정은 무뎌졌고, 존재감은 점점 흐려졌다. 그 순간 깨달았다. 더는 나 자신을 설득할 수 없다는 것을.

내가 아는 한 친구의 이야기가 떠올랐다. 그는 대기업에서 수년간 성실히 일했지만, 매일 아침 눈 뜨기가 힘들었다.
"출근길이 지옥 같아."
하지만 주변의 반응은 늘 비슷했다.

"왜 그만둬? 지금 잘나가는데."
그럼에도 그는 결국 결심했다.
"내가 진짜 원하는 게 뭔지 알아야겠어."

퇴사 후, 그는 작은 카페를 열었다. 처음에는 손님 한 명 오는 것도 부담스러웠다. 주문을 받을 때마다 손이 떨렸고, 메뉴를 준비할 때마다 실수할까 봐 걱정했다. 하지만 그는 서두르지 않았다. 한 명 한 명 손님과 대화하며 조금씩 자신만의 속도를 찾아갔다. 커피 향기가 카페 안을 채우고 작은 성공이 쌓이면서 친구는 생기를 되찾았다. 매일 출근하는 것이 즐거웠고 '나로 살아가는 시간'을 몸으로 느꼈다. 이런 경험은 그가 '그만두고 싶다'라는 마음을 용기로 바꾼 순간에 찾아왔다. 나 역시 마음을 다잡았다. 이 결정은 외부의 시선이나 타인의 조언에서 비롯된 것이 아니었다. 내 안의 목소리에서 시작된 선택이었다. '안정'이라는 이름으로 나를 묶고 있던 족쇄를 끊고, 조금은 불안하지만 더 나다운 길을 향해 내딛는 첫걸음이었다.

퇴사는 실패가 아니다. 오히려 자신을 외면한 채 그 자리에 머무르는 것이 진짜 실패일 수 있다. 사직서에 서명하기 전, 나는 내 안의 두려움을 인정하고 그 무게를 정면으로 마주했다. '혹시 나중에 후회하면 어떡하지?'라는 고민이 찾아왔지만, 동시에 마음 한편에 조용한 확신도 들었다. 이제 내가 내 삶의 주인이 되기로 결심했다. 퇴사는 곧 자기 자신과 나누는 대화다.
'나는 지금 충분히 살아왔는가?'
'나는 지금 내 마음을 존중하고 있는가?'
이 질문 끝에 내린 결정이라면, 그 선택은 불안할지라도 반드시 의미 있다. 이 글을 읽는 당신도 언젠가 겪을 혼란 속에서 자신의 목소리에 귀 기울일 수 있기를 바란다.

'그만두고 싶다'라는 마음은 단순한 외침이 아니라, 가장 진실한 자기 자신과의 대화다. 그 대화 끝에 내린 결심이라면 분명 당신만의 빛나는 새 출발이 될 것이다. 조금 흔들릴 수도, 두려울 수도 있다. 그 불안마저 당신을 당신답게 만들어 주는 과정임을 믿어도 된다. 퇴사는 끝이 아니라, 자기 자신을 지키는 용기 있는 첫걸음이다.

나다움을 찾아 떠나는 이직

"왜 이직하려고 하세요?"

면접에서도, 동료와의 대화에서도 자주 듣는 질문이다. 사람들은 보통 이직의 이유를 '불만'에서 찾는다. 상사와의 갈등, 아쉬운 연봉, 답답한 조직 문화. 하지만 내 대답은 조금 달랐다.

"이 일이 더 나다워서요."

누군가는 회피라고 생각할지 모른다. 하지만 나에겐 도망이 아니라 방향을 새로 정한 결정이었다. 진짜 하고 싶은 일을 찾아가는, 의식 있는 선택이었다.

나는 원래 성실한 사람이었다. 초등학교 때 0교시 수업 한 번 빠지지 않았고, 대학 시절에도 대외 활동, 봉사, 문화 체험, 언어 교류까지 누가 시키지 않아도 알아서 열심히 했다.

'이왕 하는 것 제대로 해 보자.'

그 마음이 쌓여 결국 '금융권'이라는 커다란 사과를 땄다. 처음엔 그 무게감에 긴장했고, 낯선 단맛에 설렘도 느꼈다. 하지만 시간이 흐르며 서서히 알게 됐다. 그 사과가 '좋은 사과'일지언정, 꼭 내 입맛에 맞는 건 아닐 수도 있다는 사실을.

그때부터 마음속 질문이 시작됐다. 출근길 지하철 창밖으로 스쳐 가는 빌딩 숲을 바라보며 생각했다.

'나는 이 자리에서 행복한가?'

'내가 진짜 원하는 삶은 무엇인가?'

회의실에서 동료들의 논의가 끝없이 이어질 때, 나는 책상에 앉아 작은 노트에 몰래 끼적였다.

'여기서 더 성장할 수 있을까?'

'내가 진짜 원하는 일은 무엇일까?'

사람들은 흔히 말한다.
"한 번 딴 사과는 끝까지 먹어야 해."
하지만 나는 생각했다.
'혹시 나는 다른 나무에서 다른 사과를 따 보고 싶은 것 아닐까?'
이직에는 편견이 따른다.
"무슨 문제가 있었던 거 아니야?"
"그 일이 잘 안 맞았나 봐."
하지만 나는 말하고 싶다. 이직은 문제를 피하는 일이 아니라, 삶의 방향을 재정비하는 용기 있는 움직임이라고. 모두가 북쪽을 향해 달릴 때 남쪽을 향해 걸어가도 괜찮다. 누군가의 기준을 따르지 않아도 내가 나를 가장 잘 안다면, 나침반은 내가 쥐는 것이 맞다.

퇴사와 이직을 고민하던 날, 퇴근 후 카페 한쪽에 앉아 오래된 노트북을 켰다. 작은 글씨로 지나온 일을 하나씩 써 내려갔다. 내가 했던 프로젝트, 내가 느낀 성취, 내가 실패한 순간, 그리고 배운 것들. 쓰면서 깨달았다. 결국 중요한 건 외부의 평가가 아니라, 내가 나를 어떻게 이해하고 있느냐였다. 내가 나를 신뢰할 수 있다면 어떤 길을 가든, 사람들에게 어떻게 평가받든 두려워할 것이 없었다.
그래서 이제는 '이직'이라는 단어를 숨기지 않는다. 그건 나를 다시 살게 하기 위한 선택이었고, 내 무대를 다시 설계하기 위한 과정이었다. 한동안 밤늦게까지 혼자 길을 걸으며 생각했다. 차가운 가로등 불빛 아래, 지난날의 내 모습이 그림자처럼 따라왔다. 하지만 그림자는 나를 붙잡지 못했다. 내가 향하고자 하는 방향은 분명해졌고, 나는 스스로 약속했다.
'이번에는 진짜 나를 위한 길을 가겠어.'

지금의 나는 처음 사과를 따던 날보다 더 단단하고 선명한 시선으로 나무를 올려다본다. 그리고 또 한 번 손을 뻗는다. 이번에는 진짜 나를 위한 사과를 향해서. 나를 더 살아 있게 할 방향을 향해서. 조금은 불안하지만 동시에 설레는 마음으로. 이직은 단순한 떠남이 아니라, 나다움을 찾기 위한 조용한 선언이다.

이직의 진짜 이유는 KPI에 없다

성과 중심, 문제 해결, 실적 대비, 조직 적응력.

회사는 언제나 측정 가능한 언어를 갈망한다. 그래야 누군가를 평가하고 분류하고 판단할 수 있으니까. 그 시스템 안에서는 '말이 되는 말'만이 유효하다. 논리적이어야 하고, 목적이 분명해야 하며, 감정보다는 결과가 앞선다. 그런 까닭일까. 내 마음은 회사라는 공간에서 늘 번역되지 않는 언어와 같았다. 아무 일도 없던 어느 회의실, 특별히 거친 피드백도 없었고 누가 나를 탓한 것도 아니었다. 그런데 이상하게 눈가가 뜨거워졌다. 성과 때문도 과로 때문도 아니었다.

'나는 이 자리에 어울리는 사람일까?'

'왜 이렇게까지 해야 하지?'

'나는 점점 멀어지고 있는 건 아닐까?'

이런 질문은 성과표에도, 보고서에도 없었다. 하지만 내 안에서는 조용하고도 분명한 균열로 퍼지고 있었다. 이해받을 수도, 설명할 수도 없는 감정이 말없이 나를 움직이기 시작했다. 그것이 조용한 이직의 시작이었다. 나는 하루에도 수십 번씩 나 자신에게 질문했다. 회의 중에 눈길이 창밖으로 향할 때, 조용히 손을 떨며 메모할 때, 팀원들의 웃음 속에 끼어들지 못할 때 질문했다.

'여기서 계속 웃고 있을 수 있을까?'

'내가 진짜 원하는 방향과는 다르지 않을까?'

이 물음들은 KPI로는 도저히 증명할 수 없는 감정이었지만, 내 안에서는 점점 무거운 현실이 되어 다가왔다.

사람들은 종종 말한다.

"이직은 감정적인 결정 아니야?"

맞다. 감정적인 결정이다. 하지만 그 감정은 충동이 아니라, 오래 축적된 내면의 판단이다.
'회의 중에 문득 울컥했어.'
'사소한 말 한마디에 상처받았어.'
'예전 같지 않아. 나 자신이….'
이런 말은 누군가에겐 '예민하다'는 평가일지 몰라도, 내게는 '이제는 달라져야 한다'는 조용한 신호였다. 이 자리가 더 이상 나를 자라게 하지 못한다는, 말 없이 퍼지는 경고였다.

마음이 완전히 무너지기 전에 나를 지키기로 했다. 떠남은 어느 날 갑자기 결정되지 않는다. 무심한 말 한마디, 반복되는 회의, 나조차 설득되지 않는 과업들, 퇴근 후 혼자 남아 책상 앞에서 커피를 홀짝이며 머리를 싸맨 시간. 그 모든 것이 차곡차곡 쌓여 하나의 문장을 만든다. 문득 거울을 보며 스스로 속삭일 때, 나는 알 수 있었다.
'나를 무너뜨리는 환경에 더는 머물 수 없다.'
그리고 어느 날. 아무도 이해하지 못할 마음 하나가 내 안에서 속삭였다.
'지금, 나를 떠나야 해.'
그 말은 논리의 언어가 아니라 진심의 언어였다.
누구도 대신 해석해 줄 수 없는 말.
하지만 내 안에서는 누구보다 분명하게 들리는 목소리였다.
'이제 나는 여기서 웃지 않는다.'
'나라는 사람이 점점 흐려지고 있다.'
이 감정은 KPI로는 측정되지 않는다. 하지만 그 어떤 숫자보다 강하게 나를 움직였다. 회사는 언제나 타당한 이유를 요구한다. 하지만 떠나려는 결정은 늘 논리로 설명되지 않는다. 때로는 이유 없는 감정 하나가 가장 진실한 선택을 이끈다. 나는 그 선택을 위해 나에게 시간을 줬다. 퇴사를 결정하기 전 한 달간 매일 밤 일기장을 펼쳤다.

'왜 나는 출근이 두려운가?'

'무엇이 나를 지치게 했는가?'

'나는 지금, 어떤 나로 남고 싶은가?'

작은 질문을 하나씩 적으며 마음을 정리했다. 그 과정에서 깨달았다. 논리적인 이유보다 중요한 것은 '내 마음이 충분히 준비됐는가?'였다.

감정을 믿는 일. 그건 회피가 아니라 진심으로 살아가겠다는 결심이다. 논리와 KPI로는 설명할 수 없는 선택. 그러나 그 선택이야말로 내 삶을 진짜 나답게 만드는 힘이다. 이직의 이유는 숫자가 아니라, 나를 향한 마음속 진실에 있었다. 그리고 그 진실은 어떤 KPI보다 강하게 나를 움직였다.

좋은 회사보다 괜찮은 나

"좋은 회사 다니시네요."

처음엔 참 듣기 좋은 말이었다. 복지도 좋고, 연봉도 높고, 남들이 부러워할 만한 '괜찮은' 회사. 단정하게 정장을 차려입고 출근하는 내 모습이 어딘가 든든하고 자랑스러웠다. 마치 나 자신이 '괜찮은 사람'이 된 것 같았다. 하지만 시간이 지날수록 그 말이 조금씩 무겁게 다가왔다.

'나는 이 안에서 진짜 괜찮은 사람일까?'

'좋은 회사라는 이름 뒤에서 점점 지쳐 가고 있는 건 아닐까?'

처음엔 작은 신호였다. 야근이 잦아도 견디며 '괜찮다'고 스스로 달랬다. 회의실에서 의견을 내놓은 뒤에도, 누가 알아주지 않아도 '좋은 회사니까 어쩔 수 없지'라고 생각했다. 점심시간에 혼자 남아 책을 읽거나, 엘리베이터 앞에서 홀로 숨을 고르는 순간에도 내 마음의 작은 경고음을 애써 무시했다.

'괜찮아, 좋은 회사니까.'

하지만 어느 순간 깨달았다. 외부의 조건이 아무리 좋아도 내 마음이 지치고 웃음을 잃는다면, 그 자리는 결코 '좋은 곳'이 아니라는 것을. 좋은 회사는 분명 안정과 인정, 사회적 지위를 제공한다. 하지만 그 안에서 내가 나 자신을 잃고 스스로 돌보지 못한다면, 그 모든 조건은 빛을 잃는다.

퇴근길, 창문에 비친 내 얼굴이 낯설게 느껴졌다. 화려한 간판과 네온 불빛 속에 희미해진 내 모습이 있었다. 그때 내 질문이 달라졌다. '좋은 회사인가?'에서 '나는 괜찮은 사람인가?'로.

마음속으로 하나씩 점검했다.

'오늘 나는 나를 존중하며 일했는가?'

'웃으며 하루를 마무리할 수 있었는가?'
'내 속도와 기준을 지키며 업무를 했는가?'

대부분 답은 '아니오'였다. 회의실에서는 팀의 기대에 맞춰 나를 억지로 맞췄고, 업무 속도와 성과에 쫓겨 숨 쉴 틈이 없었다. 작은 성취보다 완벽을 쫓으며 스스로 몰아붙였다. 그 과정에서 점점 나를 놓치고 있었다.

퇴사라는 선택은 쉽지 않았다. 좋은 조건, 안정된 위치, 사회적 인정 등 모든 것이 발목을 붙잡았다. 하지만 반복되는 피로와 마음의 공허, 작은 불안이 쌓이면서 깨달았다.

'좋은 회사가 아니라, 괜찮은 내가 먼저다.'

퇴사를 결심하기 전 몇 달 동안 내 감정을 기록했다. 회의 후, 보고서를 제출한 뒤, 야근을 마친 후 나를 돌아보았다.

'오늘 나는 웃었는가?'
'오늘 나는 나답게 행동했는가?'

답이 대부분 '아니오'였을 때, 더는 미룰 수 없음을 알았다. 결국 용기를 냈다. 좋은 회사라는 타이틀보다 나 자신을 지킬 권리를 선택했다.

퇴사를 결정한 후, 천천히 내 속도를 되찾았다. 출근길에 여유를 느끼고, 업무를 시작하기 전 스스로 질문을 던졌다.

'오늘 나는 어떤 선택으로 나를 지킬 수 있을까?'

그 과정에서 나는 작은 성취와 즐거움을 다시 발견했다. 이전보다 더 깊게 숨 쉬고, 이전보다 더 마음을 챙기며, 나를 존중하는 경험을 쌓았다. 좋은 회사에서 얻은 성과와 인정보다 중요한 것은 그 안에서 나 자신을 잃지 않고 사는 법이었다. 내가 나를 지키고 존중하며 살아가는 경험은 외부의 평가보다 훨씬 값지고 의미 있었다.

좋은 회사는 분명 매력적이다. 연봉, 복지, 명확한 조직 구조, 사회적 인지도까지. 하지만 괜찮은 나로 살아가는 일은 그보다 훨씬 소중하다. 회사라는 환경은 언제든 변할 수 있지만, 나 자신을 지키고 성장시키는 주체는 오직 나 자신이다. 오늘도 나는 내 속도와 기준을 지키며 출근한다. 이전보다 여유롭고, 나 자신에게 너그러워졌으며, 작은 성취와 즐거움에도 감사한다. 내 마음이 만족하고 내가 나로 살고 있다면, 그것이야말로 진짜 '괜찮은 삶'이다.

좋은 회사보다 중요한 것은, 좋은 조건보다 중요한 것은 '괜찮은 나 자신'이다. 내가 나로서 숨 쉴 수 있고 나를 존중하며 살 수 있다면, 그보다 더 큰 성공과 만족은 없다. 오늘도 괜찮은 나로 조용히 출근하는 당신을 응원한다. 당신의 '괜찮은 나'가 바로 가장 큰 자산임을 기억하길 바란다.

미련은 짐이 아니라 이정표다

퇴사를 앞두고 가장 무겁게 남았던 감정은 두려움도 불안도 아니었다. 마음을 짓누른 건 '미련'이었다. 함께 밤새워 일하던 동료의 농담, 처음 맡았던 프로젝트의 벅찬 성취감, 상사의 다정한 피드백, 매일 아침 익숙하게 밟던 계단의 리듬까지. 그 모든 순간이 내 발목을 잡았다.

'그래도 여기까지 왔는데….'
'이만큼 나를 키워 준 곳인데….'
'내가 떠나면 여긴 어떻게 될까?'
마음속 파도는 겉으론 조용했지만, 그 깊이는 짐작조차 하기 어려웠다.

퇴사의 길목에는 늘 감정이 뒤엉켜 있다. 처음엔 분노였다. '왜 나만 이렇게 힘들어야 하지?' 하는 억울함과 반발심. 곧이어 슬픔이 밀려왔다. 쏟아부은 시간과 노력이 허무하게 느껴지는 허탈감과 상실감. 하지만 그 모든 감정이 지나고 난 뒤에 남는 것은 미련이었다. 의외였다. 분노나 슬픔보다 더 오래 마음을 붙잡는 감정이 미련일 줄은 몰랐다. 그 감정은 마치 오래된 사진첩 속 사진처럼 선명하게 떠올랐다. 함께 웃고 울며 지나온 순간들. 때로는 치열했고, 때로는 따뜻했던 기억이 내 발걸음을 늦췄다. 나는 곰곰이 들여다보았다. 알 수 있었다. 미련은 결코 약한 감정이 아니었다. 그건 내가 이곳에서 최선을 다해 살아 냈다는 증거였다. 오히려 그것을 제대로 마주할 때, 비로소 떠날 용기를 얻었다.

퇴사 직전, 사무실 구석에 앉아 오래된 노트를 펼쳤다. 첫 출근날 적었던 메모, 팀 회의에서 기록한 아이디어, 실패한 프로젝트의 기록들. 기록 하나하나가 '나의 시간'을 증명하고 있었다.

나는 여기서 최선을 다했고, 충분히 의미 있는 시간을 보냈다. 그 깨달음은 미련을 단순한 짐이 아닌, 따뜻한 이정표로 바꾸어 주었다. 오랜 시간의 흔적 속에서 나는 나에게 말을 걸었다.

'여기서 내가 경험한 모든 순간이 헛되지 않았어.'
'힘들었던 시간도, 즐거웠던 시간도 모두 내가 성장한 시간이었어.'

미련은 나를 묶는 쇠사슬이 아니었다. 오히려 앞으로 나아가게 하는 나침반이었다. 퇴사 직전의 사무실은 조용했다. 동료들은 이미 퇴근했고, 나는 마지막으로 내 자리와 주변을 돌아보았다. 책상 위에 놓인 사무용품, 화면에 남아 있는 마지막 보고서, 벽에 붙어 있던 메모들까지. 하나하나가 나와 이 회사의 시간을 이야기하고 있었다. 그 공간을 떠나면서 마음속으로 작은 인사를 건넸다.

'고생 많았어. 함께한 시간, 잊지 않을게.'

그 말과 함께 미련은 짐이 아닌 발걸음을 인도하는 별빛이 되었다.

퇴사 후 첫 주말, 오랜만에 혼자 산책을 나섰다. 익숙한 길을 걸었지만 발걸음은 조금 느렸고 마음은 조금 가벼웠다. 길가에 떨어진 낙엽을 밟으며, 지난날의 나와 인사를 나누듯 속삭였다.

'잘 버텼어. 이제 앞으로 나아가자.'

이제 미련은 발목을 붙잡는 것이 아니라, 내가 걸어온 시간을 증명하는 이정표였다. 미련은 두려움이나 슬픔과 달리 나를 멈추게 하지 않는다. 그 대신 내가 걸어온 길을 돌아보게 하고, 앞으로 나아갈 방향을 보여 준다. 이 회사에서의 경험이 없었다면 지금의 나로 성장할 수 없었을 것이다. 때로는 힘들고, 때로는 아프고, 때로는 즐거웠던 모든 경험이 지금의 나를 만들었다. 나는 안다. 미련을 마주하고 품은 자만이 앞으로 나아가는 길에서 진정한 자신을 만날 수 있다는 것을. 그 길 위에서 나는 더 단단하고, 더 자유로워질 것이다. 떠나는 나에게 미련은 발목을 잡는 것이 아닌 나아갈 방향을 알려 주는 별빛이 되었다.

   회사를 떠난다는 건 단순히 장소를 이동하는 일이 아니다. 그동안 쌓인 감정과 기억, 성취와 실패, 관계와 배움을 모두 안고 가는 일이다. 미련을 부정하거나 짐으로 여기지 않고 그것을 이정표로 삼을 때, 진짜 출발선에 서게 된다. 내가 걸어온 길을 존중하고 미련을 품은 채 떠나는 순간, 발걸음은 가볍고 단단해진다. 앞으로 마주할 새로운 길에서도 나 자신과 함께 살아갈 수 있다. 그리고 그 길 위에서 나는 더 성장하고, 더 자유로워질 것이다. 미련은 짐이 아니다. 오히려 내가 지나온 시간을 증명하는 따뜻한 이정표다. 그리고 나는 그 미련을 따라, 조용하지만 분명하게 새로운 여정을 시작한다.

지금 이 마음이 충분하다면

퇴사를 고민하는 순간, 우리는 끊임없이 '정답'을 찾으려 한다.
'지금이 알맞은 타이밍일까?'
'조금만 더 참으면 달라질까?'
'내가 너무 예민한 건 아닐까?'

마치 시험지를 앞에 둔 수험생처럼 정답을 고르려고 애쓴다. 하지만 퇴사는 정답을 맞히는 문제가 아니다. 머리로 판단하는 선택이 아니라, 마음이 '충분하다'고 느끼는 순간에 비로소 도달하는 감각에 가깝다. 어느 날, 문득 깨닫게 된다. 더는 이곳에서 내가 성장할 수 없다는 것을. 일을 게을리한 것도, 관계를 소홀히 한 것도 아니다. 오히려 누구보다 최선을 다했고, 성실했고, 오래 고민했다. 그런데도 변화가 멈춘 듯한 감정, 무언가를 해도 더 이상 의미가 축적되지 않는 듯한 공허함이 서서히 마음에 스며든다. 그 순간이 찾아왔을 때 나는 혼자 사무실에 남아 창밖을 바라보았다. 햇살이 유리창을 타고 들어와 책상 위 서류를 비추는데, 그 빛이 조금 낯설게 느껴졌다. 잠시 숨을 고르고, 커피 한 잔을 손에 쥐고서 천천히 주변을 둘러봤다. 동료들의 웃음소리, 복도에서 들리는 발자국, 회의실 문틈으로 새어 나오는 토론 소리. 모든 것이 여전히 살아 있었지만, 나는 그 안에서 더 이상 나를 발견하지 못했다.

그때 처음으로 자신에게 질문했다.
'나는 이만큼이나 시도했고, 견뎠고, 기다렸어. 그렇다면 떠날 이유가 충분하지 않을까?'

더는 타인의 시선을 설득하려 애쓰지 않아도 된다. 이유를 논리로 정리하지 않아도 된다. 그저 내 안에 조용히 차오르는 감정이 이별을 허락해 주는 작은 신호일 뿐이다. 그 신호는 누가 대신 보장해 줄 수도, 책임져 줄 수도 없는 것이라 더 외롭다. 하지만 그 외로움이야말로 우리가 진짜 '성장'의 문턱에 다다랐다는 증거일지도 모른다.

나는 퇴사 전날, 한참을 걸으며 생각했다. 익숙한 길 위에서 지나가는 사람들과 차가운 바람, 간간이 들려오는 자동차 소리 속에서 '머무름과 떠남 사이'를 오갔다. 그러면서 깨달았다. 내가 처음으로 다른 누구도 아닌 '나 자신'을 위해 내리는 결정이라는 것을. 퇴사는 단순한 도피가 아니었다. 지금 이 시점에 나 자신에게 허락할 수 있는 가장 진심 어린 선택이었다.

사람들은 말한다. 완벽한 타이밍이 중요하다고. 하지만 인생에 그런 타이밍은 존재하지 않는다. 정답은 늘 지나고 나서야 완성된다. 중요한 건 단 하나다.
'지금 내 마음이 충분한가?'
그 마음이 충분하다면, 이는 다음을 준비하라는 내면의 신호다. 그 신호는 그동안 버틴 시간, 견딘 노력, 그리고 나를 아껴온 마음에서 흘러나온다. 나는 오래 산책하며 그 신호를 곱씹었다. 한 발 한 발 걸을 때마다 마음속 무거움이 조금씩 풀리고, 동시에 새로운 가능성이 떠올랐다. 점점 공허함은 호기심과 기대감으로 바뀌고, 불안은 나를 단단하게 만드는 자극으로 느껴졌다.

떠난다는 건 미련이 없어서가 아니라 충분히 살아 냈기 때문에 가능한 일이다. 퇴사는 정답이 아니다. 다만, 지금까지 최선을 다해 살아 낸 사람에게만 조용히 허락되는 하나의 자격일 뿐이다. 그 마음을 받아들일 때 비로소 '나음'으로 설음을 옮길 준비가 된다. 나는 그날 밤 침대에 누워 천장을 바라보며 조용히 마음속으로 말했다.
'지금의 이 마음이면 충분해. 이제 나아가도 괜찮아.'

그 한마디는 내가 앞으로 써 내려갈 새로운 문장의 시작이었다. 그리고 그 시작은 두렵지만 설레는 발걸음으로 이어졌다.

퇴사를 결심한 후, 매일 작은 루틴을 쌓으며 마음을 다독였다. 아침에는 이전보다 조금 느리게 커피를 내리고, 출근길을 산책하며 바람과 햇살을 음미했다. 저녁에는 책상 앞에서 하루를 돌아보고, 감사와 성장을 기록했다. 낯선 일상을 만나면 질문했다.
'오늘, 나는 무엇을 배웠는가?'
'나는 어떤 선택으로 나를 지켰는가?'
그 과정을 거치며 깨달았다. 퇴사는 단순한 직장의 이동이 아니라, 마음이 충분할 때 비로소 가능한 '성장의 출발점'이라는 것을. 그리고 마음이 충분할 때 새로운 길에서 두려움 대신 설렘을 느낄 수 있다는 것을.

어떤 나로 살고 싶은가?

퇴사 후, 가장 먼저 마주한 질문은 이것이었다.
'이제 무엇을 해야 하지?'
그 질문은 생각보다 오래 머물렀다. 하루에도 몇 번씩 고개를 들고 나를 흔들었다. 막연한 불안이 마음을 짓누를 때 무심히 책상 위에 놓인 포트폴리오 폴더를 열었다. 빈 문서 앞에 앉은 순간, 처음으로 '일을 떠난 나'와 깊이 마주했다.
'나는 어떤 일을 해 왔고, 앞으로 어떤 삶을 원하는 걸까?'

이 질문은 단순한 이력 정리와는 전혀 다른 차원이었다. 그동안 내가 지나온 모든 장면, 실패했던 프로젝트, 밤새 마감에 쫓기던 날, 서툰 나를 묵묵히 도와준 동료의 한마디까지. 그 모든 것이 나를 정의하는 중요한 기록이 되었다. 부끄러움도, 숨기고 싶은 기억도 모두 꺼내놓았다. 포트폴리오를 쓴다는 것은 남에게 보여 주기 위한 문서가 아니라, 나에게 질문하고 답하는 시간이었다.
'나는 어떤 나로 살고 싶은가?'
그 질문에 정직하게 답하는 과정 자체가 나를 한층 성장하게 만드는 경험이 되었다. 그 과정에서 중요한 깨달음을 얻었다. 단순히 경력과 숫자보다 중요한 것은 내 안에 담긴 '색과 온도'라는 사실이었다. 퇴사 후의 방향을 찾는 순간, 먼저 내가 지나온 길을 천천히 들여다보면 좋다. 우회했던 날들, 잠시 멈춰 섰던 순간, 실패와 실수의 흔적까지. 그 모든 것이 나만의 패턴과 태도를 만들었음을 알게 된다. 그리고 이미 그 길 위에서 나를 시험하고, 배움을 쌓아 왔다는 것을 확인할 수 있다.

그 깨달음은 내 행동에도 변화를 가져왔다. 퇴사 이후 나는 다양한 시도를 시작했다. 낯선 분야에 관한 온라인 강의를 듣고, 작은 프로젝트에 참여하며, 때로는 혼자 카페에 앉아 다음 목표를 고민했다. 새로운 경험 속에서 나의 흥미와 적성을 탐색했고, 이전 직장에서는 느끼지 못했던 자유와 책임을 동시에 경험했다. 그 과정에서 알게 된 것이 있다. 내가 두려워했던 것은 '빈 포트폴리오'가 아니라, 나 자신을 들여다보는 시간 자체였다는 것. 그리고 그 시간은 생각보다 단단하게 나를 만들어 주었다.

포트폴리오는 숫자를 정리하는 작업이 아니다.
스스로 다독이며 미래를 상상하는 용기를 기록하는 것이다. 잘하고 싶은 마음, 나답게 살고자 하는 의지, 그런 마음이 차곡차곡 쌓여 만들어진 내 삶의 궤적이자 응원이다. 예를 들면, 한 프로젝트를 마친 뒤 포트폴리오에 경험을 정리하면서 깨달은 것이 있다.
'이 경험이 나를 여기까지 오게 했구나.'
눈에 보이는 성과보다 그 과정에서 내가 성장한 흔적을 발견하는 기쁨은 그 무엇과도 바꿀 수 없었다.

퇴사 이후의 시간은 불안과 설렘이 뒤섞인 시간이었다. 내 선택이 옳았는지 확신할 수 없었고, 때로는 모든 것을 포기하고 싶다는 생각도 들었다. 하지만 그 불안 속에서 한 걸음씩 나아가며 조금씩 나를 이해하게 되었다. 무엇에 집중할 때 행복감을 느끼는지, 어떤 방식으로 일을 할 때 만족감을 느끼는지, 어떤 환경에서 성장을 체감하는지를 차근차근 배워 갔다.

혹시 지금 빈 포트폴리오 앞에서 막막함을 느끼고 있다면 조급해하지 않아도 된다. 그 공백은 실패가 아니라 오히려 '가능성의 여백'이다. 한 걸음씩 자신만의 별을 향해 걸어가고 있다면, 이미 충분히 잘하고 있다. 그 과정에서 느낀 감정, 깨달은 점, 소소한 성취가 모두 당신의 색과 온도를 만들어 줄 것이다.

퇴사는 끝이 아니다. 그건 '나 자신'을 다시 발견하고, 나를 스스로 고용하며, 앞으로 나아갈 길을 설계하는 과정이다. 포트폴리오를 채워 가는 동안 단순히 과거를 기록하는 것이 아니라, 미래를 위한 나만의 설계도를 그려 가는 것이다. 그리고 그 설계 속에서 비로소 어떤 나로 살고 싶은지 깨닫는다.

나는 이제 안다. 결국 중요한 것은 남의 평가가 아니라, 나 자신에게 얼마나 정직하고 나다운 선택을 했느냐라는 사실이라는 것을. 퇴사 후 비로소 나는 내 마음과 목표에 귀 기울이며 이전보다 더 단단하게, 더 자유롭게 나만의 길을 걸어가고 있다.

떠남이 아닌, 나아감의 시작

퇴사를 결심하는 순간 마음 한편에 두려움과 불안이 자리한다.
'정말 이 길이 맞을까?'
'내가 떠나면 무엇이 남을까?'
이런 질문이 무거운 짐처럼 가슴을 누른다. 처음에는 '그만두는 것'이 실패처럼 느껴졌다. 익숙한 자리에서 물러나는 것은 마치 안전망을 잃는 듯한 느낌이었고, 사람들은 나를 걱정 섞인 눈빛으로 바라보았다.

처음 며칠 동안 마음을 붙들지 못했다. 아침에 눈을 뜨면 불안감이 가장 먼저 찾아왔고, 퇴근 후에는 허무감이 스며들었다. 일이 손에 잡히지 않고, 머릿속에는 '내 선택이 옳았을까?' 하는 질문만 맴돌았다. 그 불확실함 속에서 내가 진짜 원하는 것과 단지 익숙함 때문에 붙잡고 있던 것의 차이를 가늠하기 시작했다.
하지만 시간이 지나면서 깨달았다. 퇴사는 단순한 '떠남'이 아니라, 나 자신을 지키고 앞으로 나아가기 위한 용기 있는 선택이라는 것을.

처음 퇴사를 고민하던 날, 마음에는 수많은 생각이 얽혀 있었다. 직장이라는 익숙한 울타리를 벗어나는 것이 마치 낯선 바다에 뛰어드는 일 같았다. 바다 위에 떠 있는 배처럼 불안정했지만, 동시에 새로운 방향으로 나아갈 가능성도 품고 있었다. 그날 밤, 책상 앞에서 몇 시간째 고민하며 일기장에 이렇게 적었다.
'이 길이 맞는지 모르겠지만, 더는 내가 아닌 척 살고 싶지 않다.'
그러나 거기서 멈춘다면 그저 버티는 데만 온 힘을 쏟는 삶을 살 뿐이라는 것도 알았다. 결국 내게 필요한 건 '머무름'이 아니라 '흐름'이었다. 퇴사는 고통스러운 이별이 아니라, 나 자신을 향한 새로운 시작이었다. 그 과정에서 나는 '포기'와 '포기하지 않음'의 경계를 배웠다. 그만두는 것 자체가 실패가 아니라, 내 안의 목소리를 무시하는 것이 실패였다.

  퇴사 후 첫 몇 주 동안 불안과 기대 사이를 오갔다. 어느 날은 하루 종일 침대에 누워 아무것도 하지 못하고, 또 다른 날은 가까운 친구와 긴 산책을 하며 마음을 나누었다. 친구는 말했다.
  "네가 그만두고 나서도 변하지 않는 게 있어. 바로 너 자신을 잃지 않으려는 그 마음."
  그 말에 나는 울컥했다. 나답지 않은 삶을 억지로 견디는 것은 오히려 더 큰 상처를 남긴다. 떠나는 용기를 내는 것은 내가 나를 더 깊이 사랑하는 방식이었다. 그 길 위에서 비로소 내 삶의 중심을 다시 세울 수 있었다.

  퇴사는 나만의 속도로 나아가는 법을 배우는 과정이기도 했다. 내가 속한 작은 독서 모임에서 사람들과 나누는 대화, 새로운 취미로 시작한 요가 수업, 그리고 가끔 혼자 떠나는 짧은 여행까지. 하나하나가 '내 삶'의 의미를 조금씩 되찾게 해 주었다. 퇴사 후 맞이한 고요한 아침에는 커피 한 잔을 마시며 창밖을 바라보는 것만으로도 마음이 정리되었다. 익숙한 출근길이 사라진 자리에는 오히려 새로운 선택과 가능성이 있었다.

  나는 일상의 작은 순간에서 삶의 균형을 배웠다. 이전에는 매일 쫓기듯 사느라 놓쳤던 것들. 햇살에 반짝이는 잎사귀, 지나는 사람들의 웃음, 커피 향에 스며드는 여유를 느낄 수 있었다. 그 간격들은 내 마음을 부드럽게 하고, 하루하루 살아 있음을 느끼게 해 주었다. 누군가는 빨리 달리고, 누군가는 천천히 걷는다. 중요한 건 '어디로 가느냐'다. 내가 나아가고 싶은 방향을 분명히 알고, 그 길 위에서 서툴지만 꾸준히 걸어가는 것. 그 과정에서 나는 '불안'과 '두려움'을 친구처럼 대하게 되었다. 완전히 사라지진 않지만, 그 감정들은 나를 멈추게 하는 적이 아니라 나를 지키고 성숙하게 하는 안내자가 되었다.

 또한 퇴사는 나를 성찰하게 만들었다. 나는 어떤 일을 좋아하고, 어떤 관계에서 만족감을 느끼며, 무엇이 나를 지치게 하는지 하나하나 기록했다. 포트폴리오와 일기장을 통해 하루를 정리하며 내 선택과 행동의 결과를 스스로 평가하고, 내 안의 기준을 만들어 갔다. 이 과정은 직장 생활에서는 경험하지 못했던, 오롯이 나 자신과 마주하는 시간이었다. 시간이 지나면서 분명히 알게 되었다. 떠남은 끝이 아니라 시작이며, 나아감의 첫걸음이라는 것을.

퇴사 뒤에 찾아온 새로운 발견

 퇴사를 결심했을 때 마음이 무겁고 혼란스러웠다.
 '정말 잘한 선택일까?'
 '앞으로 어떻게 살아가야 할까?'
 불안과 기대가 교차했다. 익숙한 자리에서 벗어난다는 건 설렘과 두려움이 동시에 찾아오는 일임을 그때 깨달았다. 처음에는 모든 게 끝난 것처럼 느껴졌다. 익숙했던 일상과 소속을 떠난 나는 그저 빈껍데기 같았다. 매일 아침 출근하지 않는다는 사실이 믿기지 않았고, 한때 동료들과 나누던 사소한 농담이나 커피 한 잔의 여유가 그리웠다. 그러나 그 공허함 속에서 조금씩 새로운 내가 모습을 드러내기 시작했다.

 퇴사 후 찾아온 첫 주는 낯설고 조용했다. 출근 대신 맞이한 고요한 아침, 창밖으로 비치는 햇살과 바람 소리가 이전과 다르게 느껴졌다. 가끔은 무기력한 나를 마주하며 '나는 지금 뭘 하고 있는 걸까?' 스스로 의심하기도 했다. 책상 위에는 아무도 읽지 않는 메모장과 일기장이 놓여 있고, 손가락은 스마트폰을 무심코 넘기며 뉴스와 소셜미디어를 습관처럼 확인했다. 익숙한 규칙과 루틴이 사라진 자유는 편안했지만, 동시에 불안의 그림자를 남겼다.

 그러던 어느 날 오랜 친구에게서 연락이 왔다.
 "요즘 어떻게 지내? 너의 이야기 나누고 싶어."
 그 만남은 나에게 큰 위로가 되었다. 우리는 긴 시간 서로의 근황을 나누었고, 나는 그 속에서 나 자신과 진지하게 대화할 시간을 얻었다.
 '내가 정말 원하는 것은 무엇인가?'

'어떤 모습으로 살고 싶은가?'
끊임없이 질문하며 나를 탐색했다.

한편으로는 혼자 걷는 산책길에서 내가 좋아하는 풍경을 다시 발견했다. 햇빛에 반짝이는 강물, 가벼운 바람에 흔들리는 나뭇잎, 지나가는 사람들의 웃음소리까지. 그 작은 순간 속에서 오랫동안 잊고 있던 감각과 감정을 다시 느낄 수 있었다. 또 다른 날에는 취미로 사진을 찍으며 세상을 다른 시선으로 보기 시작했다. 카메라 렌즈를 통해 바라본 세상은 그동안 놓치고 있던 작은 행복과 사소한 감정을 일깨워 주었다. 한 장의 사진이 나에게 말하는 듯했다.
'여기, 지금 이 순간, 너는 충분히 살아 있어.'
그 메시지는 익숙한 직장에서는 느낄 수 없던 자유와 자각을 가져왔다.

퇴사라는 경험은 나를 더 깊고 단단하게 만들었다. 나 자신과 마주하는 시간이 길어질수록 나만의 기준과 속도를 찾아갔다. 일과 삶의 균형을 재정비하기도 했다. 점심시간에 카페에 앉아 아무 생각 없이 책을 읽고, 오후에는 산책하며 머리를 식혔다. 그때 느낀 평온함은 이전의 어느 순간보다 소중했다. 퇴사는 새로운 출발점이었다. 두려움과 불확실함도 있었지만, 그 속에는 무한한 가능성이 숨어 있었다. 나는 나를 용서하고, 작은 실패조차 성장의 일부로 받아들였다. 그리고 나를 향한 기대치도 새롭게 조정했다. 완벽하지 않아도 괜찮았고, 느려도 충분했다.
나는 매일 아침 창문을 열고 숨을 깊이 들이마시며 하루를 시작한다. 커피 한 잔과 함께 오늘의 목표를 되뇌고, 산책길에서 느끼는 바람과 햇살에 집중한다. 작은 성취에도 나를 칭찬하고, 실패하면 자책보다 성찰을 선택한다. 그 과정에서 나는 '나 자신'과 더 친밀해지고, 스스로 지킬 힘을 키웠다.

퇴사 후, 사람들이 종종 물었다.

"후회는 없어요?"

나는 고개를 끄덕이며 대답했다.

"아니요. 오히려 이전보다 저 자신을 더 잘 알게 되었어요."

퇴사를 통해 내 안의 자유와 안정, 나만의 기준과 속도를 회복했고, 무엇보다 내 삶의 주인으로 서는 법을 배웠다.

누구에게나 퇴사 뒤에 '새로운 나'를 만나는 시간이 찾아온다. 그 시간은 진짜 성장의 시작이고, 앞으로 이어질 삶의 문장을 더 풍성하게 만드는 출발점이다. 익숙함을 떠나 자신을 마주할 때, 비로소 자기 자신과 깊이 연결될 수 있다. 퇴사라는 선택이 불안과 두려움만 남기는 것이 아니라, 새로운 나를 발견하고 나답게 살아갈 힘을 주는 기회임을 나는 이제 안다.

마침표를 찍었더니 문장이 이어지다

퇴사를 결심한 날 밤, 마음이 복잡했다. 끝내야 할 문장 같았지만, 동시에 두려움도 컸다.

'이게 진짜 끝일까?'

'다시 시작할 수 있을까?'

수많은 질문이 꼬리를 물었다. 익숙함과 안정, 그리고 내가 감당할 수 있는 미래 사이에서 마음이 계속 흔들렸다. 첫발을 떼기 전, 머릿속에서 끝없는 시뮬레이션이 펼쳐졌다.

'만약 실패하면 어떻게 하지?'

'너무 성급한 결정은 아닐까?'

그러나 막상 결정하고 마침표를 찍고 나니, 놀랍게도 마음에 예상치 못한 평온이 스며들었다. 퇴사는 단지 '끝'이 아니었다. 내 인생의 문장에 잠시 쉼표를 찍는 순간이었고, 동시에 다음 장을 준비하는 시작점이었다. 그 후로 천천히, 그러나 꾸준히 새로운 문장을 써 내려가기 시작했다. 처음에는 매 순간이 막막했고, 두려움이 발목을 잡았다. 무엇을 해야 할지, 어디서부터 시작해야 할지 알 수 없었다. 하지만 그 속에서 새로운 나를 발견했다. 회사라는 울타리 안에서는 보지 못했던 가능성과 욕구가 서서히 모습을 드러냈다. 내가 진짜 원하는 일, 나를 성장시키는 경험, 그리고 나만의 속도와 기준이 조금씩 선명해졌다.

퇴사 후 첫 몇 주간은 하루하루가 도전이었다. 아침에는 어떤 계획을 세워도 마음이 쉽게 흔들렸고, 저녁에는 불확실한 미래가 발목을 잡았다. 그러던 중 지인을 통해 작은 프로젝트에 참여하게 되었다. 낯선 분야였기에 모든 것이 어렵고 생소했지만, 그 과정에서 '아직 성장할 수 있는 나'라는 희망을 발견했다. 회의에서 의견을 내고, 새로운 사람들과 협업하며 시행착오를 겪는 매 순간이 나를 단단하게 만들었다. 작은 실패와 성취의 반복 속에서 나는 점점 더 자신감과 경험을 쌓아 갔다. 매 순간이 새로운 문장의 일부였고, 하나하나가 나를 조금씩 바꾸어 놓았다. 오랜 친구와의 대화도 큰 위로가 되었다.

"퇴사는 끝이 아니라 시작이야. 네가 어떤 문장을 쓸지 기대된다."

그 말은 내 마음을 흔들던 불안감을 녹여 주었다. 많은 사람이 퇴사를 '종결'로 생각하지만, 나는 '새로운 시작'으로 받아들이고 싶었다. 마침표를 찍는 용기는 사실 다음 문장을 위한 힘과 같다. 삶의 한 챕터를 닫고 또 다른 챕터를 여는 과정에서 우리는 더 단단해지고 더 넓은 세상을 마주하게 된다. 퇴사는 나를 성찰하게 만들었다. 내가 무엇을 좋아하고, 어떤 순간에 몰입하며, 어떤 경험에서 만족감을 느끼는지 차분히 기록했다. 포트폴리오를 정리하며, 일기장에 하루를 기록하며 내 선택과 행동의 결과를 스스로 평가하고 내 기준을 만들어 갔다. 이는 모두 나 자신과 솔직하게 마주하는 과정이었다.

시간이 지나면서 깨달았다. 퇴사는 내가 사라지는 것이 아니라, 내 삶의 흐름을 새롭게 만드는 과정이라는 것을. 과거의 자리, 과거의 나를 놓아주고 더 넓은 가능성과 새로운 나를 맞이하는 일이라는 것을. 그 과정에서 나의 선택을 존중하고, 내 기준으로 판단하며, 성장하는 법을 배웠다. 두려움과 불안은 여전히 존재했지만, 그 감정들은 더 이상 나를 멈추게 하는 적이 아니었다. 오히려 나를 지키고, 새로운 문장을 써 내려갈 힘을 주는 친구가 되었다.

혹시 끝맺음이 두려워 머뭇거리고 있다면, 용기를 내어 마침표를 찍어 보길 권한다. 그 끝에서 새로운 문장이, 더 풍성한 이야기가 기다리고 있을 것이다. 내게 퇴사는 '끝'이 아니었다. 마침표를 찍었기에 오히려 더 긴 문장이 이어질 수 있었다.

회사를 그만두고 나를 다시 고용하다

퇴사를 결심할 때 두려움과 설렘이 공존했다.
'이 길이 맞을까?'
'내가 정말 원하는 삶은 무엇일까?'
수많은 질문이 머릿속을 맴돌았다. 익숙한 조직을 떠난다는 것은 안전망을 스스로 걷어차는 일과 같았고, 거기에서 오는 불안감이 온몸 끝까지 전해졌다. 하지만 그 순간 한 가지 분명한 사실을 깨달았다. 나는 더 이상 타인의 기준에 맞춰 살지 않기로 했다는 것을.

회사라는 조직은 때때로 나를 평가하고, 줄 세우며, '정해진 기준' 안에 가두었다. 나는 그 기준에 맞춰 성과를 내려고 애썼고, 그러는 동안 내 본연의 모습은 점점 흐려졌다. 업무에 쫓기면서 왜 이 일을 하는지 잊어버렸고, 내 안의 열정도 서서히 사라졌다. 점점 '잘하는 듯 보이는 나'가 '진짜 나'를 대신하게 되었다. 회의에서 손을 들 때도, 보고서를 작성할 때도, 마음 한구석에서는 늘 다른 사람의 시선과 평가를 의식했다. 매 순간 나를 잃어 가고 있었다. 그러던 어느 날, 나에게 이렇게 말했다.
'이제는 내가 나를 고용하자.'
그 말은 단순한 다짐이 아니었다. 내 삶과 일을 나의 가치와 기준에 맞게 다시 설계하겠다는 선언이었다. 회사에서 맡은 역할과 목표가 아닌, 내가 세운 목표와 가치 안에서 살아가겠다는 약속이었다. 그 약속은 겉으로는 조용했지만, 내 마음속에 큰 울림을 만들었다.

퇴사 후 처음 맞이한 날들은 낯설고 공허했다. 아침에 눈을 뜨면 출근 시간과 회의 참석에 쫓기지 않는 하루가 펼쳐졌다. 처음에는 '자유'를 누리는 기쁨보다 '아무 일도 하지 않고 있는 건 아닌가?'라는 불안감이 더 크게 다가왔다. 하루 종일 카페에 앉아 포트폴리오를 정리하고, 온라인 강의를 찾아보고, 일기를 쓰며 스스로 질문했다.

'나는 무엇을 좋아하는가?'

'내가 정말 중요하게 생각하는 가치는 무엇인가?'

생각보다 쉽지 않았다. 정답은 없었고, 혼자 고민하는 시간이 길어질수록 불안감은 커졌다. 하지만 매일 조금씩 답을 찾아가는 과정에서 다시 중심을 잡을 수 있었다. 하루를 끝내며 스스로 다짐했다.

'오늘도 내가 나를 잘 고용했는가?'

그 질문 하나가 내 마음을 단단하게 붙들어 주었다.

친구와 산책하며 나눈 대화가 큰 위로가 되었다.

"회사 다닐 때는 남들 눈치 보느라 힘들었어. 그런데 이제는 내 기준으로 판단하니까 마음이 훨씬 편해."

그 말을 입 밖으로 내면서 내 삶의 주인이 되었다는 것을 처음으로 실감했다. 단순히 회사를 그만둔 것이 아니라, 내 삶의 선택권을 되찾았음을 확인하는 순간이었다.

또 다른 날에는 새로운 분야에 도전하기 위해 온라인 강의를 듣기 시작했다. 처음에는 낯설고 어려웠지만, 내가 선택한 길이기에 포기하지 않았다. 작은 성취 하나에도 뿌듯함이 따라왔고, 그 과정에서 호기심과 열정이 살아났다. 남들과 비교하지 않고, 오로지 나의 속도와 방향을 존중하며 한 발 한 발 나아갔다. 물론 불안감과 흔들림도 반복되었다. 하지만 내가 세운 기준과 목표가 있었기에, 흔들릴 때마다 다시 중심을 잡을 수 있었다.

그 과정에서 깨달았다. '나를 고용한 사람'으로서 살아간다는 것은 타인의 눈치나 평가보다 내가 나를 어떻게 대하는지가 더 중요하다는 뜻이었다. 내 삶의 주체는 나 자신이며, 그 주체성을 되찾는 것이야말로 진정한 자유임을 알게 되었다.

작은 성공과 실패를 기록하며 나와 대화했다.
'오늘 내가 한 선택이 내 기준에 맞는가?'
'오늘 경험한 감정은 무엇을 말해 주는가?'
그 질문에 솔직히 답하며, 하루하루를 설계하는 습관이 생겼다. 스스로 책임을 지는 경험이 쌓이면서, 이제 불안은 나를 억누르는 힘이 아니었다. 그 대신 나의 성장을 확인하고, 다음 행동을 설계하게 하는 동력이 되었다.

지금의 나는 스스로 책임지는 삶을 살고 있다.
회사에서 벗어나 나를 고용한 순간부터 내 삶은 나답게 흘러가기 시작했다. 두려움과 설렘이 교차하던 그 순간이 지금의 나를 만들어 준 출발점이 되었다. 그리고 그 선택은 가장 나다운 사람이 되는 길이었다. 누군가의 기준이 아니라, 나만의 기준으로 삶과 일을 설계하는 용기야말로 자신을 스스로 고용한 사람만이 누릴 수 있는 특권임을 알게 되었다.
오늘도 나는 스스로 질문하며 하루를 설계한다.
'오늘 나는 나를 얼마나 잘 고용했는가?'

그 질문에 답하며 느낀다. 퇴사는 끝이 아니라 나를 다시 세우고, 나를 키우며, 나를 나답게 만들어 가는 과정이라는 것을. 그리고 그 과정에서 나는 이전보다 더 단단하고, 더 자유로운 나를 만나고 있다.

사라지는 게 아니라, 더 나은 방향으로 흐르는 중

퇴사 소식을 전했을 때 주변 반응은 예상보다 훨씬 다양했다.
"정말 괜찮겠어?"
"쉽지 않을 텐데."
"그만두면 끝 아니야?"
그런 말을 들을 때마다 생각했다.
'나는 정말 사라지는 걸까?'
'이 결정이 내 존재를 지우는 걸까?'

처음에는 이 질문들이 마음을 짓눌렀다. 오랫동안 몸담은 자리를 떠난다는 것은 익숙한 배경이 한순간에 사라지는 것과 같았다. 명함에 적힌 직함도, 매일 출근하던 건물도, 점심시간마다 함께 웃던 동료들도 모두 '과거'가 된다는 사실이 낯설고 무겁게 다가왔다. 특히 주변 사람들이 걱정 섞인 눈빛으로 말할 때마다 마음은 불안감으로 크게 흔들렸다.
'내가 선택한 이 길이 맞는 걸까?'
여러 차례 내 마음을 설득하며, 동시에 공허한 질문 속에 갇혀 있었다. 퇴사 후 처음 몇 주간은 마음이 공허했다. 아침에 눈을 떠도 갈 곳이 없었고, 일정표는 텅 비어 있었다. 하루를 채우는 일조차 어렵게 느껴졌고, 그러면서 일이라는 틀이 얼마나 내 삶을 지탱해 주고 있었는지 깨닫게 되었다. 시간의 흐름과 생활의 질서를 만들어 주던 일이 사라지면서, 처음으로 나 스스로 일상을 설계해야 한다는 책임감과 마주했다.

그러던 중 오랫동안 연락이 끊겼던 옛 동료에게서 메시지가 왔다.

'요즘 어떻게 지내? 커피 한잔할래?'

그 한마디가 텅 빈 마음을 따뜻하게 채워 주었다. 카페에 마주 앉은 우리는 예전처럼 일 이야기를 나누다가 각자의 삶을 솔직하게 털어놓았다. 그 대화 속에서 중요한 사실을 깨달았다. 내가 떠난 자리는 '빈자리'가 아니라 '흐름 속의 자리'라는 것. 그곳에는 새로운 사람이 들어와 또 다른 방식으로 일을 이어 가고 있었고, 나는 그동안의 경험과 인연을 발판 삼아 새로운 길을 모색하고 있었다. 사라진 것이 아니라 다른 모습으로 이어지고 있었던 것이다.

퇴사 후 우연히 작은 프로젝트에 참여하게 된 것도 큰 전환점이었다. 익숙한 분야는 아니었지만, 새로운 도전은 내 안의 잠든 감각을 깨웠다. 처음 보는 사람들과 협업하며 다시금 내 목소리를 내고, 의견을 나누고, 몰입하는 경험을 했다. 작은 성취 하나에도 뿌듯함이 따라왔고, 그때마다 '아, 나는 여전히 움직이고 있구나'라는 확신을 얻었다. 익숙하지 않은 환경이라 두려움도 있었지만, 동시에 그 두려움이 나를 성장시켰다. 내가 몰랐던 나의 가능성을 발견했고, '흐름을 따라간다'는 것이 막연한 말이 아니라 살아 있는 경험으로 다가오기 시작했다.

내가 떠난 자리와 내가 나아가는 길은 단절이 아니라 연결이었다. 새로운 만남이 이어지고, 예상치 못한 기회가 다가오고 있었다. 나는 더는 공허 속에 머무르지 않고, 매 순간을 움직임과 발견으로 채워 갔다. 퇴사는 내 삶을 멈춘 사건이 아니라, 새로운 문장을 써 내려가는 시작이었다. 시간이 지나면서 깨달았다. 퇴사는 내가 사라지는 것이 아니라, 내 삶의 흐름을 새롭게 만드는 과정이라는 것을. 과거의 자리, 과거의 나를 놓아주고 더 넓은 가능성과 새로운 나를 맞이하는 일이라는 것을. 그 과정에서 나 자신과 마주하고, 내 기준으로 선택하며, 성장하는 법을 배우게 된다. 불안과 설렘은 여전히 공존하지만, 이제 그 감정들은 나를 멈추게 하는 적이 아니라 더 나은 방향으로 안내하는 길잡이가 되었다.

이제는 퇴사를 떠올릴 때, 공허와 상실감으로 시작하지 않는다. 그 대신 '흐름'과 '확장'을 떠올린다. 사라지는 것이 아니라, 내 삶이 강물이 굽이치듯 방향을 바꾸고 더 넓고 깊은 곳으로 흐르고 있다는 것을 안다. 퇴사는 끝이 아니다. 강물이 다른 길로 흘러가듯이 또 다른 시작으로 이어질 뿐이다.

사표를 쓰기 전 나에게 던진 질문들

'그만둘까?'

이 말은 오래전부터 내 안에 있었다. 회의가 끝난 뒤 복도에서, 야근 후 엘리베이터 앞에서, 심지어는 휴대폰 메모장에도 수없이 반복해 등장했다. 그러나 그 질문은 늘 반쯤 닫힌 문 같았다. 진심이지만, 감히 열 수 없는. 사표는 생각보다 쉽게 쓸 수 있다. 손이 빠른 날이면 5분도 안 걸린다. 하지만 '제출'은 다르다. 단순한 클릭 한 번이 아니라, 앞으로의 내 삶에 대한 책임을 묻는 선택이기 때문이다. 그래서 나는 '그만두고 싶다'라는 감정에 기대지 않기로 했다. 대신 묻기로 했다. 나 자신에게, 조심스럽고 정직한 질문들을.

첫 번째 질문은 '지금 내가 힘든 이유는 회사 때문인가? 나 때문인가?'이다.

지칠 때면 흔히 조직을 탓하게 된다. 끝없는 야근, 반복되는 보고, 불투명한 평가, 시스템, 상사, 일의 강도. 이 모든 것이 나를 짓눌렀다. 하지만 그 원인을 나에게도 물어야 했다. 혹시 내가 스스로 옭아매고 있는 건 아닐까? 완벽하게 해내지 않으면 안 된다는 강박, 실패가 두려워 도전조차 하지 못하는 태도. 실은 내가 나를 더 힘들게 만들고 있었는지도 모른다.

그 물음 끝에야 조금씩 구분되기 시작했다. '조직이 바꿔야 할 것'과 '내가 성장해야 할 부분'이. 만약 모든 게 회사 때문이라면, 회사를 떠나야 한다. 하지만 내가 바꿔어야 할 부분이 더 크다면, 어디를 가든 같은 문제가 다시 나타날 것이다. 퇴사는 도망이 아니라 다음을 위한 준비여야 한다. 그러려면 먼저 내 마음속의 진짜 이유를 정확히 짚고 가야 했다.

두 번째 질문은 '이직한다고 더 나아질 수 있을까?'이다.

새로운 회사에 대한 기대는 언제나 크다.

'더 합리적일 거야', '더 성장할 수 있겠지', '더 좋은 동료들을 만날 거야.'

하지만 기대는 현실을 보장해 주지 않는다. 조직은 달라져도, 일하는 방식과 태도는 결국 나에게 달려 있다. 내가 불안에 취약한 채로 옮긴다면, 불안은 다른 얼굴을 하고 다시 나타날 것이다. 내가 책임을 회피한 채로 옮긴다면, 책임은 더 무겁게 나를 찾아올 것이다. 그래서 나는 '환경'을 바꾸는 것이 아니라, '일에 대한 내 관점'을 바꾸는 것이 먼저라고 생각했다. 그리고 지금보다 나은 내가 되기 위해 어떤 경험과 역량이 더 필요한지 고민하기 시작했다. 그 고민이 내 이직의 방향이 되었다. '단순히 더 나은 회사를 찾는 것'이 아니라, '더 나은 내가 될 수 있는 회사'를 찾는 것.

세 번째 질문은 '나는 어떤 일을 할 때 가장 나다웠는가?'이다.

가장 오래 망설였던 질문이다. 누구나 사표를 쓸 땐 막연히 이렇게 말한다.

'나랑 일이 안 맞아.'

하지만 정말 안 맞는 걸까? 아니면 나에게 맞는 일을 찾지 못한 걸까? 기억을 되짚었다. 처음 이 일을 선택했던 이유와 내가 가장 몰입했던 순간들. 누구의 기준이 아니라 '내 기준'에서 의미 있었던 일들. 떠올려 보니 그것은 화려한 성과나 큰 프로젝트가 아니었다. 작은 성장을 만들어 내는 일, 사람과 연결되고 변화를 이끌어 내는 일이었다. 내가 가장 살아 있음을 느낀 순간은 '성과'보다는 '성장'에 가까웠다. 그 방향성을 놓치지 않으려면, 이번 결정은 성급하면 안 됐다. 그래서 더 많이 질문했고, 더 오래 머물렀다. 때로는 하루 종일 마음속으로 자문했다.

'나는 어떤 일을 할 때 가장 나답지?'

그 물음에 답을 할 수 있을 때 퇴사가 두려움이 아닌 '방향'이 되었다. 그러면서 알게 되었다. 이직은 단순한 선택이 아니라 설계라는 것을. 막연한 불만이 아닌, 분명한 이유와 가능성을 찾아가는 과정이라는 것을. 내가 진짜 원하는 건 도망이 아니라 '더 나은 나'였다는 것을. 그리고 이직은 더 나은 내가 되기 위해 지금 할 수 있는 가장 솔직한 선택이라는 것을.

혹시 지금 퇴사를 고민하고 있다면 당장 사표를 쓰기보다 스스로 질문해 보길 바란다. 왜 그만두고 싶은지, 그만두고 나면 무엇을 하고 싶은지, 그 일을 통해 어떤 사람이 되고 싶은지. 그 질문에 정직하게 답할 수 있다면 당신의 퇴사는 충동이 아닌 '성장'이 될 것이다. 그리고 그 성장 위에서 당신의 다음 길은 훨씬 더 단단해질 것이다.

마지막 출근길에 알게 된 것들

마지막 출근길은 이상했다. 매일 걷던 길인데, 마치 처음 걷는 듯 낯설었다. 계단의 낡은 타일, 무심히 지나쳤던 가게 간판, 버스 정류장에서 늘 마주치던 표정들까지. 그날은 모든 것이 멈춘 듯 또렷하게 눈에 들어왔다.

'이 길도 오늘이 마지막이구나.'

단순한 퇴사인데, 마치 내 일상의 한 조각을 떼어 내는 기분이었다. 이 회사를 오래 다니진 않았다. 하지만 그 시간 속에서 하루는 루틴이 되었고, 루틴은 익숙함이 되었으며, 익숙함은 곧 나의 일부가 되었다. 아침마다 같은 편의점에서 커피를 사고, 점심 무렵이면 복도 끝 창문 앞에서 잠시 햇볕을 쬐던 습관, 퇴근 전 마지막으로 메일함을 확인하던 일상까지. 그 모든 반복이 쌓여 '회사 생활'이라는 나만의 또 다른 얼굴을 만들어 주었다. 그 얼굴을 떼어 내는 일은 단순한 퇴사가 아니라, '나'를 '나'에게서 떼어 내는 일처럼 느껴졌다.

회사 앞 건널목에 서서 신호를 기다리다가 무심코 고개를 들어 건물을 올려다봤다. 늘 퇴근하며 바라보던 각도이지만, 출근길에 본 건 처음이었다. 유리창에 비친 흐린 하늘, 먼지 묻은 외벽, 반쯤 닫힌 창문 속 형체까지 선명하게 보였다. 순간 이런 생각이 스쳤다.

'참 많이 서운했지. 그런데 참 많이도 배웠네.'

억울했고, 지쳤고, 화도 났다. 첫 발표에서 설명을 제대로 하지 못해 회의실 공기가 싸늘해졌던 일, 상사의 말 한마디에 자존심이 바닥까지 내려앉았던 순간, 중요한 프로젝트를 맡았지만 연달아 실수했던 날들. 그 기억은 오래도록 내 마음속에 상처처럼 남았다. 하지만 시간이 지나 돌이켜보니, 그 모든 순간이 나를 단단하게 만들었다. 잘된 일보다 마음대로 되지 않았던 날들이 나를 성장하게 했다. '나는 왜 이 일을 하고 있을까?'를 수없이 자문하던 그 시절이 실상은 나를 더 깊이 이해하고 내 한계를 확인한 시간이었던 것이다.

물론 좋은 기억도 있다. 퇴근길에 아무 말 없이 야근하는 동료 책상에 따뜻한 음료를 올려두던 작은 배려, 함께 기뻐하며 성과를 축하하던 순간, 눈치 보며 주저하는 나에게 '괜찮아, 해 봐'라고 말해 주던 동료의 격려. 그 순간들이 내가 끝까지 회사를 미워하지 않게 만든 작은 빛이었다. 이제는 회사를 원망하기보다 감사하게 되었다. 그 감정의 전환, '이제는 괜찮다'라는 마음이 아마도 회사를 잘 떠날 수 있는 첫 번째 신호였는지도 모른다. 엘리베이터를 타고 올라가 내가 앉던 자리에 마지막으로 앉았다. 책상 위에 놓인 작은 메모지, 살짝 닳은 마우스 패드, 늘 쓰던 머그잔. 사소한 물건들이 낯설게 다가왔다. 함께 일하던 동료가 커피 한 잔을 건넸다.

"이제 진짜 가는 거야?"

나는 웃으며 말했다.

"응, 진짜 간다."

하지만 속으로는 이렇게 말하고 있었다.

'응, 이제 나를 놓아줄 거야.'

오래 남은 감정일수록 더 오래 붙잡게 된다. 하지만 붙잡는다고 해서 감정이 더 나아지는 건 아니다. 어떤 인연은 단지 익숙하다는 이유만으로 떠나야 할 타이밍을 놓치기도 한다. 나 역시 수없이 물었다.

'지금이 맞는 걸까?'

떠날 이유보다 남아야 할 이유를 더 많이 찾으려고 했다. 그러나 이상하게도 마지막 출근길에는 이유를 찾으려고 노력하기보다 '이제는 괜찮다'라는 감정이 훨씬 크게 다가왔다. 억지로 확신하지 않아도 되고, 스스로 속이지 않아도 되는 감정. 그게 아마 내가 회사를 잘 떠나고 있다는 가장 조용하고 단단한 증거일 것이다. 잠시 창밖을 바라보며 지난 시간을 되돌아봤다. 입사 첫날, 낯선 사무실, 낯선 사람들과의 어색한 눈 맞춤, 실수와 실패의 연속. 처음엔 두려웠고, 불안했으며, 내 존재를 증명하고 싶은 마음이 컸다. 그러나 그 시간 동안 작지만 확실한 성장을 경험했다. 팀의 작은 틈을 메우고 필요한 일을 묵묵히 해내며 동료와 신뢰를 쌓았다. 그 과정에서 배운 것은 단순한 업무 스킬이 아니라 마음가짐과 관계를 관리하는 방법, 나 자신을 지키는 법이었다. 회사 생활의 끝은 생각보다 거창하지 않았다. 그저 한 걸음 느리게 걷고, 한 장면을 조금 더 오래 바라보는 것. 마지막은 늘 조용하다. 하지만 그 조용함 속에서 나 자신에게 아주 작게, 그러나 분명하게 말했다.

'이제는 괜찮아. 수고했어. 잘 견뎠어.'

잘 그만두는 것도 실력이다

사표를 낸 뒤 사람들의 말투가 달라졌다.
"벌써 그만두는 거야?"
"다음 회사는 더 괜찮은 데야?"
그리고 가장 많이 들었던 말.
"그래도 깔끔하게 나가야지."
깔끔하게. 참 많이 쓰지만, 막상 실천하기는 어려운 말이다. 특히 퇴사라는 감정이 얽힌 순간에는 더 그렇다. 섭섭함도, 아쉬움도, 억울함도 다 지고서 회사를 떠나는 건 쉽지 않다. 퇴사를 결심하기까지 내 마음도 오랫동안 흔들렸다.
'조금만 더 버틸까?'
'이 선택이 후회로 남지는 않을까?'
밤마다 노트북을 덮고서 혼자 질문을 되뇌었다.

사직서를 낸 날은 이상하게 담담했다. 책상에 앉아 키보드를 두드리는데, 손끝은 떨렸지만 마음은 차분했다. 아마 오래전부터 이별을 준비해 왔기 때문일 것이다. 퇴사는 갑작스러운 폭발이 아니라, 서서히 차오른 물이 넘쳐흐르는 순간과 같았다. 사표를 낸 뒤 남은 한 달은 길고도 짧았다. 나는 '남은 사람'이 아닌 '떠나는 사람'의 역할을 성실히 수행하기로 마음먹었다. 하던 업무를 문서로 정리했고, 후임자에게 직접 설명했다. 엑셀 파일의 시트 이름 하나, 폴더 구조 하나까지 다시 확인하며 정리했다. 이미 마음은 떠났지만, 내가 만든 빈자리가 누군가에게 부담이 되지 않기를 바랐다. 퇴근 무렵, 빈 사무실에 혼자 앉아 프린트한 인수인계 문서를 다시 훑어볼 때였다. 불 꺼진 모니터에 비친 내 얼굴이 후련하면서도 쓸쓸해 보였다.

'이렇게 정리하는 게, 나를 위한 인사이기도 하겠지.'

그제야 퇴사가 단순한 '도망'이 아니라, 나 자신을 정리하는 과정임을 알았다. 한 동료는 이렇게 말했다.

"너무 성실해서 오히려 미안하네. 이제 그만 내려놔도 되는데."

그 말에 나는 웃으며 대답했다.

"그래도 여기서 많이 배웠으니까, 잘 정리하고 가고 싶어서."

이 대화는 내가 왜 회사를 떠나는 방식에 신경 쓰는지를 잘 보여 준다. 조직이 완벽하진 않았지만, 그 안에서 나는 배우고 성장했다. 그렇기에 미움이 아닌 감사로 마무리하고 싶었다. 퇴사 인사를 하던 날, 상사는 이런 말을 남겼다.

"정말 '예쁘게' 나가는구나."

그 말이 이상하게 오래 마음에 남았다. 칭찬이라기보다는 '너와의 관계가 여기서 잘 마무리되었다'라는 안도의 표현처럼 들렸다. 책상 위에 남아 있던 작은 화분을 들고 사무실 문을 나서는데, 그 길이 유난히 낯설었다. 매일 걷던 복도인데 마지막이라는 사실 때문에 공간이 다르게 보였다. 엘리베이터 문이 닫히는 순간, 이곳에서의 모든 시간이 한 장의 사진처럼 스쳐 지나갔다.

사람은 일보다 감정을 더 오래 기억한다. 업무 능력보다 마지막에 남긴 인상을 더 또렷하게 떠올린다. 그래서 퇴사는 단순한 이별이 아니라 '마지막 인상'을 남기는 순간이다. 이 회사를 완벽히 사랑했던 건 아니지만, 적어도 미움 없이 끝내는 법은 배우고 싶었다. 그것이 이직을 준비하는 나에게 보여 주고 싶었던 '일의 태도'였다. 퇴사에는 두 가지 기술이 필요하다. 하나는 '결심하는 용기', 또 하나는 '정리하는 품격'이다. 전자는 나를 위한 것이고, 후자는 남은 사람들을 위한 것이다. 그 두 가지가 함께할 때, 이별은 원망이 아닌 '매듭'이 된다.

명함이 없어진 뒤에야 보인 나

"요즘 뭐 하세요?"

퇴사 후 가장 자주 들은 질문이다. 그 물음 앞에서 늘 멈칫했다.

'아, 뭐라고 말하지?'

회사에 다닐 땐 명함 하나면 충분했다. 이름 아래 적힌 회사 로고와 직책은 나를 한 번에 설명해 주는 편리한 도구였다. 상대는 명함을 건네받는 순간, 내가 무슨 일을 하는 어떤 사람인지 금세 파악했다. 그 작은 카드가 나의 자격증이자 사회 속에서 존재를 증명하는 신분증 같은 역할을 했다. 하지만 이제 그 카드가 사라지고 나니 나를 설명하는 데 서툴러졌다.

프리랜서로 일하기 시작한 첫해, 내 소개는 언제나 망설임으로 시작됐다.

"어, 요즘은 글 쓰고 있어요. 프리랜서로요."

말끝은 늘 가볍게 흘러내렸고, 그 속에는 어쩔 수 없는 어색함이 배어 있었다. 회사 없이 자신을 말하는 건 생각보다 쉽지 않았다. 한번은 이런 일이 있었다. 지인 모임에서 누군가가 자연스럽게 명함을 꺼내 들었다. 다들 직장을 중심으로 자신을 소개할 때, 나는 슬며시 웃으며 고개를 저었다.

"저는 지금 프리랜서라 명함이 없어요."

그 말이 입 밖으로 나오는 순간, 내 목소리가 내 귀에 초라하게 들렸다. 사실 명함이 없다는 사실보다 더 불편했던 건 따로 있었다. 그걸 대신할 언어가 없다는 것. '나는 지금 어떤 사람인가?' 그 질문 앞에서 낯선 침묵을 마주해야 했다. 그때 알게 됐다. 내가 얼마나 오랫동안 회사라는 틀 안에서만 나를 정의해 왔는지를. 시간이 지나면서 조금씩 깨달았다. 중요한 건 '어디 소속'인지가 아니라 '어떤 일을 하는 사람'이냐는 사실이었다.

그래서 나를 다시 쓰기 시작했다. 직함이 아니라 역할로. 소속이 아니라 정체성으로.

'저는 글을 쓰는 사람입니다.'

'콘텐츠를 기획하고, 이야기 만드는 일을 합니다.'

짧은 문장이지만, 이 언어들을 내 것으로 만드는 데는 시간이 필요했다. 처음에는 입술이 굳은 듯 잘 떨어지지 않았다. 하지만 여러 번 반복하다 보니 조금씩 편해졌다. 어느 순간부터 상대방의 눈빛이 바뀌는 걸 느낄 수 있었다. '어디 다니세요?'라는 질문 대신 '어떤 글을 쓰세요?', '무슨 이야기를 만드세요?'라는 질문이 돌아왔다. 그때 느꼈다. 내가 회사를 설명하는 사람이 아니라, 나 자신을 이야기하는 사람이 되어 가고 있음을.

물론 여전히 쉽지 않다. 처음 만난 클라이언트 앞에서 '내가 믿을 만한 사람이라는 걸 어떻게 보여 줄까?' 걱정하기도 한다. 하지만 예전처럼 명함에 적힌 직책에 의존하는 대신, 이제는 내가 만든 콘텐츠와 내가 쓴 글 그리고 그 과정에서 쌓은 신뢰로 나를 증명한다. 작은 글 한 편이, 짧은 기획 하나가 무엇보다 확실한 명함이 되어 준다. 누군가 내 결과물을 보고 고개를 끄덕이는 순간, 내 안에 자그마한 자신감이 자란다.

'내가 만든 것으로 나를 말할 수 있구나.'

그 깨달음이 반복되면서 회사 밖에서도 흔들리지 않는 나를 만나기 시작했다.

회사에 다닐 땐 몰랐다. 내가 얼마나 많은 것을 '회사 덕분에' 설명하고 있었는지를. 그건 편리했지만, 동시에 나를 숨기는 가면이기도 했다. 하지만 명함이 사라진 후에 드러나는 게 있다. 회사 없는 '나'를 충분히 설명할 수 있어야 한다는 것. 그 설명은 남의 언어가 아닌, 나만의 언어로 채워져야 한다는 것.

나는 이제 누군가에게 내 이야기를 할 때 소속과 직책을 나열하지 않는다. 대신 내가 직접 경험하고 만들어 낸 것들에 관해 말한다.
"이번 프로젝트에서는 이런 과정을 거쳐 이런 결과를 얻었어요."
"최근에는 이런 글을 쓰며 이런 생각을 담았습니다."
그러면 상대방은 더 깊이 있는 질문을 던지고, 나는 더 깊이 있는 답을 하며 진짜 소통을 경험한다. 회사라는 보조 장치 없이도 나를 스스로 증명할 수 있다는 사실은 이전에는 느낄 수 없었던 자유와 자존감을 안겨 준다.

누구나 퇴사 후에 한동안 어색한 자기소개 앞에서 멈칫하게 된다. 하지만 그 시간은 '회사 밖의 나'를 연습하는 소중한 과정이다. 명함 대신 내가 만든 결과물, 내가 좋아하는 일, 내가 지켜온 가치를 하나씩 꺼내 놓는 것. 그게 결국 새로운 자기소개가 된다. 그리고 그 과정에서 우리는 이전보다 더 깊이 있는 자신을 발견하게 된다. 혹시 누군가에게 자신을 어떻게 설명해야 할지 고민하고 있다면 이 질문을 먼저 던져 보면 좋겠다.
'나는 어떤 일을 하는 사람인가?'

그 질문의 답을 찾아가는 시간이 당신을 '명함 밖'으로 꺼내 줄 것이다. 그리고 그 순간 당신의 이야기는 작은 명함보다 훨씬 더 깊이 있는 소개가 될 것이다. 퇴사라는 경험은 단순히 회사를 떠나는 일이 아니다. 나 자신을 새롭게 정의하고, 나를 스스로 증명할 기회를 만드는 과정이다. 명함이 사라진 뒤 비로소 보인 나, 그 나를 받아들이는 순간이 진정한 성장의 시작이다.

두려웠지만 결국 해내다

두려웠다. 회사를 떠난 뒤의 내가 상상이 안 됐다. 막연한 불안 속에서 결정을 미루고 또 미뤘다. 그리고 그 시기를 지나며 알게 됐다. 나는 '안정 중독'이었다는 걸. 매달 입금되는 월급, 정해진 루틴, 퇴근 후의 예측 가능한 피로. 그 모든 것은 나를 지켜 주는 울타리이자 동시에 벗어나기 어려운 감옥이었다. 편안했지만, 점점 숨이 막혀 왔다. 언제부턴가 퇴근 후에도 활짝 웃지 못했고, 아침 출근길에 자꾸만 발걸음을 늦췄다. 회의실 문 앞에서 동료들을 기다리는 동안 무겁게 뛰는 심장을 느꼈다. 내가 아닌 다른 사람이 되어야 하는 것만 같았다. 그때부터 작은 짜증과 피로, 무력감이 쌓이기 시작했다.

그러던 어느 날, 사소한 사건 하나가 내 안에 남아 있던 불씨를 확 키웠다. 회의 도중 한 상사가 말했다.
"넌 그냥 지금처럼 해. 큰 기대 안 해."
그 말은 놀랍도록 차갑게, 그러나 명확하게 나를 깨웠다.
대놓고 화를 낼 수는 없었지만, 속에서 무언가 '툭' 하고 끊어지는 소리가 들렸다. '그래, 이젠 내가 나를 기대할 차례야.' 그 문장이 마음속에 메아리쳤다. 그날 퇴근 후 처음으로 진지하게 사표를 썼다. 손끝이 떨렸지만, 마음만큼은 묘하게 단단했다. 며칠 뒤 팀장 앞에서 봉투를 내밀던 순간을 아직도 기억한다. 숨이 막히도록 긴장됐지만, 동시에 이상하리만큼 가벼웠다. 드디어 결정을 내렸다는 사실만으로도 해방감을 느꼈다.

퇴사 후 첫 아침은 묘하게 공허했다. 알람이 울리지 않았고, 급히 챙겨야 할 회의도 없었다. 커피를 마시며 창밖을 바라보다가 문득 생각했다.

'이게 자유인가? 불안인가?'

처음에는 막연한 허전함이 마음을 채웠다. 하지만 시간이 지나면서 조금씩 그 공허를 나만의 리듬으로 채워 갔다. 하루의 흐름을 내 마음대로 조정할 수 있다는 게 낯설면서도 신기했다. '해야 해서'가 아니라 '하고 싶어서' 시작하는 하루는 그전과는 전혀 다른 결로 다가왔다.

처음엔 작고 느리게 시작했다. 글을 쓰고, 강의를 준비하고, 익숙하지 않던 서류 작업을 하나씩 익혔다. 때론 계획대로 되지 않아 좌절했고, 불안감도 계속 찾아왔다. 하지만 그 모든 시간은 '내가 주도하는 삶'이라는 감각으로 채워졌다. 퇴사 후의 하루하루는 작은 실험과 같았다. 몇 시간 동안 책상에 앉아 글을 쓸 때는 집중과 성취감이 찾아왔고, 산책길에서 머리를 식히는 동안에는 아이디어가 떠올랐다. 한편으론 소소한 실패와 혼란도 마주했다. 클라이언트의 연락이 늦어지거나, 글이 마음에 안 들어 다시 쓰게 되는 순간 등을 마주할 때면 그동안 느껴보지 못한 자율과 책임 사이에서 균형을 찾아야 했다.

돌아보면 퇴사는 용기를 내는 순간이 아니었다. 용기를 준비해 온 시간의 마지막 장면이었다. 작은 불만과 작은 다짐이 쌓여 마침내 결심이라는 결론에 도달한 것뿐이었다. 결국 두려움을 넘는 건 확신이 아니었다. 완벽한 계획이 아니었다. 그저 '지금이 아니면 안 될 것 같다'는 마음 하나로 충분했다. 그리고 그 선택 끝에서 배웠다. 막연한 두려움보다 내 선택을 믿는 법을. 회사를 떠난 내가 사라지는 게 아니라, 비로소 나답게 시작할 수 있다는 것을. 결정과 동시에 찾아온 작은 자유와 책임감은 내 안의 성장을 촉발했다.

혹시 퇴사를 망설이고 있다면 너무 서둘러 결심하지 않아도 된다. 다만 자신에게 이 질문을 꼭 해 보길 바란다.

'지금 내가 주저하는 이유는 현실 때문인가? 아니면 두려움 때문인가?'

현실은 준비하면 바꿀 수 있다. 그러나 두려움은 마주해야만 줄어든다. 그 모든 것을 뚫고 나가야 '새로운 나'와 만나게 된다. 어쩌면 지금 느끼는 불안은 당신 안에 이미 싹튼 새로운 시작의 신호일지도 모른다. 그러니 너무 두려워하지 말라. 두려웠지만 결국 해낸 나처럼 당신도 해낼 수 있다.

다섯 번째 회사에서,
다시 나를 배우다

잦은 이직, 그 끝에 찾은 '나답게 살기'

"왜 그렇게 자주 옮겼어?"

무심한 한마디였지만, 날카로운 화살처럼 내 마음에 꽂혔다. 어떤 날엔 애써 웃어넘겼고, 어떤 날엔 밤새 그 말이 맴돌았다. 하지만 실은 나도 스스로 묻고 있었다.

'나는 왜 또 떠나려는 걸까?'

회사를 옮긴다는 건 단순한 이동이 아니었다. 삶의 구조 전체가 뒤바뀌는 거대한 '이사'였다. 일상의 리듬이 달라지고, 인간관계가 새로 짜이며, 내 삶의 방향이 수정되는 일. 그만큼 퇴사 하나에 내 마음은 수없이 접혔다 펴지기를 반복했다.

첫 회사는 뜨거웠다. 퇴근 없는 열정, 주말 없는 헌신. 야근이 일상이었고, 새벽 첫차가 익숙했다. 몸은 녹초가 되었지만, '이 정도쯤은 다들 하잖아'라며 스스로 다독였다. 모든 걸 배우고, 버텨 내면 될 줄 알았다. 하지만 열정은 오래가지 않았고, 어느 순간 '성장'보다는 '소진'이 찾아왔다. 퇴사를 결심하며 처음으로 '삶의 균형'이라는 단어를 진지하게 생각했다.

두 번째 회사에선 일이 아니라 사람이 나를 무너뜨렸다. 업무는 익숙해졌지만, 차가운 눈빛과 은근한 말 한마디가 나를 움츠러들게 했다. 불편한 관계 속에서 애써 웃어야 했고, 말하지 못한 상처들이 마음에 쌓였다. 그 안에서 유일하게 따뜻했던 기억은 말없이 등을 토닥여 주던 한 동료의 손길이다. 그 사람은 오래 남지 않았지만, 그 순간만큼은 나를 버티게 했다.

세 번째 회사에서는 '나는 정말 이 일을 좋아하는 걸까?'라는 질문이 매일 떠올랐다. 출근길은 유난히 무거웠고, 책상 앞의 시간은 멈춘 듯 느려졌다. 모니터를 바라보지만, 글자는 눈에 들어오지 않았다. 하지만 '경력 단절'이라는 말이 두려워 무리하게 버텼고, 결국 몸이 먼저 무너졌다. 그제야 알았다. 나는 단지 '괜찮아 보이는 사람'이 되고 싶었던 것뿐이라는 걸.

겉으로는 멀쩡했지만 속으로는 나 자신을 잃어 가고 있었다.

네 번째 회사는 조건만 보면 완벽했다. 복지도 좋았고, 연봉도 만족스러웠고, 위치도 이상적이었다. '이 정도면 됐지'라는 안도감이 잠시 찾아왔다. 하지만 정작 나는 점점 흐려졌다. 회의실에 앉아 있는 내 얼굴은 늘 지쳐 있었고, 일의 목적은 보이지 않았다.

'왜 이 일을 계속하는 걸까?'

그 질문이 마음속에 쌓이고 쌓여 결국 다시 문을 열게 만들었다.

그리고 지금, 다섯 번째 회사에 있다. 예전처럼 쉽게 마음을 주진 않지만, 모든 걸 닫지도 않는다. 천천히 나를 다시 알아 가고 있다. 누군가는 내 이직을 불안정한 것으로 볼지도 모른다. 하지만 나는 확신한다. 그 수많은 이동이 나를 더 '나답게' 만들어 주었다는 것을. 경로는 달랐지만, 그 안에는 나만의 고민과 성찰, 작은 변화가 켜켜이 쌓여 있다. 누군가는 한자리를 오래 지키며 자신을 만든다. 나는 여러 자리를 지나며 나를 만들어 간다. 길이 다르면 속도도 다르다. 그리고 그건 '틀림'이 아니라 '다름'일 뿐이다.

지금의 나는 여전히 완벽하지 않다. 하지만 예전보다 단단해졌고 덜 흔들린다. 앞으로 또 몇 번의 전환이 있을지 모른다. 그럼에도 이제는 안다. 그 모든 이정표가 결국은 나를 더 잘 알게 해 준 과정이었다는 것을. 한때는 무섭고 부끄럽게만 느껴졌던 말, '다시 시작.' 이제는 조용히, 담담하게 말할 수 있다. 다시 돌아온 건 한 바퀴 돌아 더 단단해졌다는 뜻이다. 쉬었다고 해서 작아지는 게 아니고, 돌아왔다고 해서 실패한 것도 아니다. '다시'는 회복이며, 용기고, 더 나은 나를 향한 새로운 선택이다.

혹시 다시 시작을 앞두고 있다면, 너무 두려워하지 않아도 된다. 그 길은 어쩌면 '더 당신답게' 살아가기 위한 첫걸음일지 모른다. 그리고 언젠가 한 바퀴 돌아 다시 선 자리에서 지금보다 더 단단해진 자신을 발견하게 될 것이다. 그때는 이렇게 말할 수 있을 것이다.

'나는 잘 버텼고, 잘 살아왔다.'

한 바퀴 돌아 다시 선 자리

처음 사회에 나왔을 때 정장과 구두, 넥타이와 서류 가방을 갑옷처럼 걸치고 출근길에 나섰다. 당시 출근은 단순한 일상이 아니었다. 어른이 되었다는 걸 나 자신에게 증명하는 첫 번째 선언이었다. 군 복무를 마치고 들어간 첫 직장 새마을금고는 내게 꿈의 무대였다. 낯선 도시 포항, 서툰 금융 업무, 고객 응대까지 모든 게 낯설었지만, 그만큼 하루하루가 도전이자 배움의 연속이었다. 1년 만에 정규직 전환을 통과했고, 빠른 실적과 상사의 격려, 특별 승진 이야기까지 들려오면서 겉으로 보이는 커리어는 순탄해 보였다. 그러나 그 속의 나는 늘 어떤 질문 앞에 서 있었다.

'나는 누구이고, 이 일을 왜 하는 걸까?'

사람들은 나를 '잘 나가는 젊은 직원'이라 불렀지만, 내 마음은 점점 텅 빈 소리를 내고 있었다. 회의실 한구석에서 고객 서류를 정리하며 멍하니 창밖을 바라보던 날, 처음으로 '내가 원하는 삶은 무엇인가?'를 진지하게 고민했다.

결국 스물여덟의 나이에 첫 사직서를 썼다. 한 글자 한 글자 눌러 쓴 사직서는 단순한 이직 문서가 아니었다. 지쳐 가던 나와의 이별이자, 다시 나를 찾아가려는 다짐이었다. 상사는 아쉬운 표정으로 "결혼식도 가고, 돌잔치도 가야 하는데…"라며 작은 봉투를 내밀었다. 그 순간, 조용히 깨달았다. 좋은 직장보다 더 중요한 건 '좋은 사람'이라는 것을.

스물아홉, 대학원생이 되었다. 낯선 강의실 풍경, 도서관의 공기, 교재에 빼곡히 그어진 밑줄이 다시금 나를 살아 있게 했다. 하지만 학업만으로는 생활을 버틸 수 없었다. 서른 통이 넘는 이력서를 냈고 서류 탈락, 필기 탈락, 면접 불합격이 이어졌다. 면접장에서 고개를 숙이며 나오던 길은 유난히 길고 쓸쓸했다. '면접만 보면 붙을 수 있다'던 믿음도 흔들렸다. 자존감이 바닥을 쳤지만, 어딘가에 나를 기다리는 자리가 분명히 있을 거란 희망을 놓지 않았다. 그 과정에서 배운 건 단순한 인내가 아니었다. 실패와 좌절 속에서 나를 다시 세우는 법, 남들의 시선이 아니라 내 기준으로 내 선택을 평가하는 법, 그리고 무엇보다 '나 자신과의 약속'을 지키는 법이었다. 포기하지 않고 한 번 더 도전한 끝에 9개월 만에 한국능률협회에 입사했다. 그곳에서 나는 조직의 전략과 구조, 정책의 맥락을 배웠고 '일을 보는 눈'이 달라지기 시작했다. 수치와 보고서 뒤에는 언제나 사람이 있다는 사실, 제도는 결국 사람을 위한 틀이라는 것을 알게 되었다. 회의와 프로젝트를 거듭하며, 단순한 업무 수행이 아닌 '조직과 사람을 이해하는 시선'을 배워 갔다. 이후 벤처 기업으로 자리를 옮기면서는 ESG, 사회적 가치 같은 개념을 실무로 체득했다. '일이 세상을 바꿀 수도 있다'라는 자각이 그때 처음 찾아왔다. 작은 프로젝트 하나에도 의미를 담고 사회적 영향과 가치를 고민하면서, 단순한 직장인이 아닌 '일을 통해 세상을 이해하고 변화시키는 사람'으로 성장하고 있었다.

물론 이직을 반복하며 불안함도 있었다. 새로운 조직에 적응하는 데 쓰는 에너지가 커서 '내가 너무 흔들리는 건 아닐까?'라는 의문이 끊임없이 들었다. 새로운 팀, 새로운 상사, 새로운 업무 방식. 익숙한 공간을 떠난다는 건 언제나 마음을 뒤흔드는 일이었다. 하지만 돌이켜보면, 그 흔들림이 나를 단단하게 만들었다. 무너질 것 같은 순간마다 조금 더 나를 알아 갔고, 다른 선택을 할 수 있는 용기도 커졌다. 불안과 걱정 속에서 나 자신에게 솔직해지는 법을 배웠다. 그리고 그 여정은 다시금 나를, 처음 떠났던 새마을금고로 이끌었다.

돌아오는 길 위에서 깨달았다. 회사를 평가하던 기준이 '조건'이나 '안정'이 아닌, '지금의 내가 어떤 사람인가?'라는 본질적인 물음으로 바뀌었다는 것을. 복귀는 후퇴가 아니었다. 되돌아온 이 무대는 예전보다 넓어진 시야와 깊어진 마음으로 서게 된 곳이었다. 이제는 나에게 떳떳한 사람이 되고 싶었다. 단순한 성과보다 사람과의 신뢰와 관계를 우선시하게 되었고, 직장이라는 틀 안에서 나를 정의하지 않고 내 안의 기준으로 나를 평가할 수 있게 되었다. 나는 사람 만나는 일을 사랑한다. 단순한 응대를 넘어, 신뢰를 쌓고 감정을 주고받으며, 누군가의 하루에 작은 따뜻함을 남길 수 있는 일. 그 일이 나를 살아 있게 만든다. 그래서 지금은 '성과'보다 '사람'을 먼저 떠올린다.

 회사라는 공간은 내 전부가 아니다. 그저 내가 나를 표현할 수 있는 하나의 무대일 뿐이다. 이제는 안다. 진심으로 좋아하는 일을 한다는 자각이 사람을 얼마나 단단하고 빛나게 만드는지를. 혹시 지금 길 위에서 방황 중이라면, 지금의 고민과 흔들림을 두려워하지 않아도 된다. 경로가 다를 뿐 우리는 모두 각자의 방식으로 성장하는 중이니까. 한 바퀴 돌아 다시 서는 자리에서 이전보다 더 단단해진 자신을 마주할 수 있다면, 그것만으로도 충분히 잘해 온 것이다.

일의 진짜 의미를 배운 시간

주임이 되었을 무렵, '일'이란 주어진 과제를 빠르고 정확하게 처리하는 것이라 믿었다. 보고서 한 줄의 오타에 민감해했고, 전화 한 통에도 매뉴얼을 다시 확인하며 신중하게 응대했다. '실수 없이, 효율적으로.' 그게 좋은 직원의 조건이라 생각했다. 그러나 시간이 지나면서 서서히 깨달았다. 진짜 '일'은 숫자나 문서가 아니라, 그 사이를 잇는 '사람'에서 시작된다는 사실을.

어느 날 오후, 묵은 파일을 정리하던 중 오래된 고객 메모 하나를 발견했다. 내용은 사소한 불만처럼 보였지만, 메모에 고객의 이름과 특이한 요청 사항이 적혀 있었다. 그 메모를 본 뒤 고객에게 전화를 걸어 상황을 물었다. 전화기 너머 들려오는 낮게 떨리는 목소리에는 불만 이상의 피로와 답답함이 담겨 있었다. 그 순간 깨달았다. 내가 처리한 건 단순한 '민원'이 아니라, 누군가의 하루를 가로지르는 무게라는 것을. 통화를 마친 뒤 고객은 "내 이야기를 들어줘서 고맙습니다"라고 말했다. 그 짧은 말 한마디가 오래도록 마음에 남았다. 숫자와 문서를 넘어 누군가의 마음을 살피는 것이야말로 진짜 일이라는 사실을 알게 된 순간이었다.

또 다른 날, 점심시간이 끝나도록 혼자 사무실에 남아 있던 신입 사원이 있었다. 그 친구는 처음 맡은 업무에 실수를 반복하며 자책하고 있었다. 나는 일부러 다가가 조용히 말했다.

"처음은 누구나 그래. 나도 그랬어. 천천히 배우면 돼."

이 한마디에 그 친구의 표정이 조금 밝아졌다. 그날 이후로 신입 사원은 실수를 줄여 가며 점차 제자리를 찾아갔다. 내가 한 것은 거창한 지도나 강의가 아니었다. 그저 누군가의 '작은 순간'을 함께 지켜보고 응원해 준 것뿐이었다. 하지만 그 경험은 내게 깊은 질문을 던졌다.

'진짜 책임감이란 무엇인가?'

단순히 일을 완벽하게 처리하는 것이 책임일까, 아니면 그 안에 담긴 사람과 마음까지 보살피는 것이 책임일까. 나는 점점 깨달았다. 업무란 결국 '사람을 알아보는 일'이며, 진짜 책임감은 숫자 뒤에 숨겨진 사연과 감정을 들여다보는 것이라는 걸. 나는 특별한 배경도, 눈에 띄는 경력도 없었다. 그저 하루하루 내 자리를 성실히 지켰다. 누군가가 보지 않아도 항상 같은 태도로. 작은 부탁이라도 미루지 않고, 실수는 숨기지 않고 솔직하게 알렸다.

한번은 중요한 서류 제출 기한을 놓친 적이 있다. 솔직하게 상사에게 상황을 알리고, 함께 해결책을 찾아 나갔다. 그 경험은 투명함과 신뢰가 얼마나 중요한지 가르쳐 주었다. '운이 좋았다'라는 말도 들었지만, 나는 안다. 그건 무너지지 않기 위해 조용히 쌓아 올린 시간의 결과였다.

퇴사 후 공백기를 보내면서도 나는 자라고 있었다. 조급함을 견디는 법을 배우고, 혼자 있는 시간을 두려워하지 않고 마주하는 법을 익혔다. 그 시간은 멈춘 것이 아니라 다르게 나아가는 연습이었다. 돌이켜보면 일은 늘 두 가지 얼굴을 보여 주었다. 때로는 무겁고 버거운 짐처럼 다가오고, 때로는 나를 단단하게 키워 주는 선생님이 되었다. 그리고 나는 그 둘 사이에서 균형 잡는 법을 조금씩 배웠다.

퇴사 후 새로운 환경에서 글을 쓰고 사람을 만나며, 업무의 기술적 측면과 감정적 측면이 함께 맞물릴 때 비로소 의미가 생긴다는 것을 체감했다. 단순히 결과를 만들어 내는 것보다 그 과정에서 누군가와 관계를 맺고 신뢰를 쌓는 일이 나를 성장하게 만든다는 사실을 알았다.

　지금 내 책상 위엔 민원서류와 결재 요청서가 놓여 있다. 누군가는 그것을 단순한 업무라고 부르겠지만, 나는 그 속에 사람의 시간과 감정과 무게가 담겨 있음을 안다. 서류 한 장, 결재 도장 하나에도 누군가의 하루가 달려 있다. 그래서 오늘도 조용히, 그러나 진심으로 일하려 한다. 크게 드러나기보다 깊게 자라는 사람. 그것이 내가 되고 싶은 사람이고, 지키고 싶은 나만의 성장 방식이다. 일은 이제 나를 소진시키는 과제가 아니라, 내가 더 깊어지고 단단해지는 과정이 되었다.

버티는 것에서 챙기는 것으로

'오늘은 얼마나 버틸 수 있을까?'

한때 매일 아침 똑같은 질문으로 하루를 시작했다. 지하철 손잡이를 쥔 손끝에 힘이 들어가고, 회의실 문 앞에 서서 숨을 고르며 되뇌었다.

'조금만 더, 오늘만 넘기면 괜찮을 거야.'

그렇게 하루를 견뎠고, 일주일을 건너뛰었으며, 몇 달을 통째로 삼켜 버렸다. 출근길은 전장에 나서는 심정이었고, 퇴근길은 겨우 빠져나온 도피 같았다. 회사란 언제나 견뎌 내야 하는 거센 풍랑 같았다. 그 속에서 늘 약자의 마음으로 버티며 하루를 지탱했다. 하지만 지금 다섯 번째 회사에 다니는 나는 전혀 다른 질문을 품는다.

'오늘은 어떻게 나를 잘 지킬 수 있을까?'

달라진 것은 회사가 아니라, 회사를 바라보는 내 시선이다. 과거에는 환경을 탓했다. 일이 많아서, 사람이 어려워서, 문화가 나와 맞지 않아서라고. 모든 이유가 중요하지만, 진짜 핵심은 그 속에서 내가 나를 어떻게 돌보는지다. 나를 챙기지 않은 채 버티는 삶은 결국 어느 순간 무너져 내릴 수밖에 없었다. 그래서 이제는 '참고 버티기' 대신 '챙기며 살아내기'를 택한다. 점심시간을 단순한 업무 연장으로 흘려보내지 않고, 하루에 한 번쯤은 나에게 묻는다.

'지금, 나는 괜찮은가?'

감정을 억누르지 않고 조용히 꺼내 바라본다. 성과보다 회복이 필요한 날에는 용기를 내어 속도를 늦춘다. 더 늦게 퇴근하기보다 조금 일찍 자리를 정리하고 나를 돌보는 것이 더 오래 일할 수 있는 힘이 된다는 것을 깨달았다. 이제 나는 '일을 잘하는 사람'이기 이전에 '나를 잘 살아 내는 사람'이고 싶다. 좋은 성과도 결국 건강한 마음에서 비롯된다는 것을 알게 되었기 때문이다. 이 같은 변화는 작은 '실천'에서 비롯되었다. 예를 들어, 회의 도중 머리가 지끈거리는 날에는 잠시 눈을 감고 호흡을 정리한다. 전날 야근으로 피로가 쌓였을 때는 남보다 조금 늦게 퇴근하고, 집으로 가는 길에 마음을 정리하는 시간을 가진다. 동료와 짧은 농담을 나누거나 창밖 풍경을 바라보며 커피 한 잔을 마시는 시간도 이제는 단순한 여유가 아닌 내 안의 회복을 위한 의식이 되었다. 그 작은 습관이 쌓이면서 어느 순간 하루를 버티는 대신 나를 지키며 사는 힘을 갖게 되었다.

물론 지금 다니는 회사도 완벽하지 않다. 여전히 예상치 못한 변수가 생기고, 인간관계는 복잡하며, 마감은 언제나 촉박하다. 하지만 더는 회사를 '버티는 공간'으로 보지 않는다. 이제 회사는 내가 단단해지는 법을 배우는 곳이 되었다. 실수와 실패가 나를 흔들 때마다 그것을 '내가 나를 더 잘 챙길 수 있는 계기'로 바라본다. 커피 한 잔을 들고 창가에 앉아 마음을 정리하는 10분, 동료와 나누는 짧은 농담, 지하철에서 잠시 눈을 감고 호흡을 가다듬는 시간. 그 모든 순간이 내 안에 작은 회복의 씨앗을 심는다. 갈라진 마음 위에도 작지만 깊은 뿌리를 내릴 수 있다는 걸 배웠다. 나는 이제 작은 회복의 순간을 의도적으로 만들며 하루를 사는 방식을 스스로 설계한다.

커리어란 무언가를 끝까지 참고 견디는 것이 아니다. 그 속에서 나를 잃지 않는 연습이다. 회사는 나를 소진시키는 장소가 아니라, 나를 회복시키는 작은 일상의 도구다. 살아남는 데만 집중하던 시간은 지나갔다. 이제는 '살아가는 방식'을 고민한다. 버티는 데 쓰던 힘을, 나를 챙기는 데 쓴다. 매일 나에게 묻는다.
'오늘 나는 어떻게 나로서 잘 살 수 있을까?'
그 질문이 하루의 나침반이 되어, 조금 느리더라도 단단하게 앞으로 걸어가게 만든다. 그리고 그 속에서 깨닫는다. 나 자신을 챙기며 살아가는 사람만이 자기 속도와 기준으로 일하고 성장할 수 있다는 것을. 버티는 삶은 언젠가 한계에 부딪히지만, 자신을 지키는 삶은 오래 지속될 수 있다. 조금 느리더라도 때로는 쉬고 때로는 천천히 나아가면서 나는 내 방식대로 회사 생활을 하고 내 하루를 설계한다. 버티는 것에서 챙기는 것으로. 그것이 내가 배운 '나를 지키며 일하는 법'이다. 그 배움은 일에만 국한되지 않고, 내 삶 전체를 단단하게 만들어 주었다.

괜찮음을 배우는 시간

우리는 아주 어릴 때부터 '줄 세우기'라는 익숙한 방식 속에서 자랐다. 100점에 가까울수록, 앞자리에 앉을수록, 이름이 자주 불릴수록 칭찬받았다. 반면 그 반대편에 있는 삶은 '부족한 것', '노력하지 않은 것'으로 치부되었다. 시험 성적, 학교 이름, 대학 로고, 그리고 어른이 되어서는 직급, 연봉, 성과 지표까지. 숫자는 자라나는 마음의 잣대가 되었고, 나는 그 숫자 속에서 점점 나 자신을 작게 접는 법을 배웠다. 직장에 들어와서도 그 버릇은 쉽게 사라지지 않았다. 눈치를 보고, 평가를 받으며, 사람들의 말끝을 살피는 일이 일상이 되었다. 회의 시간에 말 한마디를 꺼낼 때도, 작은 미소 하나를 지을 때도 늘 스스로 물었다.

'나는 괜찮은 사람일까?'

그러다가 퇴사를 했다. 명함도 사무실 출입 카드도 메일함도 모두 사라진 어느 날, 가장 먼저 무너진 것은 '직장'이 아니라 '나 자신'이었다.

'나는 이제 어디에도 소속되지 않았어. 그냥 사라져도 아무도 눈치채지 못하는 사람이 된 걸까?'

소속이 없다는 것은 곧 존재가 지워지는 일처럼 느껴졌다. 마치 투명 인간이 된 듯한 기분이었다. 처음에는 두려움과 허무함에 눌려 하루하루를 버텼다. 침대에 누워 천장을 바라보며 '내가 다시 일어날 수 있을까?' 고민했고, 한때 친했던 친구들에게 전화를 걸어 마음을 털어놓았다.

"나, 이제 어디로 가야 할까?"

그들의 위로와 공감 속에서 조금씩 알았다.

'혼자가 아니구나.'

시간이 조금 흐른 뒤, 조용히 다가온 진실이 있었다. 자존감은 '회사'가 만들어 주는 것이 아니라 '내가 나를 어떻게 바라보느냐'에서 시작된다는 사실이었다. 누군가가 나를 칭찬해 주지 않아도, 숫자가 나를 판단하지 않아도, 내 안에서 나를 존중할 힘이 있다면 충분히 살아갈 수 있다는 깨달음이었다.

복귀의 시간은 단순히 스펙을 채우는 시간이 아니었다. 자격증 몇 개보다 더 소중한 것은 흔들리지 않고 내 마음을 바라보는 힘이었다. '예전보다 뒤처졌을까?' 하는 불안 대신 '지금의 나는 어떤 삶을 원하는가?'라는 질문을 택했다. 실수를 부끄러워하기보다 그 실수를 삶의 일부로 받아들이기 시작했다.

복귀란 단순히 돌아오는 것이 아니라, 나를 다시 품는 연습이었다. 초라하다고 여겼던 지난 시간조차 지금의 나를 만든 소중한 재료였다는 것을 깨달았을 때, 비로소 나를 용서할 수 있었다. 그리고 조심스럽게 나를 다시 세웠다. 회사에서 마주하는 낯선 얼굴들, 새로운 업무, 그리고 변화된 환경 속에서 예전보다 단단한 마음으로 하루를 시작할 수 있었다. 회의실에서 내 의견을 조심스럽게 꺼낼 때, 동료와 함께 점심을 먹으며 가볍게 웃을 때 더는 남의 평가에 의존하지 않았다. 내 선택으로 하루를 산다는 사실이 이전보다 훨씬 큰 안도감을 주었다. 이제 회사는 나를 증명해 줄 무대가 아니다. 나 스스로 증명해 나가고 있다. 거울 앞에서 오늘의 나에게 말을 건넨다. 낮고 분명한 목소리로.
'괜찮아, 지금 이 모습도 충분해.'
'조금 느려도 다시 시작할 수 있어.'
'나는 그럴 자격이 충분한 사람이니까.'

돌아보면, 짧지 않은 쉼의 시간은 나에게 큰 선물이었다. 과거의 불안과 초조함, 남과의 비교와 경쟁 속에서 잃어버린 나 자신을 다시 발견하게 해 주었고,

내가 원하는 삶을 스스로 선택할 수 있는 힘을 주었다. 그 과정에서 배운 것은 단 하나다. 완벽하지 않아도, 모두가 인정하지 않아도 충분히 나답게 살아갈 수 있다는 것.

다시, 일상에 마음을 열다

처음에는 그저 '다시 돌아왔다'고만 생각했다. 익숙한 출근길, 익숙한 얼굴들, 반복되는 업무. 어제와 다르지 않은 회의실, 몇 년 전과 같은 컴퓨터 화면. 모든 것이 어제의 연장선 같았고, 별다른 것 없는 하루 같았다. 그런데 어느 순간, 그 하루가 달라 보이기 시작했다. 평범하다고 여겼던 일상이 마치 '다시 찾아온 기적'처럼 느껴졌다.

예전의 나는 그저 견뎠다. 출근은 버텨야 하는 무거운 일상이었고, 점심시간은 겨우 숨 돌리는 짧은 틈에 불과했다. 퇴근은 간신히 빠져나온 유일한 자유였고, 일은 내 감정을 갉아먹는 고된 반복이었다. 그 안에서 나는 점점 말라 갔다. 그러다가 멈추었고, 오랫동안 쉬었다. 그 쉼은 단순한 휴식이 아니라, 내 마음을 비우고 돌아보는 시간이었다. 덕분에 비워 낸 마음 위에 새로운 시선을 얹을 수 있었다. 그리고 그 시선은 내 일상 속 작은 순간을 새롭게 보게 만들었다.

다시 돌아왔을 때, 이번에는 달랐다.
출근길 버스 창밖의 빛, 길가의 나무와 바람, 지나가는 사람들의 얼굴까지 눈에 들어왔다. 사무실에 퍼지는 커피 향이 따뜻하게 느껴졌고, '오늘도 수고했어요'라는 동료의 인사 한마디에 마음이 잔잔히 울렸다. 모든 것이 그대로였지만, 나는 달라져 있었다. 일도 사람도 여전한데, 어떻게 나는 하루를 고마운 마음으로 살 수 있게 된 걸까? 지금의 하루는 누가 시켜서가 아니라 내가 선택한 하루이기 때문이다. 이제는 책임과 감정이 억지로 짊어진 짐이 아니라, 스스로 감당하기로 한 무게가 되었다. 그래서 작은 일에도 마음이 움직이고, 사소한 말 한마디에도 마음이 머문다.

회의를 준비하며 자료를 다시 읽을 때, 실수 하나를 바로잡고자 팀원에게 짧게 피드백을 남길 때, 점심시간에 동료와 나누는 짧은 대화 속에서 이전보다 더 온전히 현재를 느낀다. 어제보다 나은 내가 되기 위해 더 깊이 고민하고, 작은 성과에도 조용히 미소 짓는다. 사실 일상이란 처음부터 특별한 것이 아니었다. 잃어 보았기에 비로소 깨닫는 풍경이다. 쉬어 본 사람만이 안다. '아무 일도 없던 하루'가 얼마나 귀한지, '오늘도 무사했다'라는 말이 얼마나 충만한 의미인지.

일은 더 이상 나를 증명하는 수단이 아니다. 성과를 모아 자신을 증명하려 애쓰기보다 과정에 나를 담고, 사람들과 나누며, 함께 웃는 일에 더 큰 의미가 있음을 배운다. 이제 회사는 나를 시험하는 무대가 아니다. 나는 매일 '나답게 살아가는 법'을 연습한다. 서툴지만 정직하게, 불완전하지만 꾸준하게.

어느 날, 작은 회의에서 내가 준비한 보고서를 발표하는데 동료가 한마디 했다.

"이번 보고서, 이전보다 훨씬 이해하기 쉬워졌어요."

그 한마디가 나를 놀랍도록 기쁘게 했다. 예전에는 성과가 숫자와 평가로만 느껴졌다면, 지금은 작은 인정과 공감의 순간 속에서 삶의 의미를 발견한다. 또 다른 날, 프로젝트가 예상보다 늦어져 마음이 조급했지만 깊은숨을 쉬며 나에게 말했다.

'괜찮아, 오늘 하루 최선을 다했잖아.'

그 순간 느낀 여유와 평온함은 과거에는 느낄 수 없었던 감정이었다. 일상의 작은 순간을 오롯이 느낄 수 있는 마음은 내가 다시 돌아온 자리에서 피운 꽃이었다.

오늘도 책상 앞에 앉아 창밖을 본다. 햇살은 조금 더 부드럽고, 바람은 어제보다 따뜻하다. 그 익숙한 풍경이 낯설게 반가운 이유는 내가 다시 그 일상에 마음을 열었기 때문이다. 당연하다고 여겼던 것들이 새롭게 느껴지는 순간. 출근길 버스 창밖의 빛, 점심시간의 짧은 웃음, 업무 끝의 뿌듯함. 그 모든 감정은 언제나 그 자리에 있었다. 단지 내가 너무 바빠서 알아보지 못했을 뿐이다.

나를 세우는 시간

다시 회사에 다니겠다고 결심했을 때, 가장 먼저 마주한 건 타인의 시선이 아니었다. 그보다 더 날카롭고 무거웠던 건 나 자신에 대한 의심이었다.
'예전만큼 잘할 수 있을까?'
'괜히 돌아온 건 아닐까?'
'나는 이미 한 번 떠났던 사람인데….'
그 질문들은 예상보다 깊었고, 내 마음에 긴 그림자를 드리웠다. 퇴사 전의 나는 빠르게 달리는 것에 익숙했다. 성과와 인정, 일정과 보고서 속에서 숨 가쁘게 살아왔던 나에게 복귀란 단순히 자리를 되찾는 일이 아니라 나 자신과 다시 마주하는 시간이었다. 과거의 나와 마주하고, 그 위에 다시 나를 세우는 고요한 싸움이었다.

우리는 흔히 '일 잘하는 사람'에게 특별한 재능을 기대한다. 타고난 센스, 빠른 두뇌, 리더의 기질 등. 하지만 가까이서 지켜본 진짜 '일 잘하는 사람'들은 비범함보다 성실함을 품고 있었다. 남들보다 뛰어난 것이 아니라, 남들보다 한 번 더 해낸 사람이었다. 무뎌진 칼도 연마하면 다시 날이 서듯, 서툴렀던 나도 다시 벼려질 수 있다는 걸 그제야 알았다. 그리고 그 연마는 '지금, 다시 시작한 이 순간'부터였다.

복귀 첫날, 사무실 책상 앞에서 오래도록 숨을 골랐다. 익숙한 자리에 앉아 있지만 마음은 낯설었고, 손끝은 조금 떨렸다. 메일함을 열고 회의 일정을 확인하는데, '예전처럼 척척 해낼 수 있을까?' 하는 걱정이 밀려왔다. 하지만 하루가 끝나갈 즈음 깨달았다. 예전의 나는 일 앞에서 늘 '이게 내 일이 맞을까?'라고 물었지만, 지금은 다르게 묻고 있었다.

'내가 한다면, 어떻게 해 볼 수 있을까?'

그 질문 하나가 일에 대한 태도를 완전히 바꾸었다. 이제는 회사를 향한 책임감이 아니라, 내 삶의 성장을 위한 선택으로 일을 대한다.

복귀 후 몇 주 동안 작은 실험을 해 보기로 했다. 회의에서 의견 말하기, 상사에게 계획을 보고할 때는 조금 더 구체적으로 제안하기, 동료에게 도움을 요청할 때는 솔직하게 나의 부족함을 인정하기. 그 과정에서 깨달았다. 말을 잘하는 사람보다 상대의 시간을 아껴 주는 사람이 신뢰받는다는 것을. 완벽하지 않아도 책임감 있게 최선을 다하는 태도가 더 오래 기억된다는 것을. 작은 원칙이 나를 조금씩 단단하게 만들었다. 일을 잘한다는 것은 늘 바쁘게 움직이는 것이 아니라, 중요한 것에 집중할 줄 아는 사람이 되는 것이었다. 우선순위를 세우고, 마감을 지키며, 나만의 리듬으로 루틴을 새기는 것. 그것이 진짜 '일머리'였다. 무엇보다 실수를 두려워하지 않는 용기, 실패를 정보로 받아들이는 자세, 감추기보다 공유하고 변명보다 인정하는 태도가 나를 무너뜨리는 게 아니라 오히려 단단히 세워 주었다. 하나의 보고서, 깔끔한 회의 정리, 고객의 미소 속 한마디. 그 모든 작은 순간이 쌓여 '나도 할 수 있다'라는 믿음이 되었다.

돌아온 나에게 필요한 건 예전의 성과가 아니었다. 더 중요한 것은 예전의 부족함을 받아들이고 지금의 나로 묵묵히 살아가는 용기였다. 완벽하지 않지만 더 진지해졌고, 더 배우려 한다. 복귀란 과거를 부정하는 것이 아니라, 그 부족함을 껴안고 새로운 나로 살아가는 과정임을 이제는 안다. 그리고 그 과정을 성실히 반복할수록 누군가에게 조금씩 믿을 수 있는 사람이 되어 가고 있음을 느낀다. 동료와의 회의 속에서 쌓이는 신뢰, 상사와의 정직한 대화, 고객과의 진심 어린 소통. 그 모든 것이 나를 다시 서게 하는 힘이었다.

돌아보면, 복귀는 단순한 일상의 재개가 아니었다. 그건 나 자신을 믿고, 부족함과 마주하며, 다시 한 걸음 내딛는 용기였다. 누군가는 말할지 모른다. 왜 돌아왔냐고. 나는 안다. 내가 돌아온 이유는 타인을 위한 것이 아니라 나를 위한 것이라는 것을. 그리고 그 선택이 나를 한층 더 단단하게 세워 준다는 것을.

연봉 협상, 나를 지키는 용기

회사에 다니다 보면 누구나 한 번쯤 마주하는 순간이 있다. 바로 '연봉 협상'이다. 그날이 다가오기 전까지 머릿속에는 수많은 질문과 고민이 꼬리를 문다.

'내 요구가 혹시 무례하게 보이진 않을까?'

'정말 이만큼의 가치를 요구할 자격이 있을까?'

익숙하지 않은 상황이다. 겸손을 미덕으로 여기는 사회에서 내 가치를 스스로 말하는 일은 낯설고 어색하다. 손끝이 조금 떨리고, 목소리가 생각보다 높거나 낮게 나오기도 한다. 마음속에선 '내가 너무 탐욕스러운 건 아닐까?'라는 의심이 끊임없이 귓가에 맴돈다. 하지만 자신의 가치를 말하는 일은 무례함이 아니라 나 자신을 존중하는 용기다.

연봉 협상은 단순한 '돈' 문제가 아니다. '내 시간과 에너지에 어떤 의미를 부여할 것인가?'를 함께 논의하는 대화다. 나는 연봉 협상을 할 때 내가 어떤 일에 자부심을 느꼈고, 어떤 기여를 했으며, 앞으로 무엇을 책임질 수 있는지를 담담히 설명한다. 그 과정은 감정싸움이나 심리전이 아니다. 정보와 논리로 나를 설득하는 일이다. 과거의 나는 이렇게 말했다.

"이만큼 힘들게 일했으니, 그만큼 받아야 합니다."

하지만 지금은 안다. 회사는 '감정'이 아니라 '데이터'로 판단한다는 사실을. 그래서 이제는 차근차근 준비한다. 어떤 프로젝트에서 어떤 성과를 냈는지, 그 결과가 회사에 어떤 영향을 미쳤는지, 내 연봉이 시장에서 어떤 위치에 있는지.

연봉 협상은 단발성 이벤트가 아니다. 매일 쌓이는 태도와 성실함, 그리고 조용한 '브랜딩'의 누적이다. 보고서를 쓰는 방식, 회의에서 의견을 제시하는 순간, 상사에게 보내는 메일 한 통까지 나는 매일 나를 설명하고 있다. 그 무언의 언어들이 결국 나를 대신해 말하는 날이 오는 것이다. 협상에는 타이밍이 있다. 성과가 빛날 때, 조직 분위기가 유연할 때, 상사가 여유로울 때. 그 타이밍을 읽는 감각 역시 중요한 기술이다. 때로는 말보다 '간격'이 설득력을 지니고, 때로는 침묵이 최고의 전략이 된다.

하루는 한 프로젝트의 결산 보고 직후, 상사가 예상보다 빠르게 회의실에 들어왔다. 그 순간 나는 마음속으로 조용히 체크 리스트를 훑었다. 성과, 수치, 시장 가치 그리고 앞으로의 계획까지. 모든 것이 정리된 상태에서 차분히 말을 꺼냈고, 예상보다 좋은 조건을 제시받았다. 준비된 자에게 기회는 반드시 온다는 사실을 몸소 느낀 순간이었다. 과거엔 속도가 전부였다. 빨리 올라야 하고, 빨리 인정받아야 하며, 빨리 성과를 보여야 한다고 믿었다. 하지만 지금은 다르다. 멀리 가기 위해 숨을 고르는 법을 배웠다. 빠르게 치고 나가는 것보다 오래 걸어가는 사람이 되고 싶다. 성과는 여전히 중요하다. 그러나 그보다 더 중요한 것은 앞으로도 이 일을 '좋아하며' 지속할 수 있느냐는 것이다. 나는 이제 단기적 성과보다 '지속 가능한 마음의 컨디션'을 선택한다. 그리고 그 선택이 결코 비겁하지 않다는 걸 안다.

연봉 협상은 단순히 돈을 더 받는 순간이 아니다. 나를 지키고, 나의 가치를 존중하며, 나의 삶과 경력을 지속 가능하게 만드는 용기다. 자신을 믿고, 준비하며, 말할 수 있는 힘. 그 힘은 직장에서뿐 아니라 삶 전체를 살아가는 데 필요한 근력과 같다. 나는 오늘도 내 가치와 내 삶을 위한 선택을 한다. 그 선택이 쌓이면서 나는 단단해진다. 연봉 협상은 나를 지키는 용기다.

속도를 다시 설정하다

회사 생활이 버거운 날이면, 어디선가 들려오는 사람들의 한숨 섞인 말들이 내 마음에 내려앉았다.

"회사만 아니었으면…."

"상사만 괜찮았더라면…."

"저 동료가 조금만 덜 예민했더라면…."

억지로 삼키는 아침 커피, 무심히 지나가는 출근길 풍경, 하루가 끝나고 남는 건 '이게 무슨 의미일까?' 하는 허무함뿐이었다. 그럴 때면 나에게 질문했다.

'이 일을 계속할 수 있을까?'

그리고 더 깊은 질문으로 나아갔다.

'나는 지금 나답게 살고 있는 걸까?'

직장 생활은 결국 사람과 부딪히는 일이었다. 거기엔 감정이 있고, 실망이 있으며, 기대와 배신이 교차했다. 어느 순간 이런 생각이 스쳤다.

'직장을 바꾸면 삶도 달라질까?'

이직을 갈망했지만, 새로운 곳에서도 익숙한 갈등과 실망이 다시 찾아왔다. 그때 깨달았다. 환경이 바뀌어도 삶은 달라지지 않는다는 것을. 세상이 변하지 않아도 나 자신은 변할 수 있다는 것을. 그래서 연습하기로 했다. '버티는 법'이 아니라 '나를 정직하게 바라보는 법'을. 왜 상사의 한마디에 마음이 무너지는지, 왜 동료의 표정 하나에 하루가 흔들리는지 그 감정의 뿌리를 따라가 보았다. 열등감, 인정받고 싶은 욕구, 완벽해지고 싶은 조급함. 그 모든 감정은 사실 내 안에 숨겨진 나의 모습이었다. 감정을 부정하지 않고 조용히 마주할 때 비로소 변화가 시작되었다.

나는 작은 실험을 시작했다. 회의 시간에 한마디라도 내 의견을 말하기로 결심했다. 처음에는 떨리고 어색했지만, 조금씩 내 목소리가 조직 속에서 공간을 차지한다는 걸 느꼈다. 사소한 선택에서도 주도권을 잡았다. 야근 요청을 거절하거나, 회식 참석을 내 선택으로 정하며, 내 시간을 지켜 냈다.

내가 달라지자 세상도 조금씩 달라 보였다. 날 선 말도, 무심한 피드백도 예전처럼 나를 찌르지 않았다. 상처 같던 말들이 배움의 실마리가 되었고, 도망치고 싶던 자리는 나를 키우는 작은 학교가 되었다. 물론 모든 곳에서 버티는 게 답은 아니다. 때로는 떠나는 용기도 필요하다. 어떤 조직은 나를 성장시키기보다 갉아먹기도 한다. 그럴 때는 미련 없이 정리해야 한다. 단, 그 결정이 타인의 시선이 아니라 내 안의 목소리에서 비롯될 때 후회 없이 스스로 받아들일 수 있다.

복귀란 속도를 다시 설정하는 일이다. 남과 비교하지 않고, 조직의 기준에 흔들리지 않으며, 나만의 박자와 호흡으로 걸어가는 삶. 처음 복귀했을 때는 모든 것이 익숙하면서도 묘하게 낯설었다. 익숙한 출근길, 낯선 마음, 그리고 익숙한 사무실의 공기. 그러나 그 공간 안에 있는 나는 이전과 같은 사람이 아니었다. 떠난 시간 동안 겪은 고통과 성장, 그 무게가 내 안에 조용히 쌓여 있었다.

나로서 회사와 함께 하는 나

다섯 번째 명함이 손에 익어 갈 무렵, 비로소 나를 대하는 법을 배웠다. 예전 같으면 더 참았을 것이다. 눈치를 보며 남은 자리를 정리하고, 회식 자리에서는 의미 없는 웃음을 흘리며, 회의 시간에는 말 대신 한숨으로만 동의했을지 모른다. 그 시절의 나는 늘 남을 의식했고, 내 감정을 억누른 채 하루를 버텼다. 하지만 이번에는 달랐다. 야근을 거절하고 일정과 업무를 조율했으며, 회식은 의무가 아니라 선택이 되었다. 무엇보다도 회의에서 처음으로 내 목소리를 냈다. 완벽하지 않아도 괜찮다고, 내 의견도 존중받을 자격이 있다고 나 자신을 믿기 시작한 순간이었다. 작은 행동 하나하나가 내 안의 자신감을 깨웠고, 이전에 느끼던 무력감은 점차 힘으로 바뀌었다.

돌아온 회사는 크게 다르지 않았다. 무뚝뚝한 상사, 녹록지 않은 업무, 때로는 여전히 존재하는 부당함까지. 하지만 나는 달라져 있었다. 이제는 회사를 평가하기 전에 먼저 나의 태도를 돌아보았다. 내가 바뀌니 풍경이 달라졌다. 예전에는 위계처럼 들렸던 말들이 이제는 조율의 언어로 다가왔고, 회사라는 공간은 나를 지우는 곳이 아니라 나를 다듬는 터전이 되었다. 복귀는 단순히 자리를 되찾는 일이 아니었다. 내 삶의 이야기를 다시 쓰는 일이었다. 한때는 '살기 위해 복귀했다'라고 생각했지만, 지금의 나는 안다. 살아내기 위해, 그리고 다시 꿈을 꾸기 위해 돌아온 것임을.

치열하게 반복되던 이직과 퇴사, 그 속에서 무너졌던 자존감과 흔들렸던 커리어, 그리고 불안한 마음. 그 모든 순간은 결국 '내가 진짜 원하는 인생은 무엇인가?'를 끊임없이 묻는 여정이었다. 쉬어 가며 내 안을 들여다보고, 나를 다독이고, 작은 결정을 스스로 내리는 경험이 쌓일수록 조금씩 달라졌다. 작은 성공과 실패를 반복하는 동안 남의 기준에 휘둘리지 않고 내 기준으로 판단하는 힘이 생겼다. 업무 중 맞닥뜨린 문제들도 이제는 위협이 아니라 도전이 되었다. 실수해도 스스로 다그치지 않고, 해결책을 찾는 과정에서 성장의 기쁨을 느꼈다. 회의 시간에 내 의견이 받아들여지든 거절당하든, 결과에 상관없이 목소리를 낼 수 있다는 사실이 큰 자신감이 되었다. 이전에는 '회사에 맞추는 나'였지만, 이제는 '나로서 회사와 함께하는 나'가 된 것이다.

또한 주변을 더 세심하게 관찰하며, 배움을 적극적으로 흡수했다. 같이 일하는 동료가 어떤 방식으로 문제를 해결하는지, 어떤 언어와 태도로 팀을 이끄는지 작은 행동 하나하나를 기록하고 내 방식과 비교했다. 비교는 경쟁이 아니라 자기 성장의 도구가 되었다. 그 과정에서 남의 시선을 의식하는 대신 나를 스스로 평가하고 조율하는 힘을 얻었다.

회사는 여전히 완벽하지 않다. 예상치 못한 상황은 언제든 생기고, 인간관계는 여전히 복잡하며, 마감은 늘 촉박하다. 그러나 이제는 안다. 떠나더라도 괜찮다는 것을. 왜냐하면 어디에 있든 '나답게 일할 수 있다'는 믿음이 생겼기 때문이다. 회사라는 공간은 내 인생의 전부가 아니며, 일터는 나를 소진시키는 공간이 아니라 내 삶을 함께 꾸려 가는 장면 중 하나일 뿐이다.

한때는 삶을 멈추고 싶을 만큼 지쳐 있었고, 모든 것을 내려놓고 싶은 순간도 있었다. 하지만 나는 돌아왔다. 그리고 지금, 다시 걷고 있다. 내가 선택한 방향으로, 내가 원하는 삶을 향해, 내가 다시 꿀 수 있게 된 꿈을 따라. 나는 더 이상 예전의 내가 아니다. 돌아온 자리에서, 비로소 나답게 피어나고 있다. 그리고 깨달았다. 나답게 일한다는 것은 단순히 목소리를 내거나 권리를 주장하는 것 이상의 의미였다. 내 감정을 존중하고, 내 속도를 인정하며, 내가 중요하게 생각하는 가치를 지키는 일련의 선택이었다. 그 선택들이 작아 보일 수 있지만, 모이면 삶의 큰 흐름을 바꾸는 힘이 된다. 나는 이제 남의 기준으로 살지 않는다. 내 기준으로 일하고, 내 기준으로 성장하며, 내 기준으로 꿈을 꾼다. 이제 회사라는 공간은 나를 시험하는 장소가 아니라, 나를 단단하게 만들고 배움으로 이끄는 장이 되었다. 그리고 그곳에서 매일 조금씩 더 나답게, 조금씩 더 당당하게 살아간다.

돌아온 자리에서 피어나는 나

처음 돌아온 날, 모든 것이 익숙하면서도 낯설었다. 익숙한 출근길, 낡은 사무실, 그리고 예전과 다름없는 얼굴들. 하지만 그 안에 섞인 나는 이전과 같지 않았다. 떠났던 시간 동안 무너지고, 흔들리고, 다시 세워진 내 마음은 한층 더 단단해져 있었다. 예전과 다른 눈으로 같은 공간을 바라보고 있었다.

'다시 이곳에서 어떻게 서야 할까?'

처음 출근한 날, 사무실 문을 열며 느낀 감정은 설렘과 긴장, 그리고 묘한 익숙함과 낯섦의 혼합이었다. 컴퓨터를 켜고 메일을 확인하며 예전과 같은 업무를 마주했지만, 손끝과 마음이 달랐다. 이전에는 속도와 정확성이 모든 것이었다면, 이제는 '내 속도대로, 내 기준대로' 일하는 것이 중요했다. 작은 서류 하나를 처리할 때도, 동료에게 보고할 때도 마음속으로 다짐했다.

'완벽하지 않아도 진심을 담자.'

그 다짐 하나가 하루를 견디게 하는 힘이 되었다.

처음엔 두려움이 앞섰다. 예전처럼 능숙하게 일을 처리할 수 있을까? 팀은 변화했고, 업무 방식도 달라졌다. 이미 굳어진 팀의 리듬에 적응할 수 있을까? 사소한 일에도 심장이 두근거렸다. 회의 중 의견을 낼 때, 보고서를 작성할 때, 간단한 메일에 회신할 때조차 조심스러웠다. 하지만 천천히 내 속도대로 걸어갔다. 남의 시선보다 나 자신과의 약속에 집중했고, 작은 실수도 감추지 않고 솔직하게 인정했다. 동료들의 피드백을 받아들이며 행동으로 옮겼고, 그렇게 조금씩 신뢰를 쌓아 갔다. 그 과정에서 중요한 깨달음을 얻었다. 성공이란 '빠르게 달려가는 것'이 아니라, '내 발걸음에 확신을 가지는 것'이라는 사실을. 그 확신은 완벽함에서 오지 않는다. 불완전함을 인정하고, 그 안에서 성장하는 태도에서 비롯된다.

　돌아온 자리에서 사람을 다시 바라보는 법을 배웠다. 동료와의 작은 대화, 미처 몰랐던 성향과 취향, 업무 속 작은 습관까지 주의 깊게 관찰했다. 서로의 역할을 이해하고, 필요할 때 도움을 주고받으며 점차 팀 속에서 내 자리를 만들어갔다. 회의 중에는 조심스럽게 의견을 내놓았고, 예전 같으면 무시했을 작은 업무 하나에도 의미를 담았다. 그 과정은 단순히 업무 능력을 키우는 것이 아니었다. 내 안의 안정감과 자신감을 회복하는 시간이었다. 흔들릴 때마다 떠올렸다.
　'나는 이미 여러 번 다시 일어섰다.'
　그 기억이 불안과 두려움을 넘어 내 발걸음을 한층 단단하게 만들어 주었다. 복귀 전, 여러 가지 경험을 통해 많은 것을 배웠다. 퇴사 후 공백기는 조급함을 견디는 법, 혼자 있는 시간을 두려워하지 않고 마주하는 법을 가르쳐 주었다. 그 시간은 멈춘 것이 아니라, 내적 성장을 준비하는 연습이었다. 돌아와서야 비로소 알았다. 그동안의 흔들림과 좌절, 고립된 시간조차 오늘의 나를 만드는 자양분이었다는 것을.

　돌아온 자리에서 나는 피어난다. 과거의 흔적을 품고, 현재의 나를 인정하며, 미래를 향해 걸어가는 사람으로. 이 공간에서 나는 단순히 '일하는 사람'이 아니라, 나의 속도와 방향을 스스로 결정하는 존재가 된다. 성장은 외부의 평가가 아니라, 내 안에서 피어나는 확신과 마음의 단단함에서 비롯된다는 것을 배웠다. 오늘도 조용히 숨을 고르고, 마음을 다잡으며, 내 자리에서 피어난다. 그리고 내일도 다시 한 걸음, 나답게 걸어갈 것이다.

과거를 품고 미래를 걷다

처음 복귀했을 때, 모든 게 낯설면서도 묘하게 익숙했다. 익숙한 출근길, 익숙한 건물, 사무실 풍경. 하지만 내 마음은 낯설었다. 문을 열고 들어서는 순간, 공기는 그대로였지만 내 안의 긴장감은 이전과 달랐다. 떠난 시간 동안 겪은 고통과 성장, 그 무게가 조용히 내 마음속에 쌓여 있었다. 나는 이전과 같은 사람이 아니었다. 복귀는 나의 과거와 마주하고, 그 기억들을 품으며 앞으로 나아가는 용기였다.

'과거의 나는 어땠을까?'

'지금의 나는 어떤 방향으로 걸어가고 있을까?'

그 질문들이 내 안에서 조용히 울렸고, 한 걸음씩 앞으로 나아가게 만들었다. 두려움이 컸다. 과거의 부족함이 나를 따라붙는 듯했고, 다시 인정받지 못할까 봐 마음이 무거웠다.

출근길에, 엘리베이터 안에서, 사무실 문을 열며 느껴지는 작은 긴장까지 모든 것이 나를 압박했다. 책상 위의 컵 받침, 손때 묻은 메모지, 모니터와 키보드까지 그대로였지만, 나한테는 다르게 느껴졌다.

'여전히 이곳에서 나다울 수 있을까?'

그 물음이 끊임없이 머릿속을 맴돌았다. 하지만 시간이 지나면서 깨달았다. 나를 구성하는 것은 완벽함이 아니라, 그 모든 부족함과 실패 위에 쌓인 경험이라는 것을. 일터는 변하지 않았다. 여전히 바쁘고, 때로는 냉정하며, 예상치 못한 어려움이 찾아왔다. 그러나 나의 태도는 달라졌다. 내가 할 수 있는 최선을 다하고, 내 한계를 인정하며, 내 속도대로 나아가는 법을 배웠다. 작은 사건 하나가 내 마음을 바꿨다. 회의에서 실수한 뒤 숨이 막힐 듯 긴장했지만, 동료가 다정하게 말했다.

"처음이라 힘들지? 천천히 하면 돼. 우리가 도와줄게."

그 한마디가 내 마음을 녹였고, 완벽하지 않아도 괜찮다는 믿음을 주었다. 돌아오는 길, 나는 속삭였다.

'괜찮아, 충분히 다시 시작할 수 있어.'

그날 이후, 사소한 순간마다 나를 돌아보았다. 점심시간에 잠깐 창밖을 바라보며 하루를 정리하고, 커피 한 잔을 마시며 지난 몇 주간 느꼈던 감정을 떠올렸으며, 사소한 실수조차도 중요한 배움의 기회로 삼았다. 회사의 풍경은 그대로였지만, 나의 시선과 마음은 완전히 새로워져 있었다.

복귀는 과거를 부정하는 일이 아니었다. 오히려 과거를 품고, 그 위에서 미래를 설계하는 일이었다. 실수와 부족함조차 나를 이루는 중요한 요소였고, 그것과 화해할 때 비로소 앞으로 나아갈 힘이 생겼다. 회의 중 긴장 속에서 의견을 조심스럽게 꺼내거나, 예상치 못한 상황 앞에서 한 걸음 물러서서 상황을 바라보는 여유까지 생겼다. 같은 공간, 같은 업무지만 나의 시선과 마음은 완전히 달라졌다. 동료들과의 관계도 변화를 맞았다. 예전 같으면 지나쳤을 작은 칭찬, 다정한 말, 함께 나눈 농담 하나에도 감사함을 느꼈다. 동료들도 변함없지만, 내 시선이 달라지면서 그들의 말과 행동이 다르게 다가왔다. 서로의 존재와 성장을 조금 더 온전히 바라보게 된 것이다.

당신도 비슷한 순간을 겪었을 것이다. 과거의 나와 화해하지 못해 고민하고, 미래를 향한 첫걸음이 두려웠던 순간. 하지만 기억하길 바란다. 그 불완전함 속에서 성장하고, 조금씩 나답게 걸어가고 있다는 것을. 나는 과거를 품고, 오늘도 걸어간다. 어제의 흔적을 품고, 내일의 가능성을 품으며. 그 여정이야말로 진짜 내 삶의 시작임을 믿으며, 한 걸음씩 조심스럽게 나아간다.

돌아온 내가 예전의 내가 아니듯

같은 자리로 돌아왔다. 익숙한 사무실, 같은 책상, 낯익은 동료들. 하지만 나는 분명히 달라져 있었다. 퇴사 전의 나는 불안과 고민 속에 있었다.

'정말 이 길을 가야 할까?'

'변화가 두렵다.'

그 마음은 무거웠고, 매일 아침 출근길은 점점 더 무기력했다. 버스 안의 사람들, 익숙한 출근길의 소음, 사무실 문을 열며 느끼는 긴장감까지 모든 것이 나를 압박했다. 하루하루를 그저 버티며 살아 냈고, 내 안의 목소리는 점점 희미해졌다. 그런 나를 바라보던 친구가 말했다.

"잠시 쉬어 가는 것도 용기야. 돌아와서 다시 시작하면 돼."

그 말에 마음 한편이 풀렸고, 나 자신에게 시간을 주기로 했다.

떠나 있던 시간 동안 많은 것을 배웠다. 한동안 좋아하는 독서 모임에 참여해 다양한 사람을 만났고, 그들과 나누는 이야기 속에서 내 생각과 가치관도 조금씩 변화했다. 어느 날은 혼자 긴 산책을 하며 '나에게 진짜 중요한 게 무엇일까?' 고민했고, 또 다른 날은 취미로 시작한 그림 그리기를 통해 내 안의 감정을 마주했다. 그 과정에서 나를 더 깊이 이해하게 되었고, 작은 순간에 의미를 발견하는 법을 배웠다.

복귀한 첫날, 내 안에서 작은 변화가 일어났다. 예전 같으면 긴장감에 숨이 막혔을 텐데, 이번에는 차분한 확신이 마음을 채웠다.

'이제는 나만의 속도로 가도 괜찮아.'

'나를 더 잘 이해하고 돌볼 수 있어.'

회의 중 내 의견을 조심스럽게 꺼낼 때도 있었고, 동료와 가벼운 대화를 나누며 예전보다 편안한 마음을 느꼈다. 메일 한 통, 보고서 한 장에도 예전보다 여유를 갖고 접근할 수 있었다. 실수해도 마음을 다그치기보다, 문제를 분석하고 다음 행동을 준비하는 여유가 생겼다. 때로는 예상치 못한 문제 앞에서 당황했지만, 한 걸음 물러서서 상황을 바라보고 해결책을 찾는 법도 익혔다. 회의 중 긴장한 목소리로 질문이 날아올 때도, 심호흡하고 상황을 정리하며 차분하게 답할 수 있었다.

복귀라는 건 '같은 자리로 돌아오는 것'이 아니다. 몸은 그대로지만 내면은 한 뼘 더 성장한 상태로 다시 서는 일이다. 그 자리를 채우는 것은 단순히 업무 능력이 아니다. 함께하는 사람들과의 관계, 자신에 대한 이해, 그리고 마음의 여유까지 포함된 상태다. 달라진 것은 업무에 대한 태도뿐만이 아니다. 나 자신을 대하는 방식도 변했다. 예전에는 남의 기준과 평가에 흔들리고 긴장했으며, 작은 실수에도 스스로 몰아세웠다. 하지만 이제는 내 한계를 인정하고, 필요할 때 도움을 요청하며, 작은 성취에도 나 자신을 칭찬할 수 있다. '완벽하지 않아도 괜찮다'는 마음은 업무뿐 아니라 동료와의 관계, 일상의 모든 순간에도 적용되었다. 당신도 언젠가 같은 자리로 돌아올 수 있다면, 그때의 당신은 분명 예전과 다를 것이다. 달라진 나로 다시 시작하는 용기를 가지길 바란다. 돌아온 내가 예전의 내가 아니듯, 그 변화 속에서 더 깊고 단단한 나를 만날 수 있을 것이다. 그리고 그 변화는 단순히 시간을 버텨 낸 결과가 아니라, 나 자신을 알아 가고 성장시킨 과정임을 잊지 않길 바란다. 돌아온 자리에서 나는 오늘도 한 걸음씩 나아간다. 내가 쌓아 온 경험과 깨달음을 바탕으로 내 속도대로, 내 방식대로 걸어간다. 회사는 그대로지만 나는 여전히 성장하고 있다. 돌아온 내가 예전의 내가 아니듯 앞으로의 나 또한 다른 모습으로 변해 갈 것이다. 그 과정에서 다시 한번 나답게 살아가는 법을 배우고 있다.

쉬었던 시간만큼 단단해지다

일터를 떠나기로 결심했을 때 마음이 무거웠다.
'잘하고 있던 걸까?'
'다시 돌아갈 수 있을까?'
불안과 기대가 뒤섞인 채로 쉼의 시간을 택했다.

처음에는 쉬는 것 자체가 어색했다. 쉬어도 되는 건지, 멈춰도 괜찮은 건지 마음이 계속 흔들렸다. 아침이면 알람 대신 침대에 누워 천천히 눈을 뜨는 시간이 낯설었다. 예전에는 바쁘게 지나가던 하루가 조용히 자신을 들여다보는 시간으로 바뀌었다. 커피를 내리며 창밖을 바라보는데 바람에 흔들리는 나뭇잎과 길게 늘어선 그림자마저 특별하게 느껴졌다. 일상 속 작은 순간들을 새로운 눈으로 받아들이기 시작했다. 쉬는 동안 나에게 질문했다.
'내가 진짜 원하는 일은 무엇일까?'
'어떤 환경에서 나는 더 행복을 느낄까?'
'나는 지금 무엇을 위해 달려온 걸까?'
메모장에 한 줄씩 적어 내려가며 마음을 정리했다.
처음에는 막연하고 두려웠지만, 시간이 지날수록 질문들이 나를 조금씩 변화시키기 시작했다. 하루를 끝낼 때마다 짧게나마 기록을 남기면서 내 생각과 감정을 더 명확히 볼 수 있었다.

하루는 친구와 긴 이야기를 나눴다. 친구도 비슷한 고민을 겪고 있었다. 서로의 이야기를 들으며 '나만 힘든 게 아니구나'라는 생각에 마음이 한결 가벼워졌다. 또 다른 날에는 산책길에서 우연히 만난 동료와 커피를 마시며 일과 삶의 균형에 대해 깊이 이야기했다. 그 시간은 단순한 잡담이 아니라, 나 자신을 돌아보는 성찰의 순간이었다. 자신을 위해 멈추고 숨을 고르며 내면의 단단함을 다시 쌓는 시간이었다.

쉬는 동안 내 가치를 다시 생각했다. 일이 전부가 아님을 깨달았고, 내가 좋아하는 것과 잘할 수 있는 것 사이에서 균형을 찾아갔다. 책을 읽고, 글을 쓰고, 운동을 하며 나와 마주하는 시간은 이전보다 훨씬 깊고 의미 있었다. 혼자 걷는 산책길에서, 카페 창가에 앉아 책을 읽는 시간 속에서 내 안의 소리를 들었다. 그 과정에서 얻은 새로운 힘과 용기는 다시 일터로 돌아갈 용기가 되었다.

복귀 후 첫 출근날, 익숙했던 일상이 낯설게 느껴졌다. 예전처럼 능숙하지 않은 나 자신을 발견했지만, 조급해하지 않기로 마음먹었다.
'조금 느려도 괜찮아. 쉬었던 시간만큼 더 단단해졌으니까.'

복귀 첫 주, 매일 작은 성취를 기록했다. 사소한 업무라도 정성을 다해 마무리하고, 미뤄 두었던 학습과 자기 계발에도 시간을 투자했다. 내가 만들어 낸 결과물이 이전보다 느리더라도, 그것이 내 성장의 증거라는 사실을 깨달았다. 동료와의 작은 대화 속에서도 감사와 배려를 주고받으며 다시 사람과의 관계 속에서 힘을 얻었다.

혹시 당신의 삶에서 멈춰야 할 순간이 온다면, 그 시간을 두려워하지 않길 바란다. 쉬어 가는 것은 후퇴가 아니다. 더 크게 나아가기 위한 준비이며, 내면을 단단히 만드는 시간이다. 쉰 시간만큼 더 깊이 이해하고, 더 넓게 바라보며, 더 단단하게 일어설 수 있다. 그리고 어느 날, 다시 일터의 문을 열 때 깨닫게 될 것이다.
'멈췄던 내가 이전보다 훨씬 더 견고해졌구나.'

천천히 해도 돼. 우리가 도와줄게

'할 수 있을까?'
'예전처럼 잘할 수 있을까?'
 복귀를 앞둔 날 밤, 마음이 한없이 복잡했다. 불안과 기대가 뒤섞인 채 깊은숨을 내쉬었다. 떨어져 있던 시간 동안 능력이 녹슬지 않았을까 걱정이 앞섰다.
'익숙했던 업무가 낯설게 느껴지면 어떻게 하지?'
'동료들은 나를 그대로 받아줄까?'
 머릿속에 끝없는 질문이 맴돌았다. 예전 같으면 척척 해냈을 사소한 일도 모든 게 어색하고 서툴게 느껴졌다. 출근길 지하철 안, 사람들의 바쁜 발걸음을 보는데 '잘할 수 있을까?'라는 불안이 다시 밀려왔다. 그때 마음속 작은 목소리가 말했다.
'괜찮아, 천천히 하면 돼. 다시 시작할 수 있어.'

 출근 첫날, 익숙한 출입문을 열고 사무실에 들어섰다. 공기는 여전히 분주했지만 동료들의 표정은 따뜻했다.
"돌아와서 정말 반가워."
 그 한마디에 얼어붙었던 마음이 조금씩 풀리기 시작했다. 익숙한 자리, 이전과 같은 컴퓨터 화면, 책상 위 소품들. 모든 게 그대로지만 내 마음은 조금 달랐다. 나는 그 공간을 다시 나만의 자리로 만들어야 했다. 업무를 시작하며 처음 맞닥뜨린 보고서. 예전 같으면 바로 해결했을 문제인데, 그날은 머릿속이 하얘졌다. 한숨을 내쉬며 잠시 멈춘 순간, 옆자리 선배가 다가와 부드럽게 말했다.
"오랜만이라 힘들지? 천천히 해도 돼. 우리가 도와줄게."
 이는 단순한 위로가 아니라, 내가 팀의 일부임을 확인시켜 주는 말이었다.

며칠 뒤, 작은 실수를 했다. 중요한 메일을 놓쳐 고객과 약속 시간에 혼선이 생긴 것이다. 예전의 나였다면 속상함과 자책감으로 힘들어했을 것이다. 하지만 그때 들려온 상사의 말은 예상과 달랐다.

"실수는 누구나 해. 중요한 건 그 뒤에 어떻게 하느냐야."

그 말에 마음이 조금 풀리면서, 다시 힘을 내어 문제를 정리했다. 완벽하지 않아도 괜찮고, 넘어져도 다시 일어설 수 있다는 사실을 배웠다. 시간이 지나면서 조금씩 자신감을 되찾았다. 업무 속 작은 성취, 동료들의 사소한 배려, 회의에서 의견이 받아들여졌을 때의 뿌듯함. 이 모든 것이 내 마음을 지탱하고 있었다. 점심시간에 커피 한 잔을 들고 창가에 앉아 잠시 바깥을 바라보며 호흡을 고르는 일도, 회의 중 짧은 농담과 웃음 속에서 느끼는 안도감도 작은 순간 하나하나가 나를 다시 나로 만들어 주고 있었다.

어느 날, 예상치 못한 문제에 직면했다. 대규모 프로젝트의 일정이 꼬였는데 내 책임도 있었다. 예전 같으면 압박감에 무너지거나 혼자 문제를 해결하려고 무리했을 것이다. 하지만 지금의 나는 달랐다. 잠시 멈추어 상황을 파악하고, 팀원과 의견을 나누며 해결책을 모색했다. 작은 회의실에서 펼쳐진 긴 대화 속에서도 더는 초조하게 숨죽이지 않았다. 그 대신 차분히 상황을 정리하고, 나만의 판단으로 한 발 한 발 나아갔다. 그 과정에서 깨달았다. 복귀란 '새로운 시작'을 의미한다는 것을. 나 자신에게 건네는 작은 위로와 응원이 가장 큰 힘이라는 것을. 그 힘이 모여 성장으로 이어지고, 또 다른 시작을 가능하게 한다는 것을.

빈자리도 나를 기다리고 있었다

'그 자리가 그대로일까?'
 오랜만에 출근한 아침, 회사 문을 여는 손끝이 괜스레 서툴렀다. 풍경은 그대로인데 마음만 낯설었다. 자리라는 말은 단순한 공간만을 뜻하지 않는다. 때로는 그 안에 관계, 시간, 정체성까지 담겨 있다. 나는 그동안 '회사 안의 나'를 잠시 한쪽에 내려두고 있었다. 다시 그 자리에 앉는다는 건 단순한 복귀 이상의 의미였다.

 자리에 도착하니 책상 위는 예전 모습 그대로였다. 내가 쓰던 컵 받침, 손때 묻은 메모지, 자주 쓰던 볼펜까지 고스란히 놓여 있었다. 누군가 일부러 정리해 둔 것처럼 느껴졌다. 순간, 그저 비어 있던 공간이 아니라 누군가가 나의 자리를 지켜 주고 있었다는 느낌이 들었다. 책상 서랍을 열자 내 이름이 적힌 파일과 예전 업무 기록이 그대로 있었다. 손때 묻은 문서 사이로 '그동안 내가 팀 안에서 기억되고 있었다'라는 사실이 따뜻하게 다가왔다. 잠시 뒤 동료가 다가와 말했다.
 "돌아왔구나. 네 자리가 허전했어."
 평범한 인사 한마디였지만, 하루 종일 마음을 맴돌았다. 문득 생각했다. 내가 떠나 있는 동안 팀 안에서 소소한 배려가 이어지고 있었다는 것을. 회의 중 누군가가 내 의견을 대신 물어봐 주고, 메일함에 내 이름이 언급될 때마다 누군가는 나를 떠올렸을 것이다.

 업무는 예전처럼 빠르게 돌아갔다. 팀 회의, 보고서 작성, 수십 통의 메일 처리까지. 모두 익숙한 풍경이었지만, 이상하게도 모든 것이 새롭게 느껴졌다. 손은 몸에 익은 동작을 기억하고 있었지만, 마음은 조금 더 조심스럽게 움직였다. 익숙한 프로그램과 단축키, 폴더 구조까지 모두 그대로였지만 이를 바라보는 내 시선은 달랐다. 바쁜 업무 흐름 속에서 사람과 관계를 더 주목했다. 누가 보고서에 시간을 들였는지, 누가 늦은 시간까지 질문에 답했는지. 그 작은 노력들이 모여 팀을 지탱한다는 것을 다시금 깨달았다. 점심시간에는 동료들과 잠깐 걸으며 이야기를 나누었다. 예전 같으면 스쳐 지나쳤을 작은 대화가 이제는 의미 있게 다가왔.

"그동안 어떻게 지냈어?"
"팀이 조금 달라졌더라."

짧은 문장 속에서 서로의 변화를 확인하고, 함께 시간을 이어 가는 힘이 느껴졌다.

그날 이후, '자리'에 대해 다시 생각하게 됐다. 조직은 효율만으로 움직이지 않는다. 공간을 채우는 것은 결국 사람이고, 사람을 잇는 건 관계와 기억이다. 누군가의 복귀를 기다리는 마음, 다시 돌아온 이를 향한 따뜻한 인사, 업무 속 배려와 미묘한 눈치, 그런 것들이 쌓여 팀이 되고 조직이 된다. 문득, 자리보다 더 중요한 것이 떠올랐다. 자리에 담긴 '존재의 의미'였다. 단순히 내가 앉을 책상, 놓을 물건, 처리할 업무가 아니라 '나라는 존재가 여전히 팀 안에서 의미가 있음을 확인하는 과정'이었다. 그 사실은 내 마음을 한층 단단하게 만들었다.

그 경험은 또 다른 깨달음을 주었다. 나는 단지 일을 하는 사람이 아니라, 함께하는 동료였다는 것. 잠시 자리를 떠났다고 해서 팀과 멀어진 것이 아니라, 그 자리가 여전히 나를 기억하고 기다리고 있었다는 것. 그리고 그 자리를 지켜 주는 동료들이 있었다는 것.

복귀 후 몇 주가 지나면서 조금씩 리듬을 찾았다. 회의 중 의견을 자연스럽게 내고, 작은 업무에도 책임과 의미를 담았다. 실수했을 때는 숨기기보다 솔직하게 인정하며 그 과정에서 신뢰를 쌓았다. 돌아온 자리에서 익숙함을 회복하는 것이 아니라, 이전과 다른 관점으로 팀과 공간을 바라보았다. 잠시 자리를 떠나 있는 사람이 있다면, 그 자리에 따뜻한 말 한마디를 남겨 보자.

'잘 지냈어?'

'네가 있어서 좋았어.'

그 짧은 한마디가 돌아오는 날, 생각보다 큰 힘이 된다.

언젠가 다시 돌아올 그날, 그 자리가 익숙하고 따뜻하길 바라는 마음으로.

쉬는 동안 잃은 게 아니라 더해진 것이 있다

일에서 잠시 떨어져 있는 건 생각보다 쉽지 않았다. 처음엔 여유로울 줄 알았다. 하지만 닥치고 보니 그 여유는 금세 불안으로 바뀌었다.
'지금 이대로 괜찮은 걸까?'
'계속 이렇게 멈춰 있어도 되는 걸까?'

시간이 흐를수록 조급함이 자라났다. 늘 바쁘게 살아온 나에게 멈춰 있음은 존재 자체를 흔드는 일이었다. 하루하루가 허공에 흩어지는 듯했고, 어느 순간엔 사회에서 점점 멀어지고 있다는 생각까지 들었다. 심지어 아무것도 하지 않는 하루가 괴롭기까지 했다. 그러던 어느 날, 습관처럼 메모장을 펼치다가 한 문장이 눈에 들어왔다.
"지금은 속도가 아니라 방향을 점검하는 시간."
짧은 한 줄이 마음을 멈춰 세웠다.
'그래, 멈춘다고 모두 잃는 건 아니야.'
그때부터 조금씩 시선이 달라졌다. '무엇을 해야 할까?'가 아니라 '어디로 가고 싶은가?'를 자문하기 시작했다.

천천히, 아주 천천히 조급함이 걷히고 일상이 눈에 들어왔다. 커피 한 잔의 향기, 낮잠 뒤 창밖의 빛, 책 속 문장 하나에 눈길이 머물렀다. 긴 산책길, 공원의 작은 나무 한 그루에도 마음이 닿았다. 멀게만 느껴졌던 순간이 다시 가까워졌다. 그 과정에서 깨달았다. 쉬는 동안 아무것도 하지 않는 것처럼 느껴지는 시간조차도 의미 있었다는 것을. 책을 펼치면 새로운 생각이 눈에 들어왔고, 글을 쓰며 내 마음을 정리했다. 조금은 어설펐지만, 나를 솔직히 마주하는 시간이었다.

친구와 길게 나눈 전화 통화, 우연히 만난 동료와 커피를 마시며 나눈 대화는 단순한 잡담이 아니었다. 각각의 대화에서 나의 가치, 내가 놓치고 있던 감정, 진짜 원하는 방향을 다시금 확인했다.

복귀 후, 사무실에 들어섰을 때 공기가 달랐다. 동료들의 웃음, 회의실의 긴장된 공기, 커피 머신에서 나는 익숙한 소리까지 모든 것이 새롭게 느껴졌다. 누군가는 말했다.
"표정이 한결 편안해졌네."
그 말 한마디가 무엇보다 큰 확인이 되었다. 멈춰 선 시간이 나를 무너뜨린 게 아니라, 다시 나아갈 힘이 되어 주었다는 증거였다. 첫 출근날, 익숙한 컴퓨터 화면 앞에 앉았을 때 손이 조금 떨렸다. 보고서를 열고, 메일을 확인하며 천천히 리듬을 찾아갔다. 과거처럼 빠른 속도를 강요하지 않았다. 실수를 두려워하기보다 내 속도와 마음에 맞춰 한 걸음씩 나아갔다. 동료들의 반응과 배려 속에서 다시 신뢰를 느꼈고, 자신감을 회복했다.

쉬는 동안 쌓은 것들은 눈에 보이는 성과가 아니었다. 작은 습관, 마음을 돌보는 법, 사소한 것에서 기쁨을 찾는 법, 그리고 무엇보다 나 자신과 속도를 맞추는 법. 이 모든 것이 지금 내 발걸음을 지탱하는 자산이 되었다. 이제는 말할 수 있다. 잠시 멈추는 것, 쉬어 가는 것, 비워 내는 것. 그건 '손해'가 아니다. '성장'이라는 이름의 또 다른 형태다.

혹시 지금 쉬고 있는가?
당신은 잃고 있는 게 아니라, 조용히 더해지고 있는 중일지도 모른다. 그 사실을 너무 늦게 알아차리지 않기를 진심으로 바란다.

나만의 속도를 찾아가고 있다

복귀 첫날, 모니터를 켰다. 화면 속 프로그램도, 단축키도, 폴더 구조도 그대로였다. 익숙한 풍경인데 뜻밖에도 손은 느렸다. 마우스를 잡는 감각조차 어딘가 어색했다. '내가 이걸 어떻게 했더라?' 낯설다는 감각은 사소한 부분에서 시작됐다. 보고서를 여는 순서, 메일을 분류하던 기준, 동료들과의 대화 방식까지. 머리로는 알고 있는데 몸이 따라 주지 않았다. 예전에는 '생각 없이도' 해낼 수 있었던 일을, 지금은 '조심스럽게' 하나씩 되짚어야 했다. 그런 모습이 못나 보일까 봐 속상했다. 다시 시작해야 한다는 사실이 벅찼다. 마음은 급한데, 손은 더디니 답답했다. 그러면서 한편으로 생각했다.

'이 서툶은 새로운 나를 만들어 가는 과정일지도 몰라.'

조금씩 감각을 찾으면서 예전과는 다른 태도로 일을 마주했다. 무심코 넘기던 데이터에 의미가 생겼고, 반복처럼 쓰던 보고서에도 의도를 먼저 묻기 시작했다. '왜 이걸 해야 하지?' '이 방식이 정말 가장 좋은 걸까?'

멀어져 있던 시간만큼 시야는 넓어져 있었다. 단순히 일의 속도를 따라가는 것이 아니라, 각 업무의 의미와 영향까지 생각하게 되었다.

복귀 초반, 동료들과의 대화도 달라졌다. 같은 질문에도 예전 같으면 신속하게 답했겠지만, 이제는 상대의 의도를 먼저 살피고 내 의견을 조리 있게 전달했다. 회의 중 동료의 말에 잠시 생각한 후 "이런 관점도 괜찮을 것 같아요"라고 조심스럽게 말하자 고개를 끄덕이며 반응해 주는 순간이 있었다. 작은 인정과 신뢰가 쌓일수록 더 편안하게 업무에 몰입할 수 있었다.

같은 일을 다시 배우는 것은 몇 년 뒤에 같은 책을 다시 읽는 것과 같았다. 문장은 그대로지만, 느껴지는 감정은 달라져 있었다. 그사이 달라진 것은 '내 안의 나'였다. 돌아와 익숙한 일을 다시 하면서 그동안 내가 얼마나 무심하게 일해 왔는지를 알게 되었고, 멈춰 있던 시간이 내게 무엇을 남겼는지도 느낄 수 있었다.

더 깊이 들여다보니, 반복과 익숙함 속에도 배움이 숨어 있었다. 같은 보고서라도 데이터 하나를 확인할 때 주는 의미가 달랐고, 동료에게 전하는 메일 하나에도 배려와 이해가 담겼다. 실수를 반복할 때조차 스스로 다그치기보다, '왜 이렇게 되었는지'를 되짚으며 더 나은 방법을 고민했다. 시간이 만든 거리감이 오히려 나를 세밀하게 만들었다.

일이란 반복된다고 해서 항상 같지는 않다. 시간이 지나면 똑같은 일도 다르게 보인다. 그 다름 속에서 조금씩 더 나은 방식으로 일하게 된다. 익숙한 일을 다시 배우는 과정에서 느껴지는 답답함과 느림은 결코 실패가 아니다. 내가 '더 깊이 이해하고 있다'는 증거이자, 업무에 대해 새롭게 눈뜨는 과정이다. 나는 이제 안다. 익숙한 일을 낯설게 다시 배운다는 건, 처음부터 다시 시작하는 것이 아니다. 조금은 달라진 시선으로, 더 나은 방향을 향해 나아가는 일이다. 누구에게나 그런 시간이 한 번쯤 필요하다. 그리고 그 시간은 우리를 더 단단하게 만든다. 매 순간 나에게 말한다.

'서툴러도 괜찮아. 천천히, 조금씩, 더 나은 내가 되어 가는 과정일 뿐이야.'

이 마음가짐으로 오늘도 컴퓨터 앞에 앉아 익숙하지만 낯선 일을 하나씩 채워 나간다. 그리고 그 과정에서 다시 나만의 속도를 찾아가고 있다.

복귀는 '되돌아감'이 아니라 '다시 나아감'이다

'다시 돌아가는 게 맞을까?'

'예전처럼 잘할 수 있을까?'

머릿속을 맴도는 수많은 질문. 그 질문들 속에는 복귀를 '되돌아가는 일'로만 바라보던 나의 시선이 숨어 있었다. 공백기를 단순히 쉬는 시간이라 생각했지만, 실상은 내게 필요한 성찰의 시간이었다.

'나는 어떤 사람으로 다시 자리하고 싶은가?'

'동료들과 어떤 관계를 만들어 가고 싶은가?'

하루에도 몇 번씩 머릿속을 스치는 질문들은 어느새 내 마음속 작은 불씨가 되어 나를 준비시키고 있었다.

예전의 나는 하루하루를 '버티는 데' 집중했지만, 이제는 하루하루를 '채워 가는 데' 집중하고 싶었다. 단순히 일을 끝내는 것이 목표가 아니라, 일을 하면서 느끼는 경험과 관계를 진심으로 받아들이고 싶었다.

복귀 후 첫 회의에서 느낀 긴장은 예상보다 컸다. 익숙한 얼굴들 사이에서 말을 꺼낼 때마다 손끝이 떨리고, 목소리가 어딘가 어색하게 느껴졌다. 그럼에도 먼저 마음을 열기로 했다. 작은 질문 하나, 짧은 칭찬 한마디, 피드백에 대한 진심 어린 수용. 그 모든 것이 조금씩 관계의 온도를 바꾸어 갔다. 회의가 끝날 무렵, 누군가가 웃으며 한마디를 건넸다.

"오랜만에 보니 분위기가 다르네."

짧은 말이었지만, 마음속 깊이 안도감이 느껴졌다. 돌아온 자리에 다시 속할 수 있다는 사실을 느낀 순간이었다.

공백기는 단순히 쉬는 시간이 아니었다. 일을 어떻게 대하고 싶은지, 어떤 마음으로 일하고 싶은지를 다시 생각하게 해 준 기간이었다. 같은 업무를 하면서도 더 주의 깊게 듣고, 더 진심으로 반응하며, 작은 것에도 마음을 담았다. 예전에 보지 못했던 것들이 보였고, 흘려보냈던 감정들이 새삼스럽게 느껴졌다. 아마도 너무 오래 기계처럼 움직였던 나에게 쉼표 하나가 필요했던 것일지도 모른다.

복귀 이후에도 익숙함과 낯섦이 교차했다. 모니터 앞의 단축키는 그대로지만 손끝 감각은 다시 맞추어야 했고, 회의 중에도 말을 꺼낼 타이밍과 속도를 조절하며 긴장을 풀어야 했다. 하지만 그 과정을 두려워하지 않았다. 손이 느리고 발걸음이 서툴더라도, 마음과 시선은 더 깊어져 있었다. 익숙한 업무 속에서 이전에는 지나쳤던 의미와 관계를 새롭게 발견했다. 그 과정에서 깨달았다. 복귀는 후퇴가 아니라, 이전과는 다른 시선으로 전진하는 일이었다. 단순히 되돌아가는 것이 아니라, 공백 동안 쌓은 경험과 마음을 안고 다시 나아가는 과정이었다. 나에게 복귀는 이전보다 더 성장한 나로서 한 걸음 더 내딛는 일이었다.

혹시 복귀를 앞두고 불안해하는 누군가가 있다면 말해 주고 싶다. 그 시간을 '예전의 연장선'으로 여기지 말라고. 복귀는 어떤 이에게는 정체처럼 느껴질 수 있지만, 또 다른 이에게는 '더 나은 나로 나아가는' 새로운 시작점이 될 수 있다. 돌아가는 것이 아니라, 새롭게 한 걸음 더 내딛는 일. 나에게 복귀는 그런 의미였다. 당신에게도 그럴 수 있다.

경력의 공백보다 중요한 건 마음의 연결

복직 후 가장 두려웠던 것은 '일' 자체가 아니었다. 엑셀 함수나 보고서 양식, 업무 프로세스 같은 것은 금세 다시 익힐 수 있으리라 생각했다. 진짜 두려움은 동료들과 다시 마주하는 순간이었다. 나는 여전히 같은 자리에 앉아 있지만, 사무실의 공기는 이전과 달랐다. 나 없이 흘러간 시간만큼 우리 사이에도 눈에 보이지 않는 간격이 생긴 건 아닐까 하는 생각이 머릿속을 맴돌았다. 물론 동료들은 따뜻하게 맞아 주었다.

"돌아와서 다행이야."

"기다리고 있었어."

그 말에 안도하면서도 어딘가 낯선 정적이 우리 사이에 남아 있었다. 회의 시간에는 예전처럼 쉽게 의견을 내지 못했다. 말을 꺼내도 자연스럽게 흐름에 섞이지 못하는 듯한 어색함이 뒤따랐다. 팀은 이미 자기들만의 리듬에 익숙해져 있었고, 나는 그 속도와 톤에 맞춰 다시 발을 맞추어야 했다. 때때로 '내 자리는 이미 작아진 게 아닐까?'라는 불안이 스멀스멀 고개를 들었다. 익숙한 공간에서 느끼는 낯섦은 물리적 거리보다 마음의 거리에서 비롯된 것이었다.

그러던 어느 날, 비교적 작은 프로젝트를 맡게 되었다. 업무 자체는 어렵지 않았지만 팀원들과의 협업이 필요한 일이었다. 나는 결심했다. 이번엔 성과보다 관계에 더 집중해 보기로. 답을 기다리는 대신 먼저 말을 걸고, 작은 부분이라도 피드백이 오면 즉시 반영했다. 회의 전에 미리 자료를 정리해 공유하고, 팀원들의 의견을 먼저 청취했다. 잘한 일은 함께 기뻐하고, 실수는 숨기지 않고 솔직히 인정했다. 다시 팀의 흐름 속에서 함께하고 싶다는 마음을 말이 아닌 행동으로 보여 주려 했다.

며칠이 지나자 변화가 조금씩 나타났다. 업무용 메신저에서 누군가가 먼저 내 이름을 불러 주었고, 회의 자리에서도 '좋아요, 그 방향 괜찮을 것 같아요'라는 말이 이어졌다. 처음에는 짧은 반응이었지만, 그것만으로도 '우리'라는 이름 속에 내가 존재하고 있음을 느낄 수 있었다. 점심시간에는 자연스럽게 동료 옆에 앉아 이야기를 나누고, 작은 농담과 웃음 속에서 예전처럼 편안한 호흡을 되찾았다. 프로젝트 마감일을 앞두고 한 팀원이 늦게까지 남아 작업을 하고 있었다. 예전 같으면 '내 일이 아니니 그냥 퇴근해야겠다'라고 생각했을 수 있다. 하지만 자연스럽게 옆자리에 앉아 함께 검토를 도왔다. 그 동료가 건넨 한마디가 아직도 잊히지 않는다.

"역시, 같이 하니까 든든하다."

그 말은 단순한 고마움이 아니라 나를 동료로 받아들였다는 신호였다. 그 순간, 마음속 깊은 곳에서 안도와 기쁨이 동시에 피어났다. 나는 깨달았다. 이력서에 남는 것은 경력의 연속성일지 몰라도, 일을 가능하게 하는 것은 결국 사람 사이의 신뢰라는 것을. 공백보다 중요한 것은 다시 함께 걸어가고자 하는 마음이었다. 그리고 그 마음은 거창한 말이 아니라 작은 행동 속에서 쌓인다는 것도.

그날 이후, 매일 조금씩 신경을 썼다. 회의 전에 먼저 자료를 공유하고, 동료가 바쁠 때는 작은 도움이라도 먼저 제안했다. 작은 감사와 격려를 아끼지 않았고, 서로의 성과를 진심으로 축하했다. 그 과정에서 이전에는 보지 못했던 동료의 장점과 팀이 가진 조화로운 힘을 다시 발견했다. 관계가 회복되면서 업무의 흐름도 자연스레 개선되었다. 내가 말하지 않아도 서로의 상황을 이해하고 조율하는 분위기가 생기기 시작한 것이다.

우리는 종종 '얼마나 잘하느냐'에만 집중한다. 하지만 진짜 중요한 질문은 '나는 이 사람들과 함께 일할 수 있는 사람인가?' 아닐까. 그 질문에 대한 답은 숫자가 아니라 태도에서 드러난다. 눈에 보이는 성과보다 서로를 신뢰하고 마음을 연결하는 행동이 결국 일을 가능하게 만든다.

 혹시 지금, 경력 단절이나 공백 앞에서 주저하고 있다면 이렇게 자문해 보라. '나는 이들과 다시 마음을 나눌 준비가 되었는가?'

 그 대답이 '예'라면, 공백은 문제가 되지 않는다. 경력은 끊어질 수 있어도 마음은 언제든 이어질 수 있으니까. 그리고 결국 우리를 다시 일하게 만드는 것은 이력서가 아니라 함께하려는 태도임을 잊지 말자. 오늘도 나는 책상에 앉아 작은 메모를 하나 붙인다.

 '작은 연결이 큰 힘이 된다.'

 이 단순한 문구가 내 마음을 지탱하고 동료와 나를 이어 주는 삶의 지침이 되었다. 경력의 공백은 두려울 수 있지만, 마음의 연결은 언제든 이어질 수 있다. 그리고 그 연결 위에서 우리는 다시 성장하고 앞으로 나아갈 수 있다.

에필로그

또 다른 토끼와 거북이 이야기

빠르게 성장하는 것도 중요하지만, 오래 버티며 웃는 법이 더 소중하다는 것을 이제 알게 되었습니다. 이 책의 시작은 『알기 쉬운 금융상식』을 세상에 내놓던 그날로 거슬러 올라갑니다. 그때부터 매일 밤 잠들기 전 30분씩 책상 앞에 앉아 하루를 정리하듯 한 단어, 한 문장씩 적어 나갔습니다.

속도보다 방향을, 효율보다 감정을 더 깊이 고민했던 시간이었습니다. 그렇게 2년이라는 시간이 흘러 지금 이 책이 완성되었습니다. 책장을 덮기 전, 한 편의 이야기를 덧붙이며 이 여정을 마무리하고자 합니다.

어릴 적 읽었던 '또 다른 토끼와 거북이 이야기'가 떠오릅니다. 용왕의 병을 고치기 위해 토끼의 간을 구하러 간 거북이. 위기를 눈치챈 토끼는 "간은 육지에 두고 왔다"라고 말하며 교묘히 위기를 벗어납니다. 누군가는 이를 단순한 '잔꾀'로 생각할지 모르지만, 저는 다르게 느꼈습니다. 그 토끼는 부조리한 권력 앞에서 자신을 지켜 낸 존재였습니다. 약했지만 지혜로웠고, 강하지 않아도 끝까지 살아남았습니다.

회사라는 세계 역시 크게 다르지 않습니다. 때로는 이해하기 힘든 규칙이 우리를 시험하고, 말도 안 되는 결정 앞에 내가 희생양이 될 수도 있습니다. 그럴 때 반드시 거북이처럼 느리지만 꾸준하게 나아가야 하는 것은 아닙니다. 때로는 토끼처럼 유연하게, 하지만 꺾이지 않고 살아남는 것이 의미 있을 수 있습니다. 그 속에서 우리 자신을 지키고, 마음의 중심을 잃지 않으며, 다시 일어설 힘을 얻습니다. 그래서 저는 토끼에게 조용히 박수를 보냅니다.

"그래도 결국 살아남았어!"

회사보다 더 중요한 것

지금 저는 다섯 번째 회사에 다니고 있습니다. 입사와 퇴사를 반복한 저에게 주변 사람들이 종종 묻습니다.
"이번에는 오래 다닐 건가요?"
"왜 자주 옮기세요?"
그럴 때마다 단호하지만 조심스럽게 대답합니다.
"회사보다 더 중요한 건, 그 안에서 내가 어떤 모습으로 살고 있느냐예요."
이 말은 단순한 자기변명도, 변화를 정당화하는 말도 아닙니다. 다섯 번째 회사에 다니며 저는 알게 되었습니다. 회사라는 공간보다 더 중요한 것은 그 안에서 나 자신과 관계를 맺고, 마음을 지키며, 나답게 살아가는 법이라는 것을 말입니다. 이 책을 쓰는 내내 머릿속에서 떠나지 않던 질문이 있습니다.
'나는 왜 일하는가?'
'지금 이 길은 어디로 향하고 있는가?'
아직 명확한 답은 없습니다. 하지만 이제 압니다. 답이 없어도 괜찮다는 것을. 답을 찾으려는 과정 자체가 나를 성장시키며, 그 질문을 멈추지 않는 한 나는 방향을 잃지 않으리라는 것을.

다섯 번째 명함이 가르쳐 준 것들

다섯 번째 명함을 받아 들고서야 비로소 알게 된 것들이 있습니다.
'야근을 당연하게 여기지 않아도 된다.'
'회식은 내 선택으로 할 수 있다.'
'회의에서 내 의견을 말하는 것이 두렵지 않다.'
'실수해도 스스로 다그치기보다 다정하게 다독일 수 있다.'
그리고 가장 중요한 변화는 다른 사람의 속도와 비교하지 않는 법을 배운 것입니다. 누군가는 1년 만에 승진하고, 누군가는 화려하게 이직합니다. 예전 같으면 조급함에 잠을 이루지 못했겠지만, 지금은 다릅니다. 나의 속도로, 나의 방향으로 걷고 있다는 확신이 조금씩 단단해지고 있습니다. 이 회사가 특별해서가 아니라, 제가 달라졌기 때문입니다. 지금 이곳이 마지막 직장은 아닐 것입니다. 정년 이후에도 새로운 도전을 하고, 또 다른 길 위에 설 수도 있습니다. 그리고 언젠가, 연필을 더는 잡을 수 없을 때까지 열 권의 책을 쓰고 싶습니다. 단지 나를 위한 글이 아니라 누군가의 방향을 밝혀 주는 조용한 문장이 되기를 바랍니다. 오늘도 저는 펜을 듭니다. 오늘 하루 지나간 순간, 놓쳤던 마음, 새롭게 발견한 생각을 차근차근 기록합니다. 이 글은 단순한 기록이 아니라, 나와의 대화이자 내일을 위한 다짐입니다.

오늘을 마무리하며 조용히 눈을 감습니다. 내일 어떤 길이 내 앞에 펼쳐지더라도, 다시 펜을 들어 그 길을 기록하고, 나를 지켜볼 준비가 되어 있음을 느끼면서.

고마운 사람들

이 책은 결코 혼자의 힘으로만 쓰인 것이 아니었습니다.

늘 든든한 울타리가 되어 준 가족,

삶의 길을 밝혀 준 멘토들,

그리고 이 책을 함께 완성해 준 담다 출판사 대표님과 편집팀,

마지막으로, 이 글을 읽고 있는 당신.

당신이 이 문장을 읽고 있다면, 이 책은 비로소 완성됩니다. 당신이 읽어 주었기에, 이 글은 살아 있는 이야기가 되었습니다.

2025년 11월 5일. 저는 또 한 번의 아침을 맞이했습니다. 그리고 동시에, 또 한 권의 기록 속에서 문장을 쌓아 올리기 시작했습니다. 일과 기록 사이를 오가며, 다시 저를 배우고 써 내려가는 시간. 그 모든 순간이 모여, 오늘의 저를 만들었습니다. 그리고 이 기록은, 그 길 위에 선 저의 오늘에서 당신의 하루로, 조용히 이어집니다.

다섯 번째 회사, 다시 나를 배운다

초판 1쇄 발행   2025년 11월 5일

지은이 이상민

펴낸이 김수영
경영지원 최이정 · 박성주 **마케팅** 박지윤 · 여원
브랜딩 박선영 · 장윤희 **교정.교열** 김민지
표지 디자인 디자인스튜디오 마음

펴낸 곳   담다
출판등록 제25100-2018-2호 (2018년 1월 9일)
주소   대구광역시 달서구 문화회관길 165, 대구출판산업지원센터 402호
이메일   damdanuri@naver.com
인스타   @damda_book
블로그   blog.naver.com/damdanuri

ISBN 979-11-89784-67-6 (03810)

· 책값은 뒤표지에 표시되어 있습니다.
· 이 책의 판권은 지은이와 도서출판 담다에 있습니다.
· 이 책 내용의 전부 또는 일부를 재사용하려면 반드시 양측의 서면 동의를 받아야 합니다.

> 도서출판 담다는 생각과 마음을 담은 원고 투고를 기다리고 있습니다. 작가의 꿈을 이루고 싶은 분은 이메일 damdanuri@naver.com으로 출간기획서와 원고를 보내주세요.

도서출판담다